Heinz-J. Bontrup / Ralf-M. Marquardt

Die Energiewende

Heinz-J. Bontrup / Ralf-M. Marquardt

Die Energiewende

Verteilungskonflikte,
Kosten und Folgen

PapyRossa Verlag

© 2015 by PapyRossa Verlags GmbH & Co. KG, Köln
Luxemburger Str. 202, 50937 Köln
Tel.: +49 (0) 221 – 44 85 45
Fax: +49 (0) 221 – 44 43 05
E-Mail: mail@papyrossa.de
Internet: www.papyrossa.de

Alle Rechte vorbehalten

Cover: Verlag, unter Verwendung eines Fotos von Katharina Schüler
Druck: lettero, Rheine

Die Deutsche Bibliothek verzeichnet diese Publikation in der
Deutschen Nationalbibliografie; detaillierte bibliografische
Daten sind im Internet über http://dnb.ddb.de abrufbar

ISBN 978-3-89438-574-3

Inhalt

1. **Einleitung**   12

2. **Energiewendeeinfluss auf die Strompreisentwicklung**   19
   2.1. **Energiewendeeinfluss auf die Strompreisentwicklung für private Haushalte**   21
      2.1.1. Strompreiszusammensetzung   21
      2.1.2. Strompreise für private Haushalte im Quer- und im Längsschnittvergleich   22
      2.1.3. Strompreiswirkung durch die Energiewende   22
   2.2. **Energiewendeeinfluss auf die Strompreisentwicklung für Unternehmen**   24
      2.2.1. Strompreiszusammensetzung bei nicht-privilegierten Unternehmen   24
      2.2.2. Strompreise für nicht-privilegierte Unternehmen im Quer- und Längsschnittvergleich   25
      2.2.3. Strompreiswirkung für nicht-privilegierte Unternehmen durch die Energiewende   26
      2.2.4. Strompreisprivilegien   26
          2.2.4.1. Privilegien bei der EEG-Umlage   *27*
          2.2.4.2. Privilegien bei der Stromsteuer   *32*
          2.2.4.3. Privilegien bei der KWK-Umlage   *33*
          2.2.4.4. Privilegien bei der Offshore-Haftungsumlage   *35*
          2.2.4.5. Privilegien bei der Umlage für abschaltbare Leistungen   *36*
          2.2.4.6. Privilegien bei der Umlage nach § 19 Stromnetzentgeltverordnung   *37*
          2.2.4.7. Privilegien bei der Konzessionsabgabe   *39*
          2.2.4.8. Synopse bisheriger Regeln für die administrativen Preiskomponenten   *40*
      2.2.5. Preisentwicklung für privilegierte energieintensive Unternehmen   40

3. Energiewende und Elektrizitätsarmut — 49
3.1. Belastungsrelevanz für private Haushalte im Allgemeinen — 49
3.2. Elektrizitätsarmut in privaten Haushalten — 53
    3.2.1. Armut: Definitions- und Erhebungsprobleme — 53
    3.2.2. Armut in Deutschland — 55
    3.2.3. Energie- und Elektrizitätsarmut: Definitions- und Erhebungsprobleme — 57
    3.2.4. Elektrizitätsarmut in Deutschland — 62
        3.2.4.1. Belastung von Beschäftigten-Haushalten mit Durchschnittsverdienst — *62*
        3.2.4.2. Belastung von Niedriglohn-Haushalten — *63*
        3.2.4.3. Belastung von ALG-I-Haushalten — *64*
        3.2.4.4. Belastung von Hartz-IV-Haushalten — *66*
        3.2.4.5. Belastung von Rentner-Haushalten — *67*
        3.2.4.6. Belastung von privaten Haushalten in Deutschland insgesamt — *70*
3.3. Fazit zur Elektrizitätsarmut in Deutschland — 72

4. Branchenspezifische Belastungswirkungen von Strompreiserhöhungen — 74
4.1. »Green-Electricity-Leakage«-Argument — 74
4.2. Datenquelle der Analyse — 78
4.3. Kostenseitige Belastung einzelner Branchen — 81
    4.3.1. Direkte Preis- und Kosteneffekte in einzelnen Branchen — 82
        4.3.1.1. Rechnerische Zusammenhänge — *82*
        4.3.1.2. Befunde zu den direkten Effekten — *85*
    4.3.2. Indirekte und Gesamt-Preis- sowie Kosteneffekte in einzelnen Branchen — 88
        4.3.2.1. Rechnerische Zusammenhänge — *88*
        4.3.2.2. Befunde zu den Folge- und Gesamt-Effekten — *92*
4.4. Preiseffekte für die Endverbraucher — 100
4.5. Möglichkeiten einer Kostenwälzung — 101
    4.5.1. Zusammenhänge zwischen kostenseitiger und verteilungswirksamer Belastung — 101
    4.5.2. Grad des internationalen Wettbewerbs in den Branchen — 105
4.6. Branchenspezifische Verteilungswirkungen erhöhter Strompreise — 107
    4.6.1. Zusammenhang zwischen Handelsintensität und Prognosequalität der Kostenwirkung — 107

4.6.2. Empirische Befunde zur Verteilungswirkung erhöhter Strompreise 109
4.7. Kritische Anmerkungen zu den Befunden 114

5. Energiewendeeinfluss auf die Energieversorger 117
5.1. Wirtschaftliche Entwicklung in der Elektrizitätsbranche 120
5.2 Wirtschaftliche Entwicklung bei den Big-4 132

6. Schlussfolgerungen 137

Literaturverzeichnis 143

Anhang 149
Abbildungen 150
Tabellen 167

Abbildungsverzeichnis

Die Abbildungen befinden sich im Anhang auf Seite 150 ff.

Abb. 1: Überblick: Energiewendebausteine
Abb. 2: Strompreiszusammensetzung private Haushalte 2013
Abb. 3: EU-Strompreisvergleich für private Haushalte
Abb. 4: Strompreisentwicklung für private Haushalte
Abb. 5: Strompreiszusammensetzung nicht-privilegierte Unternehmen 2013
Abb. 6: EU-Strompreisvergleich für Unternehmen mit mittlerer Stromintensität
Abb. 7: Strompreisentwicklung für Unternehmen mit mittlerer Stromintensität
Abb. 8: EU-Strompreisvergleich für Unternehmen mit hoher Stromintensität
Abb. 9: Primärer Anstieg der Vorleistungskosten in v. H. nach Strompreisanstieg
Abb. 10: Primärer Kosteneffekt in v. H. nach Strompreisanstieg
Abb. 11: Vorleistungskostenwirkung in v. H. nach Strompreisanstieg
Abb. 12: Preiswirkung nach Strompreisanstieg
Abb. 13: Kostenwirkung im Value-at-Stake-Ansatz in v. H. nach Strompreisanstieg
Abb. 14: Kostenwälzung ohne internationalen Wettbewerb
Abb. 15: Kostenwälzung mit internationalem Wettbewerb
Abb. 16: Handelsintensitäten
Abb. 17: Überdurchschnittlich exponierte Branchen – Primäre Kostenwirkung
Abb. 18: Überdurchschnittlich exponierte Branchen – Gesamtkostenwirkung
Abb. 19: Überdurchschnittlich exponierte Branchen – Prognosespektrum der Kostenwirkung

Tabellenverzeichnis

Die Tabellen befinden sich im Anhang auf Seite 167 ff.

Tab. 1: Strompreisanstieg für private Haushalte durch die Energiewende
Tab. 2: Strompreisanstieg für Unternehmen mit mittlerer Stromintensität durch die Energiewende
Tab. 3: Synopse Strompreisprivilegien
Tab. 4: Strompreisanstieg für stromintensive Unternehmen durch Energiewende
Tab. 5: Vergünstigungen bei administrierten Preiskomponenten
Tab. 6: Stromkosten Drei-Personen-Beschäftigten-Musterhaushalte mit Durchschnittsverdienst
Tab. 7: Stromkostenbelastung Muster-Rentnerhaushalte in 2012
Tab. 8: Stromkostenbelastung private Haushalte 2013
Tab. 9: Kosten- und Wertschöpfungsgerüst »Chemische Erzeugnisse«
Tab. 10: Wirtschaftszweige der exponierten Branchen
Tab. 11: Branchenstruktur: Anträge auf Besondere Ausgleichsregelung
Tab. 12: Erfolgsrechnung aller deutschen Unternehmen von 2006–2011
Tab. 13: Entwicklung der deutschen Elektrizitätswirtschaft von 1998–2011
Tab. 14: Entwicklung aller Elektrizitätsunternehmen von 2006 bis 2011
Tab. 15: Big-4 im Vergleich

Abkürzungsverzeichnis

a. n. g.	anderweitig nicht genannt
AblAV	Verordnung über Vereinbarungen zu abschaltbaren Lasten (Verordnung zu abschaltbaren Lasten)
AKW	Atomkraftwerk
ALG	Arbeitslosengeld
AusglMechAV	Verordnung zur Ausführung der Verordnung zur Weiterentwicklung des bundesweiten Ausgleichsmechanismus (Ausgleichsmechanismus-Ausführungsverordnung)
AusglMechV	Verordnung zur Weiterentwicklung des bundesweiten Ausgleichmechanismus (Ausgleichsmechanismusverordnung)
Bafa	Bundesamt für Wirtschaft und Ausfuhrkontrolle
BDEW	Bundesverband der Energie- und Wasserwirtschaft e.V.
BesAR	Besondere Ausgleichsregelung
BMF	Bundesministerium der Finanzen
BMU	Bundesministerium für Umwelt, Naturschutz und Reaktorsicherheit
BMWi	Bundesministerium für Wirtschaft und Technologie; seit 2014: Bundesministerium für Wirtschaft und Energie
DIHK	Deutscher Industrie- und Handelskammertag
DIW	Deutsches Institut für Wirtschaftsforschung
DUH	Deutsche Umwelthilfe
EE	Erneuerbare Energien
EEG	Erneuerbare-Energien-Gesetz
EEX	European Energy Exchange AG
EnWG	Gesetz über die Elektrizitäts- und Gasversorgung (Energiewirtschaftsgesetz)
ETS	Emission Trading System (Emissionshandelssystem)
EU-28	Europäische Union in der seit 2013 geltenden Zusammensetzung mit 28 Staaten
EUA	EU-Allowances (seit 2005 handelbare Zertifikate, die innerhalb der EU zur Verschmutzung mit einer Tonne CO_2 bzw. mit dem Verschmutzungsäquivalent berechtigen)

EuGH	Europäischer Gerichtshof
EVU	Elektrizitätsversorgungsunternehmen
EW	Energiewende
EWI	Energiewirtschaftliches Institut Köln
EWU	Europäische Währungsunion
Fraunhofer ISE	Fraunhofer Institut für Solare Energiesysteme
Fraunhofer ISI	Fraunhofer Institut für System- und Innovationsforschung
ggü.	gegenüber
GuD	Gas- und Dampfturbinen
HH	Haushalt
IEKP	Integriertes Energie- und Klimaprogramm
IGBCE	Industriegewerkschaft Bergbau, Chemie, Energie
k. A.	keine Angaben
KAV	Verordnung über Konzessionsabgaben für Strom und Gas (Konzessionsabgabenverordnung – KAV)
KWK	Kraft-Wärme-Kopplung
KWK-G	Gesetz für die Erhaltung, die Modernisierung und den Ausbau der Kraft-Wärme-Kopplung (Kraft-Wärme-Kopplung-Gesetz)
MwSt	Mehrwertsteuer
PV	Photovoltaik
SGB	Sozialgesetzbuch
StrEG	Stromeinspeisegesetz
StromNEV	Verordnung über die Entgelte für den Zugang zu Elektrizitätsversorgungsnetzen (Strom-Netzentgelt-Verordnung)
StromStG	Stromsteuergesetz
THG	Treibhausgas
ÜNB	Übertragungsnetzbetreiber
v. H.	von Hundert
VCI	Verband der Chemischen Industrie
VGR	Volkswirtschaftliche Gesamtrechnung
VGRL	Volkswirtschaftliche Gesamtrechnung der Bundesländer
VIK	Verband der Industriellen Energie- und Kraftwirtschaft
vNE	Vermiedene Netzentgelte

1.
Einleitung

Nach der Reaktor-Katastrophe in Fukushima haben konservativ-liberale Entscheidungsträger als Credo der energiepolitischen Neuausrichtung den eigentlich von der Ökologiebewegung geprägten Begriff der »*Energiewende*« okkupiert, obwohl sie dessen Inhalte und Forderungen zum Teil lange Zeit ablehnten.[1] Insbesondere galt dies für den Ausstieg aus der nuklearen Stromversorgung. Bis zu dem Unglück dominierte schließlich noch die Überzeugung, dass es sich beim Atomstrom um eine ideale »*Brückentechnologie*« handele, um langfristig den Weg in ein Zeitalter regenerativer Energien anzusteuern.

Zentrale Markenzeichen der Energiewende sind
- die Dekarbonisierung der Energieversorgung,
- der Ausstieg aus der Atomenergie und
- die Verringerung der Treibhausgasemissionen.

Die Konturen dieses Projektes haben sich in zwei Phasen herausgebildet. Dabei kann differenziert werden zwischen der »*kleinen Energiewende*«, welche die Politik vor der Katastrophe in Japan im Jahr 2011 bezeichnet, und der »*beschleunigten Energiewende*«, welche für die Politik nach dem Reaktorunglück steht.[2] In der öffentlichen Wahrnehmung wird »die Energiewende« oftmals fälschlicherweise nur mit der »beschleunigten Energiewende« assoziiert.

---

1 Vgl. Hockenos (2012) und Öko-Institut (2013). Die Studie ist im Wesentlichen im Januar 2014 abgeschlossen worden. Insofern ist die grundlegende, aber zum Überarbeitungsschluss der Studie im Juli 2014 noch nicht endgültig abgeschlossene EEG-Reform auch nur ansatzweise eingegangen. Soweit nicht anders ausgewiesen, beziehen sich die Paragrafenangaben auf das EEG in der Fassung vom Dezember 2012. Zu vielen Details vgl. auch Bontrup/Marquardt (2014) und Marquardt/Bontrup (2014).

2 Vgl. zu dem Begriff auch Zitzler (2013).

1. EINLEITUNG

In der Prä-Fukushima-Phase bestanden die Bausteine der *»kleinen Energiewende«* in der Einführung der *»Ökosteuer«* (inklusive der Stromsteuer), der Einbindung Deutschlands in das *EU-Emissionshandelssystem*, der Verabschiedung des *Stromeinspeisegesetzes* bzw. seines Ablösens durch das *Erneuerbare-Energien-Gesetz (EEG)*, der Verständigung auf das *»Integrierte Energie- und Klimakonzept«* und seine anschließende Novellierung im *»Energiekonzept 2010«*. Hinzu kamen der *Atomkonsens* aus dem Jahr 2000 sowie seine Suspendierung in 2010 durch eine vereinbarte Laufzeitverlängerung der Atommeiler. Statt in 2022 sollte demnach der letzte Reaktor hierzulande erst in 2037 abgeschaltet werden.

Mit der Havarie des Atomkraftwerks (AKWs) im Hochtechnologieland Japan änderte sich in der deutschen Bevölkerung jedoch die Einstellung zur Atomenergie. Teils aus Überzeugung, teils aus politstrategischen Erwägungen heraus hat die Politik den Umschwung adaptiert und die *»beschleunigte Energiewende«* ausgerufen. Die Laufzeitverlängerung für AKWs wurde damit auf das ursprünglich im Atomkonsens geplante Jahr 2022 zurückgenommen. Außerdem wurden sofort acht ältere, als weniger sicher eingestufte Atommeiler vom Netz genommen.

Im Rahmen des übergeordneten *energiepolitischen Zieldreiecks*, wonach die Energieversorgung sicher, wirtschaftlich und umweltverträglich ausgesteuert werden soll, haben sich so zwei quantitative *Oberziele* etabliert: die *Reduktion der Treibhausgasemissionen* gegenüber 1990 um mindestens 40 v. H. bis 2020 und 80 bis 95 v. H. bis 2050 und der nach einem festen Terminplan gestaffelte *Ausstieg aus der nuklearen Verstromung* bis Ende 2022 (Abb. 1, s. Anhang).

Zum Erreichen der Oberziele wurden *Zwischen- und Unterziele* mit Instrumentalcharakter festgelegt. Sie stellen in Summe darauf ab, den *Energieverbrauch zu drosseln* und gleichzeitig die fossil-nukleare Energieversorgung durch einen *Ausbau der Erneuerbaren Energien (EE)* aufzufangen. Mit dem Ausfall der atomaren »Brückentechnologie« wurde die Notwendigkeit dieser Maßnahmen umso dringlicher.

Insbesondere wurde das EEG aufgewertet. Es gilt inzwischen als Dreh- und Angelpunkt der Energiewende. Ihm ist innerhalb des energierechtlichen Rahmens die Funktion einer Plattform für die Gestaltung der ökologischen Neuausrichtung, für den Ausbau und die Systemintegration der EE zugedacht. In diesem Sinne unterstreicht das Bundesumweltministerium (BMU 2013): »Die Ministerpräsidenten der Länder und die Bundeskanzlerin haben [...] beschlossen, dass das EEG künftig das zentrale Instrument zur Steuerung des Ausbaus der Erneuerbaren Energien sowie ihrer Koordination mit konventionellen Energien und dem Ausbau der Netze sein soll«.

Die wegweisende Instrumentalisierung wird auch im § 1 EEG bekräftigt, der als *Gesetzeszweck* definiert,
- »insbesondere im Interesse des Klima- und Umweltschutzes eine nachhaltige Entwicklung der Energieversorgung zu ermöglichen,
- die volkswirtschaftlichen Kosten der Energieversorgung auch durch Einbeziehen langfristiger externer Effekte zu verringern,
- fossile Energieressourcen zu schonen
- und die Weiterentwicklung von Technologien zur Erzeugung von Strom aus Erneuerbaren Energien zu fördern.«

Angereizt wird der EE-Ausbau durch ein Vergütungssystem, in dem den Anlagenbetreibern über 20 Jahre hinweg eine Vorrangeinspeisung des Stroms zu über dem Marktpreis liegenden Sätzen garantiert wird. Die dadurch entstehenden Kosten werden auf die Endverbraucher, soweit sie nicht privilegiert sind, in Form der EEG-Umlage übergewälzt. Aufgrund der beachtlichen Ausbaudynamik und der teilweise großzügigen Förderung sind die Differenzkosten seit der Einführung des EEG im Jahr 2000 stark *gewachsen*. Die durchschnittliche jährliche Wachstumsrate gegenüber dem Vorjahr beträgt knapp 25 v. H. Der erwartete Anstieg auf 19,4 Mrd. EUR in 2014 (Kernumlage abzgl. vermiedene Netzentgelte) liegt mit einem Plus von gut 21 v. H. zwar darunter, deutet aber nicht auf eine nennenswerte Tempoverlangsamung hin.

Unter Vernachlässigung von positiven Nebenwirkungen der Energiewende – wie etwa dem *Merit-Order-Effekt*, dem *Aufbrechen verkrusteter Wettbewerbsstrukturen*, dem *Vermeiden externer Kosten*, dem *Stärken von wirtschaftsdemokratischen Strukturen* und dem Hervorrufen von *Wachstums- und Beschäftigungseffekten* – hat damit das EEG in der Kumulation bis Ende 2013 nominal rund 79 Mrd. EUR gekostet. Berücksichtigt man zudem, dass die zusätzlich gebundenen Finanzmittel alternativ längerfristig zum jeweils gültigen Anleihezinssatz von Bundeswertpapieren hätten angelegt werden können, summiert sich die Gesamtbelastung der Förderung nach unseren Berechnungen sogar auf knapp 88 Mrd. EUR.

Diese Kosten werden letztlich über die EEG-Umlage komplett im Strompreis weitergewälzt, sie werden in die *Preise internalisiert*. Seit Inkrafttreten des EEG im Jahr 2000 ist die nicht-reduzierte EEG-Umlage, mit der die gesetzlich verursachten Differenzkosten und weitere systemische Aufwendungen auf die in der Bezugsgröße erfasste Stromnachfrage umgelegt werden, massiv mit dem *Faktor 31* gewachsen. Bis zum Jahr 2009 entwickelte sich der Zuwachs noch linear. So ist die Umlage von ursprünglich 0,20 Ct/kWh im Jahr 2000 auf zunächst 1,31 Ct/kWh im Jahr 2009 gestiegen. Nach der EEG-Novelle von 2009 stellte sich ein exponentielles Wachstum ein, das im Jahr 2012 zwar kurzfristig gebremst wurde, das dafür aber aufgrund einer nachhaltigen Unterdimensionierung in 2012 und des dadurch entstehenden negativen Kontosaldos im Folgejahr 2013 umso drastischer ausfiel. Mittlerweile beträgt die Umlage 6,24 Ct/kWh.

Bereits im Jahr 2011 wurde so mit einem Strompreisaufschlag von 3,53 Ct/kWh durch die EEG-Umlage eine politisch gesetzte Schallmauer durchbrochen. Bundeskanzlerin Merkel (2011, S. 7) hatte mit Blick auf die Energiewende in ihrer Regierungserklärung noch zugesagt:

»Unsere Devise heißt: Die Unternehmen genauso wie die Bürgerinnen und Bürger in Deutschland müssen auch in Zukunft mit bezahlbarem Strom versorgt werden. [...]Die EEG-Umlage soll nicht über ihre heutige Größenordnung hinaus steigen; heute liegt sie bei etwa 3,5 Cent pro Kilowattstunde. Langfristig wollen wir die Kosten für die Vergütung des Stroms aus erneuerbaren Energien deutlich senken.«

Dabei erfolgt die Festlegung der Umlage unter vorheriger Berücksichtigung von Privilegien (vgl. Kap. 2.2.4). Die EEG-Umlage ergibt sich schließlich aus der Quote zwischen den zu deckenden Differenzkosten im Zähler und dem in die Bezugsgröße des Nenners einzurechnenden Stromverbrauch. Die in der Entwicklung der EEG-Zulage zum Ausdruck kommende Zunahme der Quote begründet sich sowohl durch einen *Anstieg bei den Differenzkosten im Zähler* als auch durch eine *Abnahme der Bezugsgröße im Nenner*. Ausgehend vom ersten vollständigen Gültigkeitsjahr des EEG, dem Jahr 2001, haben sich aber die (prognostizierten) Differenzkosten bis 2014 um *1.600 v.H.* erhöht, während sich die (prognostizierte) Bezugsgröße nur um knapp 19 v.H. verringert hat. Wirklich ausschlaggebend für die Dynamik der EEG-Umlage war damit im langfristigen Rückblick der Anstieg der Differenzkosten, der dann aber auch primär den *erfolgreichen Ausbau der EE* widerspiegelt.

Im kurzfristigeren Rückblick bis zum Jahr 2010, in dem die Systemdynamik exponentiell wird, ist diesbezüglich auch die Kalkulation der EEG-Umlage von Seiten der Übertragungsnetzbetreiber (auf Basis der Prognosedaten) überaus aufschlussreich: Bis zur aktuellen Festlegung für 2014 hat sich die EEG-Umlage in diesem verkürzten Zeitraum um etwa 205 v.H. erhöht. Auch über diesen verkürzten Zeitraum hinweg ist die Entwicklung der Differenzkosten entscheidend, die um 187,5 v.H. zugelegt haben, während sich die Bezugsbasis – bei einer deutlichen Zunahme des privilegierten Verbrauchs um fast 55 v.H. – um knapp 6 v. H. reduzierte: Hätte sich die Bezugsbasis seit 2010 unter Ceterisparibus-Annahmen nicht verändert, wäre die EEG-Umlage in 2014 auf 5,88 Ct/kWh und damit um 187,5 v. H. gestiegen. Wären hingegen die Differenzkosten unverändert geblieben, läge die EEG-Umlage für 2014 mit 2,17 Ct/kWh nur 6 v. H. über dem Wert von 2010.

Ungeachtet des dominierenden Einflusses der Differenzkosten auf die Dynamik der EEG-Umlage wird in der Politik mit Blick auf Reformen am System zunehmend aber auch über eine Beschneidung der Privilegien diskutiert, nicht zuletzt im Zuge des von der EU-Kommission eröffneten Beihilfeverfahrens.

Je geringer die privilegierte Strommenge ausfällt, so die Idee der *Befürworter weniger großzügiger Ausnahmeregelungen*, umso stärker verteilen sich wenigstens die zunehmenden Differenzkosten, so dass der Anstieg der nicht reduzierten EEG-Umlage gebremst werden kann. In diesem Sinne hatte die neue Regierungskoalition aus CDU/CSU und SPD schon im Koalitionsvertrag neben »Änderungen im Fördersystem« auch im sogenannten »Eckpunktepapier der Bundesregierung« von 2014 eine Kappung von Ausnahmeregelungen angekündigt.[3]

Daran anknüpfend hat dann die schwarz-rote Bundesregierung im Sommer 2014 die Reform des EEG im Bundestag und Bundesrat verabschieden lassen. Das novellierte EEG trat somit zum 1. August 2014 in Kraft. Kernelemente der EEG-Reform sind dabei:[4]

- Der Kostenanstieg soll zum einen durch eine Kürzung von Förderbeiträgen und Boni für neue EE-Anlagen deutlich gebremst werden. Die aktuelle durchschnittliche Vergütung von 17 Ct/kWh wird ab 2015 auf 12 Ct/kWh fallen. Zudem soll der jährliche EE-Zubau anlagenspezifisch limitiert werden. Bei PV- und Onshore-Windenergieanlagen wird jeweils ein Zubau von 2,5 GW/a und bei Biomasseanlagen von 100 MW/a angestrebt. Dazu wird das System des »atmenden Deckels«, das zuvor allein für PV-Anlagen galt, auch auf die anderen beiden Anlagentypen übertragen. Hier wird bei Überschreiten der Ausbauziele eine automatische Reduktion der Fördersätze für weitere Neuanlagen erfolgen. Das ursprüngliche Ausbauziel bei der Offshore-Windenergie auf 10 GW in 2020 wird angesichts massiver Verzögerungen an die Realität auf nur noch 6,5 GW angepasst, wobei der Mengendeckel fixiert ist. Überdies sollen Betreiber neuer Anlagen mit einer Leistung ab 500 MW (ab 2014) bzw. ab 100 MW (ab 2016) selbst für die Ver-

---

3 Vgl. CDU/CSU/SPD (2013, S. 49 ff.) und Bundesregierung (2014).
4 Vgl. BMWi (2014).

marktung des Stroms sorgen und sich nicht mehr auf die Abnahmegarantie durch die Übertragungsnetzbetreiber verlassen können.
- Die besondere Ausgleichsregelung, mit welcher der Stromverbrauch einzelner Unternehmen teilweise von der EEG-Umlage befreit wird (vgl. Kap. 2.2.4.1), wird auch als Ergebnis der Konsultationen im Zuge eines eingeleiteten Beihilfeverfahrens der EU-Kommission eingeschränkt. Damit wird zukünftig insbesondere die Zahl der inzwischen über 2.000 Unternehmen, die eine reduzierte EEG-Umlage bezahlen, deutlich begrenzt.
- Die konventionelle Eigenstromerzeugung mit Hilfe von Neuanlagen wird vollständig in die EEG-Umlage einbezogen werden (vgl. Kap. 2.2.4.1). Lediglich für Altanlagen, die bis Anfang August 2014 in Betrieb genommen wurden, gilt die EEG-Befreiung. Eigenstromerzeugung aus neuen EE- und KWK-Anlagen werden zwar ebenfalls in die EEG-Umlage einbezogen, aber zu reduzierten Sätzen. Für Kleinanlagen ist dabei eine Bagatellgrenze vorgesehen.
- Ferner wurde das Grünstromprivileg (vgl. Kap. 2.2.4.1) gestrichen, wonach vorrangig ökologisch produzierter Strom mit einer stark vergünstigten Umlage belegt wird.

Obwohl die Bundesregierung seit Herbst 2013 im Kontakt mit der EU-Kommission stand, ergaben sich kurz vor der Einbringung des Gesetzesentwurfs im Bundestag noch erhebliche Dissonanzen hinsichtlich der *Europarechtskonformität*. So forderte die EU-Kommission, dass auch importierter Ökostrom in den Genuss der EEG-Umlage kommen müsse und dass das Eigenstromprivileg für Bestandsanlagen bald zu überprüfen und eventuell anzupassen sei. Dies akzeptierte die Bundesregierung nicht. Ihr kam dabei der EuGH zur Hilfe. Mit Blick auf die Förderung von importiertem Grünstrom bestätigte das Gericht am 1. Juli 2014, dass es einem EU-Land durchaus gestattet ist, nur Ökostrom aus eigenen Anlagen zu fördern. Nicht zuletzt vor dem Hintergrund dieses Urteils akzeptierte dann auch die EU-Kommission das novellierte deutsche EEG. Außerdem verzichtete die Kommission auf mögliche Rückzahlungen von zuvor in Deutschland gewährten Industriestrompreis-Rabatten in den Jahren 2013 und 2014.

Vor dem Hintergrund der skizzierten Systemdynamik hatte sich offenbar die Diskussion über die Tragbarkeit und die Verteilung der Energiewendebelastungen so sehr verschärft, dass die Reform von den politischen Entscheidungsträgern als überfällig angesehen wurde. In der öffentlichen Debatte standen dabei zwei Aspekte im Mittelpunkt: Zum einen wurde der Energiewende angelastet, sie führe zu »*Elektrizitätsarmut*«. Zum anderen wurde vielfach beklagt, dass durch eine ausufernde *Privilegierung von Industrie- und Schienenbahnunternehmen* die Verteilungslasten in ungerechter Weise auf private Haushalte und kleine sowie mittelständische Unternehmen abgewälzt werden. Erstaunlicherweise spielt ein dritter Aspekt der Energiewende, nämlich die Auswirkungen auf die Unternehmen der Elektrizitätsbranche selbst, aber auch der der Liberalisierung der Elektrizitätsmärkte, in der Öffentlichkeit bis heute eine nur wenig diskutierte Rolle.

Das hier vorgelegte Buch will alle drei Aspekte analysieren. Zuerst wird untersucht, inwieweit private Haushalte und Unternehmen von der Energiewende im Allgemeinen und der EEG-Umlage im Besonderen auf der Preisseite überhaupt belastet werden (vgl. Kap. 2). Anschließend prüfen wir, inwieweit durch die Energiewende »Elektrizitätsarmut« verursacht wird (vgl. Kap. 3). Danach setzen wir uns mit der Frage auseinander, welche Branchen von Strompreissteigerungen überhaupt besonders betroffen und schutzbedürftig sind (vgl. Kap. 4). Und im Kap. 5 analysieren wir die Auswirkungen der Liberalisierung und der Energiewende auf die EVUs. Abschließend ziehen wir (im Kap. 6) noch Schlussfolgerungen aus der notwendigen Energiewende. Mit dem von uns vorgelegten Buch wollen wir aufklären und die zum Teil medial überhitzte und populistisch sowie politisch ideologisch geführte Debatte zur Energiewende wissenschaftlich versachlichen.

2.
Energiewendeeinfluss auf die Strompreisentwicklung

Bis der Strom die Abnehmer erreicht, werden mehrere *Wertschöpfungsstufen* durchlaufen. Nach der Stromherstellung im Prozess der Energieumwandlung muss der Strom physisch durch die Netze zum Endverbraucher transportiert werden. Diese physische Durchleitung wird durch einen wirtschaftlichen Vermarktungsprozess flankiert. Abgesehen vom Fall der Eigenerzeugung wird der Strom über den Großhandel von den Erzeugern an die den Letztverbraucher beliefernden Energieversorgungsunternehmen (EVUs) weiterverkauft und gelangt dann über den Vertriebsprozess der EVUs zu den Endabnehmern. Auf allen Wertschöpfungsstufen kommen neue Entgelte hinzu, die zusammen mit den staatlich verordneten Steuern, Abgaben und Umlagen den relevanten Endpreis bestimmen. Dabei ergeben sich erhebliche Unterschiede zwischen privaten Haushalten und Unternehmen sowie zwischen den nicht-privilegierten, mittelgroßen und den energieintensiven Unternehmen.

Letztverbraucher von Strom begleichen daher mit ihrem Endkundenpreis gleich mehrere Preisbestandteile. Die beliefernden Energieversorgungsunternehmen (EVUs) betreiben dabei quasi das Inkasso und verteilen die nicht ihnen selbst zustehenden Einnahmen an die jeweiligen Empfänger weiter. Für die Endabnehmer setzt sich der zu zahlende *Strompreis* aus den folgenden Bausteinen zusammen:

- *Herstellungspreise* bestehend aus
    - Beschaffungspreisen und Handelsspannen der EVUs
    - sowie aus regulierten Netzentgelten (inklusive Entgelten für die Abrechnung, die Messung und den Messstellenbetrieb),

- *staatlich administrierte Komponenten mit Energiewende-Hintergrund* in Form
  - der EEG-Umlage,
  - der Stromsteuer,
  - des KWK-G-Aufschlags,
  - der Offshore-Haftungsumlage
  - und der Umlage für abschaltbare Lasten (ab 2014)

- sowie *sonstige staatlich administrierte Komponenten* wie
  - die §-19-StromNEV-Umlage,
  - die Konzessionsabgabe
  - und die Mehrwertsteuer.

Hinsichtlich der Mehrwertsteuer ist herauszustellen, dass sie zwar auch für strombeziehende Unternehmen fällig wird. Sie kann aber in der Regel als Vorsteuer mit der selbst erhobenen Umsatzsteuer verrechnet werden, so dass sie als Belastungskomponente (netto) nicht von Relevanz ist.

Die Aufzählung verdeutlicht, dass nach unserer begrifflichen Abgrenzung *durch die* (kleine und die beschleunigte) *Energiewende nicht nur die EEG-Umlage, sondern auch weitere Komponenten* den Endpreis belasten. Hierbei handelt es sich um die im Rahmen der »Ökosteuer« im Jahr 1999 eingeführte Stromsteuer, um eine Umlage der Förderkosten für die Kraft-Wärme-Kopplung (KWK), einen Beitrag zu Deckung der Kosten für den verzögerten Anschluss von Offshore-Windanlagen und – seit 2014 – eine Umlage für die Bereitschaft einzelner großer Stromabnehmer, bei vorübergehend geringer Stromeinspeisung auf Anweisung des zuständigen Übertragungsnetzbetreibers Abschaltleistung zur Verfügung zu stellen.[5]

Die Beschaffungspreise und Handelsspannen sind *wettbewerbsbasiert* und hängen für den Verbraucher vom gewählten Stromversorger ab. Unter den restlichen Preiselementen sind nur die Konzessionsabgabe und die Netzentgelte regional unterschiedlich, während die restlichen Posten von Seiten der Politik bundeseinheitlich geregelt sind.

---

[5] Hinzu kommen mit Blick auf die Beschaffungskosten genaugenommen noch die spezifischen Kosten für die CO_2-Zertifikate beim jeweiligen Grenzkraftwerk. Angesichts des Preisverfalls bei den Emissionsrechten ist ihr Einfluss auf den Endpreis derzeit vernachlässigbar gering.

2.1. Energiewendeeinfluss auf die Strompreisentwicklung für private Haushalte

2.1.1. Strompreiszusammensetzung

Mit Blick auf das Jahr 2013 kann die Zusammensetzung der durchschnittlichen Endpreise für private Haushalte in Höhe von knapp 29 Ct/kWh der Abb. 2 entnommen werden. Die Beschaffungspreise und die Handelsspanne werden hier subsummiert unter den Begriffen »Erzeugung« und »Vertrieb«. Darin werden erfasst, welche Kosten und Margen die EVUs, die am Ende der Angebotskette stehen, selbst für die Beschaffung des Stroms in ihre Absatzpreise einkalkulieren. Hinzu kommen die von ihnen vorzustreckenden bzw. selbst zu tragenden Kosten für den Stromtransport in Höhe der Netzentgelte. Diese drei Positionen zusammen bilden die Herstellungspreise, in die – abgesehen von den in die fossile Stromerzeugung einzubringenden CO_2-Zertifikaten – keine staatlich administrierten Komponenten einfließen. Für die privaten Haushalte belaufen sich die Herstellungspreise auf nur rund die Hälfte des Endpreises. Die andere Hälfte ist den *staatlich verordneten Komponenten* geschuldet.

Nach Erhebungen von Bundesnetzagentur/Bundeskartellamt (2013, S. 138) machen die Netzentgelte (inklusive Entgelte für die Abrechnung, die Messung und den Messstellenbetrieb) bei den privaten Haushalten etwa 42 v. H. der Herstellungspreise und damit etwas mehr als ein Fünftel des Endpreises aus. Die Energiebeschaffung selbst geht zu knapp 44 v. H. in die Herstellungspreise (bzw. zu 22 v. H. in die Endpreise) ein, während die Kosten und die Marge für den Vertrieb zu knapp 15 v. H. (bzw. zu 8 v. H. in die Endpreise) einfließen.[6]

Unter den staatlich administrierten Komponenten dominiert die *EEG-Umlage*. Sie bestimmte in 2013 zu über 18 v. H. den Endpreis.

Die Mehrwertsteuer wird in Höhe des gültigen Satzes von 19 v. H. auf alle anderen Preiskomponenten aufgeschlagen, so dass sich hier Steuern auf andere Steuern und Abgaben einstellen. Gemessen am Bruttopreis macht die Mehrwertsteuer rund 16 v. H. des Endpreises aus.

---

6 Die Daten sind nicht vollständig kompatibel zu denen des BDEW, zumal sie sich auch auf das Jahr 2012 beziehen. Allerdings sind die Abweichungen gering. Die Angaben zu den Anteilen an den Herstellungspreisen beziehen sich auf die Relationen in der Statistik von Bundesnetzagentur/Bundeskartellamt (2013, S. 138). Die Angaben zu den Anteilen in den Endpreisen stützen sich auf diese Struktur und wurden dann mit Hilfe der BDEW-Angaben zum Anteil der Herstellungspreise im Endpreis für das Jahr 2013 berechnet. Dieser Umweg war erforderlich, weil die BDEW-Daten die Herstellungspreise nicht separat nach ihren Komponenten ausweisen, dafür aber aktueller sind.

2.1.2. Strompreise für private Haushalte im Quer- und im Längsschnittvergleich

Im EU-weiten Querschnittsvergleich zahlen die deutschen Haushalte nach den Dänen die höchsten Endpreise für Elektrizität (vgl. Abb. 3). Sie liegen um knapp 46 v. H. über dem Durchschnitt für die Länder der EU-28 und um rund 37 v. H. über dem Mittelwert der Teilnehmer an der Währungsunion. Die Position am oberen Ende der Preisskala ist in Deutschland zum großen Teil den *administrierten Komponenten* zuzuschreiben. Ohne die staatlichen Belastungen würde Deutschland innerhalb der EU zwar weiterhin im oberen Drittel liegen. Mit den achthöchsten Herstellungspreisen für die privaten Verbraucher rangierten die Werte aber nur noch um rund 9 v. H. über dem EU- und dem EWU-Durchschnitt.

In der Längsschnittbetrachtung haben sich die deutschen Bruttostrompreise für Privathaushalte (inklusive der Steuer- und Abgabenbelastung) seit der Liberalisierung des Strommarktes im Jahr 1998 um mehr als zwei Drittel erhöht (vgl. Abb. 4). Sie haben sich somit deutlich dynamischer entwickelt als die allgemeinen Lebenshaltungskosten, die im selben Zeitraum um rund 25 v. H. gestiegen sind.

In der Differenzierung haben von 1998 bis 2013 sowohl die Herstellungspreise als auch die administrierten Komponenten angezogen. Nach einer kurzen Phase des Rückgangs sind die Herstellungspreise von etwa 8,6 Ct/kWh im Jahr 2000/01 auf 14,2 Ct/kWh bis zum Jahr 2009 kontinuierlich gestiegen. Ab dann zeichnet sich mehr oder weniger eine Stagnation ab, bei der die Herstellungspreise in 2013 um knapp 11 v. H. über den Preisen zu Beginn der Liberalisierung lagen.

Besonders dynamisch haben sich die *administrierten Komponenten* entwickelt. Machten sie zu Beginn der Marktöffnung noch 4,2 Ct/kWh aus, so stiegen sie um 243 v. H. auf 14,4 Ct/kWh in 2013. Bei der weiteren Differenzierung nach den administrierten Komponenten zeigt sich, dass für das Anwachsen in erster Linie der starke Aufwärtstrend der *EEG-Umlage* verantwortlich ist, während die anderen staatlich verordneten Elemente ihre Niveaus seit der Liberalisierung wenig verändert haben.

2.1.3. Strompreiswirkung durch die Energiewende

Die *Kosten der Energiewende* werden – soweit es den Bereich der Stromversorgung betrifft – letztlich über die Strompreise weitergereicht. *Hinsichtlich der Herstellungspreise* allein lassen die Daten aber *keine nennenswerten Belastungen durch die Energiewende* erkennen (vgl. Abb. 4). Insbesondere sind die Herstellungspreise seit der forcierten Belebung des EE-Ausbaus ab etwa 2009 recht stabil geblieben.

Ohnehin spricht eine qualitative Wirkungsanalyse eher dafür, dass die Herstellungspreise bis dato durch die Energiewende leicht entlastet wurden. Denn auf der einen Seite verdrängt das über die Umlage für den Endverbraucher subventionierte Mehrangebot an EE-Strom unrentable konventionelle Kraftwerke an der Grenze des zum Zuge kommenden Stromangebots aus der Merit-Order, also der nach Grenzkosten gestaffelten Einsatzreihenfolge des Kraftwerkparks. Die an ihre Stelle rutschenden neuen Grenzkraftwerke weisen dann niedrigere Grenzkosten auf und bestimmen damit im Großhandel den fallenden Strompreis. In mehreren Studien wird hier der *Merit-Order-Effekt* gegenwärtig auf ca. 0,5 bis 1 Ct/kWh an Großhandelsstrompreisentlastung taxiert.[7] Einer Schätzung zufolge kann hier davon ausgegangen werden, dass von 2006 bis 2011 rund 20 Mrd. EUR in der Stromversorgung eingespart wurden.[8] Hinzu kommt, dass der enorme Ausbau der EE die *Wettbewerbssituation auf der Erzeugungsseite* und damit auch am Großhandelsmarkt deutlich verändert hat. Darüber hinaus verringert sich durch den Ausbau der EE die *Nachfrage nach Primärenergieträgern*, so dass die Großhandelspreise für Strom indirekt auch über die Wirkung auf die Gas- und Kohlepreise eine Entlastung erhalten.

Auf der anderen Seite schlagen sich in den Netzentgelten bislang kaum Kostensteigerungen für die *ökologische Neuausrichtung* nieder.[9] Und auch die Tatsache, dass durch die »kleine Energiewende« überhaupt erst CO_2-Verschmutzungsrechte erworben werden müssen, hat angesichts des Preisverfalls im Emissionshandel kaum eine belastende Wirkung.

Allerdings wirken sich die per Saldo entlastenden Elemente bisher nur in einem geringen prozentualen Umfang auf die Endpreise aus. Da der größte Teil der Strombeschaffung von Seiten der EVUs über langfristige Kontrakte im Großhandel erfolgt, spielt der zuletzt zu beobachtende deutlich rückläufige Preistrend am Spotmarkt bislang nur eine gedämpfte Rolle für die Beschaffungspreise insgesamt.[10] Der Abwärtstrend an der Börse befindet sich quasi

---

7   Vgl. BMU/BMWi (2012, S. 40) und von Cludius/Hermann/Matthes (2013).
8   Vgl. Reuster/Küchler (2013b, S. 141).
9   Der Netzausbau befindet sich noch in den Anfängen. Zunehmend problematischer und kostspieliger wird im Zuge der verstärkten EE-Einspeisung aber die Stabilisierung des Netzes.
10 Gleichwohl gibt es Profiteure aus der verzögerten Weitergabe sinkender Großhandelspreise. Zum einen entsteht Spielraum für größere Handelsspannen bei den EVUs. Zum anderen gibt es Akteure an und außerhalb der Börsen, die Stromlieferverträge

noch in der »Pipeline« und ist in der Mischkalkulation der Absatzpreise allenfalls unvollständig angekommen. Die Beschaffungspreise werden hier mit einem zeitlichen Versatz von ein bis zwei Jahren den Großhandelspreisen folgen. Zudem bestimmen die Beschaffungspreise den Endpreis ohnehin nur zu etwas mehr als einem Fünftel (vgl. Abb. 5).

Letztlich werden so für die privaten Haushalte die unmittelbaren Wirkungen der Energiewende, abgesehen von bislang geringen Einflüssen über die Netzentgelte und die CO_2-Zertifikatepreise, ausschließlich über die *administrierten Komponenten* vermittelt. Als Drehscheibe gilt dabei vorrangig die *EEG-Umlage*, in deren Berechnung auch die Kostenminderung durch vermiedene Netzentgelte eingepreist wird. Aber auch die Stromsteuer, die KWK-Umlage und die Offshore-Umlage beinhalten Kostenbestandteile, die nach unserer Abgrenzung der Energiewende zuzuordnen sind. Rechnet man diese Komponenten unter Berücksichtigung der Aufteilung der Mehrwertsteuer auf die Herstellungspreise, die administrierten und ökologisch motivierten Bestandteile und der sonstigen administrierten Bausteine heraus, hätte der Strompreis für Drei-Personen-Haushalte im Jahr 2013 statt bei 28,73 Ct/kWh bei 19,57 Ct/kWh (vgl. Tab. 1) gelegen.

Ohne die Gegenrechnung der eher positiven Effekte auf die Herstellungspreise *belastete die Energiewende* in dieser groben Kalkulation *die privaten Haushalte in 2013 mit einem um knapp 47 v. H. höheren Strompreis.*

2.2.
Energiewendeeinfluss auf die Strompreisentwicklung für Unternehmen

2.2.1. Strompreiszusammensetzung bei nicht-privilegierten Unternehmen

Wie sich im Jahr 2013 die durchschnittlichen Endpreise für Unternehmen bei mittelspannungsseitiger Versorgung und einem Verbrauch bis zu 20 GWh/a in Höhe von knapp 15 Ct/kWh zusammensetzten, kann der Abb. 5 entnommen werden.

Ähnlich wie bei den privaten Haushalten belaufen sich die Herstellungspreise für die hier betrachteten Unternehmen auf nur rund die Hälfte des End-

---

in großem Umfang zu kontraktfixierten Preisen eingegangen sind, die deutlich über dem aktuellen Marktwert liegen. Unabhängig von der Abwicklungsform verbleiben für den Lieferverpflichteten in solchen Verträgen immense Spekulationsgewinne für die Übernahme von Volatilitätsrisiken.

preises. Die andere Hälfte ist damit auch hier den *staatlich verordneten Komponenten* geschuldet.

Nach Erhebungen von Bundesnetzagentur/Bundeskartellamt (2013, S. 138) wird der Anteil der Netzentgelte an den Herstellungspreisen auf etwa 22,6 v. H. und der Anteil von Beschaffungspreisen und Vertrieb auf 77 v. H. beziffert. Gemessen am Endpreis fallen diese Relationen etwas mehr als halb so groß aus.

Unter den staatlich administrierten Komponenten dominiert auch im nicht-privilegierten Unternehmenssektor die EEG-Umlage. Hier belief sich der Wert auf mehr als ein Drittel des Endpreises. Die zweitgrößte Belastungskomponente stellt die Stromsteuer dar, die gut ein Zehntel des Endpreises ausmacht.

2.2.2. Strompreise für nicht-privilegierte Unternehmen im Quer- und Längsschnittvergleich

Mit Blick auf die Unternehmen, die wegen einer zu geringen Stromabhängigkeit keine Sonderregeln bei den Steuern und Abgaben in Anspruch nehmen können und einen jährlichen Stromverbrauch von bis zu 20 GWh aufweisen, ergibt sich im *internationalen Preisvergleich* ein recht unvorteilhaftes Bild. Bei den Endpreisen für Strom rangiert Deutschland innerhalb der EU auf dem vierthöchsten Platz (vgl. Abb. 6). Bezogen auf die EU-28 liegen die Preise für Unternehmensstrom um gut 19 v. H. über dem Durchschnitt der EU-28 bzw. um knapp 13 v. H. über dem Mittelwert der Euro-Länder. Dabei sind es vorrangig die staatlich verordneten Preiselemente, die Deutschland in die Spitzengruppe bei den Unternehmensstrompreisen katapultieren. Ohne staatliche Komponenten hingegen gäbe es unter den 28 EU-Ländern nur acht Länder mit niedrigeren Herstellungspreisen als hierzulande.

In der Längsschnittbetrachtung resultiert seit der Strommarktliberalisierung im Jahr 1998 bis 2013 ein Strompreisanstieg für die Unternehmen mit mittlerer Stromintensität in Höhe von knapp 60 v. H. (vgl. Abb. 7). Er fällt damit weit stärker aus als der Anstieg der im eigenen Absatz erzielbaren Erzeugerpreise, die im gleichen Zeitraum einen Zuwachs von nur rund 18 v. H. verbuchten.

In der Differenzierung verbirgt sich hinter der Endpreisentwicklung für Strom mittlerweile ein deutlicher *Rückgang der Herstellungspreise* um fast 17 v. H. gegenüber 1998. Nachdem hier bis zum Jahr 2000 noch ein Einbruch erfolgte, setzte bis zum Jahr 2008 eine Phase des kontinuierlichen Anstiegs ein. Seitdem befinden sich die für den Unternehmensstrom geltend gemachten Herstellungspreise – auch infolge der Energiewende und des damit verbundenen Zusatzangebotes an (Öko-)Strom – aber auf dem Rückzug.

Überlagert wird diese jüngste Abwärtsbewegung bei den Herstellungspreisen durch einen überaus dynamischen Auftrieb bei den *administrierten Komponenten*. Im Beobachtungszeitraum haben sie mit dem Faktor 38 zugelegt. In der Zusammensetzung der staatlich verordneten Preiselemente zeigt sich, dass es vorrangig die EEG-Umlage ist, die den Zuwachs verursacht hat.

2.2.3. Strompreiswirkung für nicht-privilegierte Unternehmen durch die Energiewende

Die *Kosten der kleinen und der beschleunigten Energiewende* werden – soweit es den Bereich der Stromversorgung betrifft – letztlich über die Strompreise weitergereicht. Allein mit Blick auf die Komponente der *Herstellungspreise* lassen die Daten bislang aber *keine nennenswerten Belastungen durch die Energiewende* erkennen (vgl. Abb. 7). Insbesondere sind die den Unternehmen in Rechnung gestellten Herstellungspreise seit der forcierten Belebung des EE-Ausbaus ab etwa 2009 sogar rückläufig.

Der oben beschriebene Merit-Order-Effekt und die Wettbewerbsverschärfung im durch die Energiewende immer kleiner werdenden konventionellen Stromversorgungsbereich dürften bei vielen kleineren und mittelständischen Unternehmen ebenfalls noch nicht voll, aber zumindest in kleinen Teilen angekommen sein. Allerdings bestimmen die Beschaffungspreise den Endpreis für Unternehmen mit mittlerer Stromintensität (vgl. Abb. 5) ohnehin nur zu weniger als 40 v. H.[11].

Letztlich manifestieren sich so die Folgen der Energiewende bisher vorrangig in den administrierten Preisbestandteilen. Nimmt man die ökologisch motivierten Umlagen und Steuern, also die EEG-Umlage, die Stromsteuer, die KWK-Umlage und die Offshore-Haftungsumlage aus den Endpreisen heraus, hätte der Strompreis 2013 bei rund 7,8 statt bei 14,9 Ct/kWh für die Unternehmen gelegen (vgl. Tab. 2).

Die Energiewende hat mithin bislang die Strompreise für mittelgroße Gewerbe- und Industrieunternehmen in einer Größenordnung von gut 90 v. H. verteuert.

2.2.4. Strompreisprivilegien

Die vorausgegangene Berechnung gilt aber nur für solche Unternehmen, die nicht in den Genuss besonderer Privilegien kommen. Diesbezüglich gibt es

---

11 »Erzeugung, Vertrieb und Transport« machen etwa 51 v. H. des Endpreises aus, dabei entfallen innerhalb des Postens »Erzeugung, Vertrieb und Transport« rund 77 v. H. auf »Erzeugung und Vertrieb«: 0,51 * 0,77 = 0,39.

jedoch im Einzelfall zahlreiche Besonderheiten, die nun mit Blick auf die administrierten Komponenten dargestellt werden sollen.

2.2.4.1. Privilegien bei der EEG-Umlage

Bei der Festlegung der EEG-Umlage wird der für das Folgejahr jeweils erwartete Differenzbetrag des EE-Fördersystems (und des Marktprämien- und des Flexibilitätsprämiensystems) auf die Endverbraucher bundeseinheitlich umgelegt. Dabei werden auch der sogenannte Liquiditätspuffer – ein Polster zur Vermeidung einer unvorhergesehenen Unterdeckung – und der tatsächliche Kontostand zum Ende September berücksichtigt. Allerdings werden nicht alle Stromabnehmer gleichermaßen herangezogen. Ausnahmen begründen:
- das Grünstromprivileg
- die »Besondere Ausgleichsregelung«
- und das Eigenstromprivileg.

Einerseits gibt es seit der Einführung des EEG Entlastungen auf der EVU-Anbieterseite durch das *Grünstromprivileg*. EVUs, die zu mindestens 50 v. H. EEG-Strom beziehen und zuletzt zu mindestens 20 v. H. Strom aus Solar- oder Windanlagen erhalten, sind zwar voll umlagepflichtig, müssen aber nur eine um 2 Ct/kWh verringerte Umlage bezahlen. Sofern dieser Vorteil weitergegeben wird, profitieren die Kunden. Eine gleich hohe Reduktion erhalten Stromanbieter im Rahmen des sogenannten *»PV-Grünstromprivilegs«*. Sie betrifft nach der PV-Novelle diejenigen Stromanbieter, die nach § 39 Abs. 3 EEG zu 100 v. H. Solarstrom an Letztverbraucher vermarkten, ohne den Strom in das Netz einzuspeisen.

In der aktuellen EEG-Reform sollen diese Grünstromprivilegien nun vollständig entfallen.

Während das Grünstrom- und das PV-Grünstromprivileg bislang eine prinzipiell bevorzugende Regelung für die Stromanbieter bewirkt, stellt andererseits die 2003 erstmalig eingeführte und seitdem ständig erweiterte *»Besondere Ausgleichsregelung«* (BesAR) nach § 40ff. EEG eine unmittelbare Sonderbehandlung für stromintensive Unternehmen und Schienenbahnbetreiber dar.[12]

Nach § 40 EEG erfolgt hier die Begrenzung explizit, »[...] um die Stromkosten dieser Unternehmen zu senken und so ihre internationale und intermodale Wettbewerbsfähigkeit zu erhalten, soweit [...] die Begrenzung mit den Interessen der Gesamtheit der Stromverbraucherinnen und Stromverbraucher

---

12 Vgl. Bafa (2013a) und Bafa (2013b).

vereinbar ist.« Eine Privilegierung kann *nur* für Unternehmen aus dem *Produzierenden Gewerbe* (§ 41 EEG) und für den *Betrieb von Schienenbahnen* (§ 42 EEG) gewährt werden. Dazu ist ein Antrag an das Bundesamt für Wirtschaft und Ausfuhrkontrolle (Bafa) zu stellen.

Ein Anrecht auf Sonderbehandlung der Unternehmen aus dem *Produzierenden Gewerbe* besteht, wenn im Vorjahr:
- die selbstverbrauchte Stromabnahme an einer Abnahmestelle mindestens 1 GWh betragen hat,
- sich die Relation von Stromkosten zur Bruttowertschöpfung auf mindestens 14 v. H.[13] beläuft,
- die EEG-Umlage auch anteilig an das beantragende Unternehmen weitergereicht wurde
- und bei Unternehmen mit einem Stromverbrauch ab 10 GWh eine zertifizierte Erhebung von ungenutzten Energiesparmaßnahmen stattgefunden hat.

Zudem muss ein Nachweis über die *Ausgesetztheit im internationalen Wettbewerb* erbracht werden. Das Bafa (2013a, S. 25) führt dazu aus: »Aus der Zielsetzung der Besonderen Ausgleichsregelung leitet sich das Erfordernis ab, dass das Unternehmen seine internationale Wettbewerbssituation unter besonderer Berücksichtigung seiner Absatzmärkte, der Produktportfolios und der individuellen Konkurrenzsituation ausführlich darlegt. In diesem Zusammenhang bietet es sich auch an zu zeigen, ob und inwieweit eine mögliche Begrenzung im Rahmen der Besonderen Ausgleichsregelung dazu führen würde, dass die Stromkosten des Unternehmens sinken und so deren internationale Wettbewerbsfähigkeit erhalten werden kann. Diese Darstellung ist in die Anlage zur Bescheinigung des *Wirtschaftsprüfers* aufzunehmen, wobei die Angaben zur internationalen Wettbewerbssituation vom Wirtschaftsprüfer dahingehend zu prüfen sind, ob offensichtlich gegenteilige Anhaltspunkte hinsichtlich der Ausführungen zur tatsächlichen oder potenziellen internationalen Wettbewerbslage des Unternehmens oder des selbständigen Unternehmensteils bekannt sind.«

Die Höhe der am Ende zu zahlenden *EEG-Umlage* für antragsberechtigte Unternehmen ist nach dem Verbrauch gestaffelt. Zu zahlen sind folgende Prozentsätze der aktuellen EEG-Umlage bzw. Beträge:

---

13 Vor dem EEG von Januar 2012 musste noch eine Schwelle von mindestens 15 v. H. erreicht werden.

- 100 v. H. für die erste verbrauchte GWh,
- 10 v. H. für den Verbrauch zwischen 1 und inklusive 10 GWh,
- 1 v. H. für den Verbrauch zwischen 10 und inklusive 100 GWh,
- und 0,05 Ct/kWh für den Verbrauch über 100 GWh.

Unternehmen mit einem Stromverbrauch von über 100 GWh und einem Stromkostenanteil an der Bruttowertschöpfung von mehr als 20 v. H. zahlen generell für jede verbrauchte kWh nur 0,05 Ct.

Zur Entlastung für *Schienenbahnbetreiber* muss nach § 42 EEG ein Nachweis erfolgen,
- dass die bezogene Strommenge mindestens 10 GWh/a betrug und unmittelbar zum Fahrbetrieb benötigt wurde
- und dass die EEG-Umlage anteilig auch tatsächlich an das Unternehmen durchgereicht wurde.

Die gesetzliche Begründung stellt dabei zwar auf den *intermodalen Wettbewerb* gegenüber anderen Verkehrsträgern ab. Nach dem entsprechenden Merkblatt des Bafa (2013b) wird ein Nachweis der Wettbewerbsbeeinträchtigung im Falle der Nichtbegünstigung aber nicht ausdrücklich gefordert. Die Höhe der reduzierten EEG-Umlage beläuft sich *durchweg auf 0,05 Ct/kWh* und zwar für den Stromverbrauch, der über 10 v. H. des Gesamtverbrauchs hinausgeht.

- Im Zuge der derzeit noch laufenden *EEG-Reform 2014* soll die Besondere Ausgleichsregelung *moderat geschleift* werden. Nach dem im Verabschiedungsprozess befindlichen Gesetzentwurf sollen folgende Neuregelungen gelten:[14]
- Antragsberechtigt sollen nach § 60 EEG auch nach der Reform zwei Gruppen von Unternehmen sein. Dazu zählen in Zukunft »*stromkostenintensive Unternehmen*«, sofern sich ihre Entlastung dadurch rechtfertigen lässt, den »Beitrag dieser Unternehmen zur EEG-Umlage in einem Maße zu halten, das mit ihrer internationalen Wettbewerbssituation vereinbar ist, und ihre Abwanderung in das Ausland zu verhindern«. Hinzu kommen *Schienenbahnen*, »um die intermodale Wettbewerbsfähigkeit der Schienenbahnen zu erhalten«.
- Neu ist dabei neben dem Hinweis auf die Abwanderungsgefahr, dass die Antragsberechtigung auf Unternehmen aus 68 Branchen, die explizit in zwei dem Gesetz anliegenden Listen geführt werden, begrenzt ist. Diese Branchen genügen nach den Umwelt- und Energiebeihilfeleitlinien der

---

14 Vgl. BMWi (2014b) und Deutscher Bundestag (2014, S. 4).

EU-Kommission den beiden Kriterien, »*handels- und stromkostenintensiv*« zu sein. Unternehmen aus Branchen der ersten Liste müssen dabei einen Stromkostenanteil an der Bruttowertschöpfung zu Faktorkosten in Höhe von mindestens 16 v. H. (ab 2015: 17 v. H.), Unternehmen aus Branchen der zweiten Liste einen Stromkostenanteil von mindestens 20 v. H. aufweisen. Hiermit wird der Schwellenwert von bislang generell 14 v. H. angehoben, auch um der Tatsache Rechnung zu tragen, dass in den letzten Jahren allein die steigende EEG-Umlage die Stromkostenintensität erhöht hat. Intention dieser Regelungen ist es, unter den Industrieunternehmen hauptsächlich den Empfängerkreis der Begünstigungen für die Zukunft zu begrenzen. Des Weiteren müssen die Unternehmen nach § 61, Abs. 3 EEG (2014) ein »zertifiziertes Energie- und Umweltmanagement« betreiben.

- Bei den Schienenbahnunternehmen wird der Bereich der Begünstigten durch ein Absenken der Eintrittsschwelle von bislang mindestens 10 GWh/a auf eine Stromabnahme von mindestens 2 GWh/a nach § 62 EEG (2014) auch auf kleinere Dienstleister erweitert, um diese im Wettbewerb gegenüber großen Anbietern zu stärken. Zugleich wird aber der bislang eingeforderte Selbstbehalt von 0,05 Ct/kWh auf 20 v. H. der EEG-Umlage erhöht.
- Zudem werden die Privilegien für stromkostenintensive Unternehmen reduziert. Grundsätzlich sollen alle begünstigten Unternehmen für die erste GWh die volle EEG-Umlage und darüber hinaus 15 v. H. der vollen EEG-Umlage zahlen. Für den darüber hinaus gehenden Teil gelten aber Obergrenzen. Im sogenannten »Cap« (anzuwenden bei einer Stromkostenintensität von bis zu 20 v. H.) wird die Gesamtbelastung eines Unternehmens auf 4 v. H. der Bruttowertschöpfung zu Faktorkosten und im »Super-Cap« (anzuwenden bei einer Stromkostenintensität von über 20 v. H.) auf 0,5 v. H. begrenzt.[15] Mindestens jedoch sollen die Unternehmen für die über die erste GWh hinausgehende Strommenge 0,1 Ct/kWh bzw. Unternehmen aus der NE-Metall-Branche 0,05 Ct/kWh als Umlage bezahlen.
- Darüber hinaus sind Übergangsregelungen zur Vermeidung von Härtefällen vorgesehen. Durch die Reform müssen stärker belastete Unternehmen bis 2019 höchstens eine jährliche Verdoppelung der Umlagebelastung schultern. Unternehmen, die aus der Besonderen Ausgleichsregelung herausfallen, müssen ab 2015 für die erste GWh die volle Umlage und ansonsten mindestens 20 v. H. der Umlage entrichten.

---

15 Vgl. BMWi (2014b, S. 40).

2. ENERGIEWENDEEINFLUSS AUF DIE STROMPREISENTWICKLUNG

Im Rahmen des sogenannten *Eigenstromprivilegs* nach §37 Abs. 3 EEG ist Strom – bislang jedenfalls – über die Besondere Ausgleichsregelung hinaus dann vollständig von der EEG-Umlage befreit, wenn er in eigenen oder gepachteten Kraftwerken selbst erzeugt wurde. Nach der EEG-Reform von 2012 bezieht sich diese Freistellung nur noch auf Strom, der nicht über das öffentliche Netz eingespeist wird. Die Kraftwerke müssen seitdem also in räumlicher Nähe zum Verwendungsort stehen. Bei Kraftwerken, die vor dem 1. September 2011 zur Eigenstromerzeugung genutzt wurden, gibt es aber einen Bestandsschutz, so dass es im Vorfeld der Neuregelung von 2012 geradezu zu einem Run der Industrie auf Kraftwerkskapazitäten gekommen ist.[16]

Mit der *EEG-Reform 2014* soll das Eigenstromprivileg in §58 EEG (2014) nun grundsätzlich fallen. Selbst genutzter Strom aus neuen privat oder gewerblich genutzten konventionellen Anlagen soll in Zukunft keine Befreiung mehr von der EEG-Umlage erhalten. Eigenstrom aus neuen EE- oder (hocheffizienten) KWK-Anlagen wird mit einem reduzierten Satz (30 v. H. in 2015, 35 v. H. in 2016 und 40 v. H. ab 2017) an der EEG-Umlage beteiligt.[17] Ausgenommen von der Neuregelung ist grundsätzlich Strom aus kleinen Anlagen (höchsten 10 kW und für höchstens 10 MWh/a).

Sowohl die Besondere Ausgleichsregelung als auch das Eigenstromprivileg haben in den letzten Jahren zu beachtlichen und im Zeitablauf zunehmenden Entlastungen auf Seiten der Begünstigten geführt,[18] was ja auch mit ein Anlass zur anstehenden EEG-Neuregelung war. Von 2005 bis 2012 ist die Entlastung von 0,3 Mrd. EUR auf 2,7 Mrd. EUR bei der Besonderen Ausgleichsregelung und von 0,3 auf 1,6 Mrd. EUR beim Eigenstromprivileg gestiegen. Dabei hat die im Rahmen der Besonderen Ausgleichsregelung begünstigte Strommenge von 2006 bis 2012 um 23 v. H. zugelegt. Erwartet wird von den Übertragungsnetzbetreibern bis 2014 ein Anstieg um 52 v. H., wobei sich die Anzahl der entlasteten Unternehmen in 2013 und 2014 rasant erhöht hat. In 2012 kamen nach Meldungen des Bafa noch *734 Unternehmen* in den Genuss des Privilegs. 2013 stieg die Zahl bereits auf *1.716* und für 2014 hatten rund *2.400* Unternehmen einen Antrag gestellt.

---

16 Vgl. Küchler/Horst (2012, S. 4). Der Wegfall dieses Eigenstromprivilegs würde demnach die EEG-Umlage um 0,3 Ct/kWh verringern.
17 Vgl. BMWi (2014).
18 Vgl. BMU/BMWi (2012) und BMU/Bafa (2013).

2.2.4.2. Privilegien bei der Stromsteuer

Neben der EEG-Umlage ist die Stromsteuer die bedeutendste durch die (»kleine«) Energiewende motivierte Belastung im Strompreis. Sie wurde bereits 1999 zusammen mit einer Erhöhung der Mineralölsteuer als Baustein der sogenannten »Ökosteuerreform« eingeführt.[19] Beabsichtigt wurde mit der Reform, Anreize für Stromsparmaßnahmen zu geben und gleichzeitig eine *Entlastung der Rentenkassen* herbeizuführen.

Nach §3 StromStG beträgt der Regelsteuersatz 2,05 Ct/kWh seit dem Jahr 2003 und kann für das Produzierende Gewerbe (inklusive Behindertenwerkstätten) sowie für die Land- und Forstwirtschaft (inklusive der Teichwirtschaft) nach §9b StromStG auf 1,537 Ct/kWh reduziert werden. Nach §9 Abs. 2 StromStG gilt zudem für den Fahrbetrieb von Schienenbahnunternehmen und Oberleitungsomnibussen ein gesonderter Satz von 1,142 Ct/kWh.

Strom aus *EE kann komplett von der Stromsteuer befreit* werden (§9 Abs. 1 StromStG), sofern er aus einem Netz entnommen wird, das exklusiv mit Ökostrom gespeist wird. Gleiches gilt für Strom, der zur Stromerzeugung selbst benötigt wird und für Strom aus Anlagen mit einer Leistung bis zu 2 MW, sofern der Strom in unmittelbarer Nähe zur Erzeugung selbst verbraucht oder an Letztverbraucher abgegeben wird.

Darüber hinaus können nach §9a StromStG einzelne *Produktionsprozesse* komplett von der Stromsteuer befreit werden, wenn nach Einschätzung der Bundesregierung kein Energieeffizienzpotenzial mehr zu verantwortbaren Kosten geborgen werden kann. Denn in dem Fall würde die Stromsteuer ja keine Anreizwirkung mehr entfalten können.

Überdies gibt es für Unternehmen die Möglichkeit des *»Spitzenausgleichs«*, die im Jahr 2012 für weitere zehn Jahre verlängert wurde. Hierbei handelt es sich um eine Art der Verrechnung von betriebswirtschaftlichen Vor- und Nachteilen der Stromsteuer. Zu den Vorteilen zählt nämlich die Entlastung der Unternehmen bei ihrem Arbeitgeberanteil zur Rentenversicherung. Der Arbeitgeberanteil im Rentenversicherungsbeitrag ist durch die Einführung der Stromsteuer von 20,3 v. H. auf 19,5 v. H. gefallen. Der Vorteil an dieser Stelle errechnet sich aus dem Differenzbetrag von 0,8 Prozentpunkten auf die jeweilige Bemessungsgrundlage.

Im Spitzenausgleich können sich Unternehmen 90 v. H. der Differenz zwischen der vollen Stromsteuerzahlung und dem eingesparten Arbeitgeberanteil

---

19 Vgl. auch DIHK (2012). Zur damals vorgetragenen gesamtwirtschaftlichen Kritik an der »Ökosteuer« vgl. ausführlich: Arbeitsgruppe Alternative Wirtschaftspolitik (1999, S. 137-142).

(abzüglich eines Sockelbetrags von 1.000 EUR) erstatten lassen. Unternehmen, die durch die Einführung der Stromsteuer besonders betroffen waren, weil sie einerseits eine hohe unmittelbare Belastung durch die Steuer haben, andererseits aber nur einen geringen Vorteil aus der Entlastung bei den Rentenversicherungsbeiträgen ziehen, können dies kompensieren, indem sie den Spitzenausgleich beantragen und so (rund) 90 v.H. ihrer Nettobelastung zurückholen.

Ende 2012 wurde, auch als Zugeständnis an die EU-Kommission, das StromStG im Zuge der forcierten Energiewende geändert. Dabei ist der Anspruch auf den Spitzenausgleich mit höheren Anforderungen gekoppelt worden. Um nicht mit dem EU-Beihilferecht zu kollidieren, wurde den Unternehmen eine Gegenleistung abverlangt.[20] Unternehmen müssen, wenn sie in den Genuss des Ausgleichs kommen wollen, nach § 10 Abs. 3 StromStG nachweisen, dass sie *Energie- und Umweltmanagementsysteme* eingeführt haben bzw. aufbauen und dass sie im Antragsjahr von der Bundesregierung vorgegebene Zielwerte für die Energieeffizienz eingehalten haben. Für kleine und mittlere Unternehmen sind die Anforderungen graduell reduziert worden.

2.2.4.3. Privilegien bei der KWK-Umlage

Ebenso wie die EE erwiesen sich im Zuge der Liberalisierung der Elektrizitätswirtschaft Kraftwerke, die in *Kraft-Wärme-Kopplung* betrieben wurden, nicht als wettbewerbsfähig. Dabei gilt die gleichzeitige Kuppelproduktion von Strom und Wärme als ökologisch besonders effizient.[21] Vor diesem Hintergrund hatte sich die damalige rot-grüne Bundesregierung mit Wirkung von April 2002 zur Förderung dieser Anlagen im Rahmen des zuletzt im August 2013 geänderten Kraft-Wärme-Kopplungs-Gesetzes (KWK-G) entschlossen.

So wie bei den nicht in Kuppelproduktion betriebenen EE schreibt das EEG (§ 8 EEG) in Verbindung mit § 4 KWK-G eine zu den EE gleichrangige Netzanschlusspflicht für »hocheffiziente« KWK-Anlagen und eine Vorrangeinspeisung des damit erzeugten Stroms für die Netzbetreiber auf allen Spannungsebenen vor. Als hocheffizient gilt eine Anlage, wenn sie die Kriterien der entsprechenden Richtlinie des Europäischen Parlaments und des Europäischen Rats erfüllt.

---

20 Die Deutsche Umwelthilfe (DUH) (2012) betrachtet die Verschärfungen zur Steigerung der Energieeffizienz, die ihr zudem nicht weit genug geht, nur als »Scheingegenleistung« mit der Eigenschaft eines »milliardenschweren Steuerprivilegs« [...], um die Zustimmung der EU-Kommission zu erhalten«.

21 Vgl. DIHK (2012) und Verband der Netzbetreiber (2004).

Der den Strom abnehmende Netzbetreiber zahlt dabei nach §4 Abs. 3 KWK-G eine Vergütung, die sich aus einem zwischen Netz- und Anlagenbetreiber zu vereinbarenden Preis und einem gesetzlich definierten Zuschlag ergibt. Der zu vereinbarende Preis soll sich zunächst aus bilateralen Verhandlungen ergeben und »üblich« sein. Sofern hier keine Einigung erzielt wird, gilt für Anlagen bis zu 2 MW der durchschnittliche Börsenpreis an der EEX für Baseload-Strom aus dem Vorquartal. Dazu kommen die vermiedenen Netzentgelte infolge der dezentralen Einspeisung. Für den Fall, dass der Anlagenbetreiber eine dritte Partei findet, die einen höheren Preis bietet, muss der Netzbetreiber den Strom zu diesem Preis abnehmen. Gleichzeitig hat der Netzbetreiber aber das Recht, den KWK-Strom anschließend an die dritte Partei zum ursprünglichen Gebotspreis zu kaufen.

Der Zuschlag für KWK-Strom fällt nach §5 KWK-G für solche hocheffizienten Anlagen an, die den Betrieb nach dem Ultimo 2008 aufgenommen haben und mindestens bis Ende 2020 in Dauerbetrieb genommen wurden. Er gilt für neue Anlagen, sofern sie nicht nur alte Anlagen in der Fernwärmeversorgung ersetzen, und für Brennstoffzellen-Anlagen. Auch modernisierte Anlagen können den Zuschlag beanspruchen, sofern sie durch die Modernisierung hocheffizient sind und ebenfalls nicht nur veraltete Anlagen verdrängen.

Die Höhe der Zuschläge wird in §7 KWK-G differenziert nach Neuanlagen und modernisierten Anlagen, nach Anlagengröße, dem eingespeisten Leistungsanteil und dem Zeitpunkt der Inbetriebnahme. Für KWK-Anlagen bis zu 50 kW beispielsweise, die nach dem 19. Juli 2012 bis 31. Dezember 2020 den Dauerbetrieb aufgenommen haben, wird der Zuschlag auf 5,41 Ct/kWh festgelegt. Er kann vom Betreiber wahlweise für 10 Jahre oder für die Dauer von 30.000 Vollbenutzungsstunden in Anspruch genommen werden. Für Anlagen zwischen 50 kW und 2 MW, die dieselben zeitlichen Restriktionen hinsichtlich des Dauerbetriebs erfüllen, wird die ausschließlich für 30.000 Volllaststunden zugestandene Förderung gestaffelt. Für den Leistungsanteil bis 50 kW werden 5,41 Ct/kWh, für den Anteil zwischen 50 und 200 kW 4 Ct/kWh und darüber 2,4 Ct/kWh gewährt. Die Zuschläge werden nach §4 Abs. 3a KWK-G auch dann fällig, wenn der Strom nicht in das allgemeine Versorgungsnetz eingespeist wird. Gestaffelte Zuschläge gibt es darüber hinaus auch für den Neu- und Ausbau von Netzen und Speichern.

Die von den Übertragungsnetzbetreibern vorzustreckenden Auslagen für die Strom-, Netz- und Speicher-Zuschläge werden nach einem Kostenwälzungsmechanismus auf die Strompreise durch die KWK-Umlage an die Endverbraucher in gestaffelter Form weitergereicht. Nach §7 Abs. 7 KWK-G sind

die Zuschlagszahlungen aber auf 750 Mio. EUR/a gedeckt. Beim Überschreiten dieser Obergrenze werden Zuschläge für Anlagen über 10 MW gekürzt. Grundsätzlich gibt es bei der Umlage nach § 9 Abs. 7 KWK-G für hohe Stromverbräuche Entlastungen. Letztverbraucher, die an einer Abnahmestelle über 100 MWh Strom beziehen, werden für die über 100 MWh hinausgehende Strommenge mit einer Umlage von *maximal*
- 0,05 Ct/kWh belastet, sofern sie nicht »stromintensiv« sind,
- 0,025 Ct/kWh belastet, sofern sie als »stromintensiv« eingestuft werden.

Als »stromintensiv« – wie auch beim Entlastungstatbestand für die § 19-Umlage und die Offshore-Umlage – gelten Unternehmen des *Produzierenden Gewerbes* oder des *Schienenverkehrs* sowie Eisenbahninfrastrukturunternehmen, sofern ihre Stromkosten im vorangegangenen Kalenderjahr 4 v. H. des Umsatzes übersteigen.

Zur Umlage kommen etwaige Nachhol- oder Ausgleichsbeträge aus Prognosefehlern der Vorjahre hinzu. Für 2013 (bzw. 2014) gilt nach Angaben der Übertragungsnetzbetreiber eine KWK-Umlage für Letztverbraucher mit einer Abnahme von bis zu 100 MWh in Höhe von 0,126 Ct/kWh (bzw. 0,178 Ct/kWh). Für die darüber hinausgehende Abnahme ist die Umlage unter Einbeziehen der Nachhol- und Ausgleichsbeträge festgesetzt in Höhe von
- 0,060 Ct/kWh (bzw. 0,055 Ct/kWh), soweit die Abnehmer nicht als »stromintensiv« eingestuft sind,
- 0,025 Ct/kWh (bzw. 0,025 Ct/kWh), wenn sie zusätzlich als »stromintensiv« gelten.

2.2.4.4. Privilegien bei der Offshore-Haftungsumlage
Der Ausbau der Windenergie auf hoher See liegt weit hinter den Vorstellungen der Leitstudie des BMU zurück. Neben Problemen im Genehmigungsverfahren und technischen Herausforderungen bei der Installation spielte für den Ausbauattentismus auch das Haftungsrisiko für den Netzanschluss eine wichtige Rolle.

Angesichts der technologischen Schwierigkeiten, die weit vor der Küste in tiefem Gewässer liegenden Offshore-Windparks anzuschließen und des erhöhten Risikos von Leitungsausfällen bestand hier keine realistische Möglichkeit für Übertragungsnetzbetreiber, sich für den Fall zu versichern, dass die Windparks zwar betriebsbereit sind, der Strom aufgrund von Versäumnissen beim Netzbetreiber aber nicht abtransportiert werden kann, so dass dieser für die Einnahmeverluste haften muss. Verschärft wurde die Problematik dadurch, dass sie sich, bedingt durch die regionale Verteilung der Regelzonen, auf den Übertragungsnetzbetreiber Tennet konzentriert.

Vor diesem Hintergrund hat die schwarz-gelbe Bundesregierung das Haftungsproblem über § 17f EnWG mit Wirkung von Anfang 2013 durch die Offshore-Umlage für den Fall sozialisiert, in dem Netzbetreibern keine vorsätzlichen Verfehlungen vorzuwerfen sind. Sie ist mit teilweise anderen Beträgen nach den gleichen Kriterien wie die »§ 19-Umlage« (vgl. Kap. 2.2.4.6) differenziert. Letztverbraucher zahlen in 2013 und 2014 eine Offshore-Umlage von:[22]
- 0,25 Ct/kWh für die ersten 1.000 MWh,
- 0,050 Ct/kWh für die darüber liegende Abnahme bzw.
- maximal 0,025 Ct/kWh für die darüber liegende Abnahme für Stromletztverbraucher des Produzierenden Gewerbes oder des Schienenverkehrs, sofern die Stromkosten im vorangegangenen Kalenderjahr 4 v. H. des Umsatzes überstiegen haben.

Dabei wird das zulässige Belastungsvolumen für die *Endverbraucher* zusammen auf 650 Mio. EUR limitiert. Nach Angaben der Übertragungsnetzbetreiber (2013d) reicht dies, gemessen an den prognostizierten Kosten, aber in 2014 nicht aus: »[Die Limitierung] führt in 2014 dazu, dass die prognostizierten, wälzbaren Kosten über die maximalen Umlagen nicht komplett refinanzierbar sind. Das daraus resultierende Defizit wird in zukünftige Umlagen vorgetragen.«

2.2.4.5. Privilegien bei der Umlage für abschaltbare Leistungen
Mit Beginn des Jahres 2014 wird die Umlage für abschaltbare Leistungen nach § 18 AbLaV erhoben. Sie beträgt für 2014 0,009 Ct/kWh und wird nur geltend gemacht für Verbrauchsmengen (an einer Abnahmestelle) von bis zu 100 MWh und ist damit für die meisten Unternehmen relativ unbedeutend.

Hintergrund ihrer Einführung ist die starke Fluktuation von Wind- und Solarstrom. In Phasen niedriger Einspeisungen ist zur Stabilisierung des Netzes vorgesehen, dass große, aber flexible und mindestens aus der 110-kV-Spannungsebene beziehende Stromabnehmer auf Anweisung der Übertragungsnetzbetreiber temporär und zuverlässig ihre stromverbrauchenden Anlagen abschalten. Zum Ausgleich erhalten die Stromabnehmer eine Entschädigung nach § 4 AbLaV. Als Leistungspreis erhalten sie unabhängig vom Abruf dieser Leistung monatlich 2.500 EUR pro MW an zur Disposition gestellter Abschaltleistung. Der Arbeitspreis beläuft sich auf mindestens 100 EUR/MWh, höchstens jedoch auf 400 EUR/MWh. Übertragungsnetzbetreiber schreiben dazu im Vorfeld monatlich ihren Bedarf aus.

---

22 Vgl. Übertragungsnetzbetreiber (2013d)

2.2.4.6. Privilegien bei der Umlage nach § 19 Stromnetzentgeltverordnung

Eine weitere Strompreiskomponente für die Verbraucher ergibt sich seit 2012 aus der Umlage nach § 19 Stromnetzentgeltverordnung (StromNEV). Stromverbrauchenden Unternehmen wird hier einerseits die Möglichkeit der Netzentgeltreduzierung als Belohnung für antizyklisches Abnahmeverhalten oder die stabile Abnahme großer Strommengen und die damit verbundene Entlastung des Netzes angeboten. Die Entgeltreduktion für die Begünstigten wird dann andererseits über die §-19-Umlage gegenfinanziert.

Der VIK (2013b) als Lobbyist der begünstigten Unternehmen begründet die Reduzierung wie folgt:

- »die relative Schwankungsbreite der gesamten Last wird reduziert; damit steigt die Prognostizierbarkeit sowie die Effizienz der Auslastung des gesamten Kraftwerksparks;
- ohne konstante Großkunden würden deutlich stärkere Regelanlagen erforderlich, um die gleiche Energiemenge zu verteilen. Folge: höhere spezifische Systemkosten;
- Frequenzausschläge im Netz werden abgemildert, die Netzregelung so erleichtert;
- Die höhere Grundlast schafft freie Kapazität im Netz und erhöht so die Einspeisemöglichkeit für Erneuerbare-Energien-Anlagen; teure Abregelungen werden verhindert.«

Vor diesem Hintergrund hat diese Umlage vordergründig wenig mit der Energiewende zu tun. Allenfalls die Tatsache, dass die Stabilisierung des Netzes durch die Energiewende eine größere Herausforderung darstellt, liefert hier einen indirekten Zusammenhang zwischen der Steuer und der ökologischen Neuausrichtung der Energiepolitik.

Wollen Unternehmen in den Genuss der Belohnung kommen, müssen sie im Vorfeld einen Antrag an die Bundesnetzagentur stellen, der auf der Basis verordneter Schwellenwerte beschieden wird. Dazu definiert der Übertragungsnetzbetreiber, in dessen Zuständigkeit das zu begünstigende Unternehmen fällt, für alle Spannungsebenen in seiner Regelzone Zeitfenster der jeweiligen Höchstlast. Wenn das beantragende Unternehmen seine individuelle Höchstlast außerhalb des entsprechenden Zeitfensters halten kann, gibt es dann eine Entgeltreduktion, wenn diese individuelle Höchstlast bei einer Abnahme im Hochspannungsnetz um mindestens 10 v.H. über der abgerufenen Maximalleistung innerhalb des Zeitfensters liegt. Für den Strombezug aus dem Mittelspannungsnetz gilt ein Wert von mindestens 20 v.H. und bei einer Abnahme im Niederspannungsnetz von mindestens 30 v. H. Von der Verlagerung außerhalb des Fensters müssen mindestens 100 kW betroffen sein. Begründet wird dies damit, dass ansonsten keine spürbare und damit belohnenswerte Entlastung vorliege.[23] Die Reduktion wird limitiert auf maximal 80 v. H. der veröffentlichten Netzentgelte und berechnet sich ansonsten aus der Differenz zwischen der individuell benötigten Höchstlast innerhalb und außerhalb des Zeitfensters.

Vorübergehend wurde ab August 2011 atypischen Netznutzern zusätzlich noch die Möglichkeit einer kompletten Befreiung von den Netzentgelten eingeräumt. Dazu mussten sie von einer einzelnen Abnahmestelle mindestens 7.000 h im Jahr Strom im Umfang von über 10 GWh beziehen. Angesichts eines Beschlusses des OLG Düsseldorf vom März 2013, wonach der gewählte Änderungsweg über eine Verordnung zur Befreiung unzulässig war, und eines von der EU-Kommission eingeleiteten Beihilfeverfahrens wurde die vollständige Befreiung für Großabnehmer rückwirkend aufgehoben. Stattdessen gibt es seit August 2013 eine gestaffelte Begünstigung für große Stromabnehmer. Bei der Abnahme von mindestens 10 GWh/a beläuft sich das *zu entrichtende Netzentgelt* gemessen am veröffentlichten Entgelt auf

- 20 v. H. bei mindestens 7.000 Benutzungsstunden/a,
- 15 v. H. bei mindestens 7.500 Benutzungsstunden/a
- und 10 v. H. bei mindestens 8.000 Benutzungsstunden/a.

Über die zwischenzeitlich wieder restriktivere Regulierung berichten Bundesnetzagentur/Bundeskartellamt (2013, S. 284): »Diese Neuregelungen der rechtlichen Grundlage haben zu einem sehr starken Anstieg der Zahl von Anträgen bei der zuständigen Beschlusskammer geführt. Für das Jahr 2011 sind mit Bezug auf die Regelungen des § 19 Abs. 2 S. 1 StromNEV 1.286 Anträge eingereicht worden, welche eine Entlastungssumme von ca. 161 Mio. EUR erbringen. Mit Bezug auf § 19 Abs. 2 S. 2 StromNEV sind 277 Anträge eingegangen, die eine Gesamtentlastungssumme in Höhe von ca. 209 Mio. Euro abbilden.«

Trotz des Zurückruderns in den Gesetzesgrundlagen bleibt es in den rechtlichen Bestimmungen zur umlagefinanzierten Verminderung der Netzentgelte stromintensiver Unternehmen bei einer Entlastung, die zeitgleich mit und auch wegen der *beschleunigten Energiewende* eingeführt wurde. In Summe handelt es sich um eine reine Umverteilungsmaßnahme, die als Ganzes mehr oder weniger *kostenneutral* ist. Für die Begünstigten stellt in dieser Hinsicht die Energie-

---

23   Vgl. DIHK (2013).

wende eine Erleichterung dar, für alle anderen bedeutet sie spiegelbildlich eine Belastung. Dabei wird die Belastung nach der Stromabnahmemenge differenziert umgelegt.[24] Letztverbraucher zahlen dann in 2014 eine Umlage von
- 0,187 Ct/kWh für die ersten 1.000 MWh
- 0,050 Ct/kWh für die darüber liegende Abnahme
- maximal 0,025 Ct/kWh für die darüber liegende Abnahme für Stromletztverbraucher des Produzierenden Gewerbes oder des Schienenverkehrs, sofern die Stromkosten im vorangegangenen Kalenderjahr 4 v. H. des Umsatzes überstiegen haben.

Dabei ist der Schwellenwert für 2014 von ursprünglich 100 MWh auf 1.000 MWh hochgesetzt worden. Überdies wird es in 2014 eine Rückabwicklung für die Jahre 2012 und 2013 geben, welche zu den genannten Umlagewerten hinzukommen.

Insgesamt werden große *energieintensive Unternehmen bei der § 19-Regulierung gleich doppelt begünstigt*: Sie werden einerseits beim Netzentgelt geschont und andererseits nur sehr unterdurchschnittlich in die Umlagefinanzierung eingebunden.

2.2.4.7. Privilegien bei der Konzessionsabgabe

Die Kommunen haben das Wegerecht in ihrer Gebietskörperschaft und können für die Nutzung der Wege für leitungsgebundene Güter Konzessionsabgaben erheben. Die Abgabe wird vom Verteilnetzbetreiber als Aufschlag auf das Netzentgelt erhoben und an die Kommune abgeführt. Letztlich stehen damit die Endverbraucher für das Wegerecht gerade.

Aber auch dabei gibt es eine Differenzierung. *Für Tarifkunden* werden je nach Einwohnerzahl nach §2 Abs. 2 KAV 1,32 bis *2,39 Ct/kWh* eingefordert. Von Sondervertragskunden hingegen, die aufgrund ihrer Größe als *Gewerbe- oder Industriebetrieb* schon mit ihrer Gewerbesteuer zum Kommunalhaushalt beitragen, werden *maximal 0,11 Ct/kWh* verlangt. Für sie gilt nach §2 Abs. 4 KAV noch eine weitere Limitierung. Sobald der Bezugspreis von Strom bei einem Sondervertragskunden unter dem sogenannten Grenzpreis liegt, entfällt für ihn die Konzessionsabgabe. Dabei wird der Grenzpreis üblicherweise vom Statistischen Bundesamt als Durchschnitt der Bezugspreise der Sondervertragskunden aus dem vorvergangenen Jahr berechnet. Möglich ist aber auch ein Heraufsetzen des Grenzpreises durch die Kommunen, so dass eine Befreiung

---

24 Vgl. Übertragungsnetzbetreiber (2013).

von der Abgabe schon eher erfolgen kann. Das Motiv für die Kommune kann dabei aus einer Abwägungsentscheidung entstehen: In der Hoffnung, große stromverbrauchende Unternehmen am Standort zu halten, werden Zugeständnisse bei den Konzessionsabgaben gemacht, um sich so die Gewerbesteuereinnahmen zu sichern.

2.2.4.8. Synopse bisheriger Regeln für die administrativen Preiskomponenten
Die vorausgegangenen Ausführungen verdeutlichen, dass es sowohl mit Blick auf die im unmittelbaren Zusammenhang mit der Energiewende stehenden administrativen Komponenten als auch mit Blick auf die anderen administrativen Bausteine zahlreiche Ausnahmeregelungen gibt. Zur besseren Übersicht wurden sie von uns nochmals in einer Synopse zusammengefasst (vgl. Tab. 3).

Insofern ist die Betrachtung der Preisbelastung von Unternehmen infolge der Energiewende eigentlich eine höchst individuelle. Durchschnittsbetrachtungen, wie sie in Kap. 2.2 vorgenommen wurden, vermitteln daher nur einen ersten, letztlich aber unvollständigen Eindruck.

2.2.5. Preisentwicklung für privilegierte energieintensive Unternehmen

Wie gezeigt kommen stromintensive Unternehmen mit einer, auch absolut gesehen, hohen Stromabnahme in vielerlei Hinsicht in den Genuss vergünstigter Strompreise.[25] Das betrifft erstens – über die vorherige Betrachtung hinausgehend – die relevanten *Beschaffungspreise*. Oftmals können sich die Unternehmen aufgrund ihrer Stromnachfragemengen unmittelbar im *Großhandel* eindecken. Dadurch umgehen sie die Handelsmargen von EVUs und sind bei einer professionellen Einkaufsstrategie auch früher in der Lage, die positiven *Merit-Order-Effekte* in der Strombeschaffung zum eigenen Vorteil zu aktivieren. Aber auch wenn sie sich nicht selbst über den Großhandel, sondern über ein EVU mit Strom eindecken, sollte es ihnen angesichts ihrer Nachfragemacht[26] gelingen, Sonderkonditionen im Stromeinkauf zu erhalten.

Zweitens sind sie hinsichtlich der *EEG-Umlage privilegiert*. So können sie einerseits die *Besondere Ausgleichsregelung* nach den bisherigen Regeln in Anspruch nehmen, wenn sie als Unternehmen des Produzierenden Gewerbes mehr als 1 GWh im Jahr verbrauchen und der Stromkostenanteil an der Bruttowertschöpfung über 14 v.H. liegt. Statt in 2013 mit 5,277 Ct/kWh belastet zu werden, müssen sie für den Stromverbrauch zwischen 1 und 10 GWh/a

---

25 Vgl. z.B. DIHK (2012), Küchler/Horst (2012) und DUH (2013).
26 Vgl. auch Bontrup/Marquardt 2008.

nur 10 v. H. der Umlage, für den Verbrauch zwischen 10 und 100 GWh/a noch 1 v. H. der Umlage und darüber hinaus nur 0,05 Ct/kWh zahlen. Alternativ ist dann eine *durchgängige Reduktion* auf 0,05 Ct/kWh möglich, wenn der Stromverbrauch über 100 GWh/a beträgt und der Stromkostenanteil an der Wertschöpfung 20 v. H. übersteigt. Andererseits können sie in jedem Fall das *Eigenstromprivileg* für sich in Anspruch nehmen, wenn sie den Strom aus eigenen oder gepachteten Kraftwerken beziehen. *Für diesen Stromverbrauch wird keine EEG-Umlage fällig.* Seit 2011 müssen dazu die Kraftwerke zwar in unmittelbarer räumlicher Nähe zum Verbrauchsort liegen. Allerdings sorgt der Bestandsschutz für Altfälle dafür, dass die EEG-Umlage auf diesem Wege vielfach umgangen wurde, indem Strom nicht als fremdbezogener Strom mit entsprechender Belastung durch die EEG-Umlage bezogen wurde, sondern längerfristige Pachtverträge an Kraftwerksscheiben eingegangen wurden. Nach Angaben von Prognos wurde in 2011 durch diese Regel fast ein Viertel des Industriestromverbrauchs von der EEG-Umlage befreit.[27]

Drittens profitieren große stromintensive Industrieunternehmen auch bei der *Stromsteuer*. Der *Satz* ist für Unternehmen gegenüber den privaten Verbrauchern ohnehin schon von 2,05 Ct/kWh auf 1,537 Ct/kWh verringert. Manche *Produktionsprozesse* sind sogar fast vollständig von der Stromsteuer befreit. Zusätzlich können Unternehmen aber den *Spitzenausgleich* in Anspruch nehmen. Da hier eine Reduktion der Stromsteuer in Höhe von 90 v. H. der Differenz zwischen der Stromsteuer und den eingesparten Rentenversicherungsbeiträgen erfolgen kann, begünstigt diese Regelung insbesondere solche Unternehmen, die vergleichsweise viel Strom beziehen und in Relation dazu mit wenigen Arbeitskräften produzieren – mit anderen Worten stromintensive Produzenten. Im Extremfall reduziert sich dabei die Stromsteuer auf Werte in Nähe von 0,15 Ct/kWh.[28]

Viertens erfahren stromintensive Unternehmen aus dem Produzierenden Gewerbe eine *Erleichterung* bei der *KWK-G-Umlage* und der *Offshore-Haftungsumlage*, wenn der Anteil der Stromkosten am Umsatz über 4 v. H. liegt und der Stromverbrauch 100 MWh/a bei der KWK-G-Umlage bzw. 1 GWh/a bei der Offshore-Haftungsumlage übersteigt. Statt in 2013 mit 0,126 Ct/kWh bzw. 0,25

---

27   Vgl. Küchler/Horst (2012, S. 4).
28   Mit S = Höhe der Stromsteuer in Ct, SV = Stromverbrauch in kWh und E = Erstattung in Ct ergibt sich bei zu vernachlässigenden Einsparbeträgen für die Rentenversicherung folgende Arithmetik: S = 1,537 * SV und E= 0,9 * (S - 0) = 0,9 * 1,537 * SV. Als Nettobelastung bleibt dann: S - E = 1,537 * SV - 0,9 * 1,537 * SV = 0,1 * 1,537 * SV = 0,1537 * SV.

Ct/kWh belastet zu werden, beläuft sich die Umlage lediglich auf 0,025 Ct/kWh.

Hinzu kommen weitere Entlastungen bei den sonstigen administrierten Komponenten. Dies betrifft fünftens die *§-19-Umlage*. Hier gibt es gleich eine *doppelseitige Entlastung* für das Produzierende Gewerbe. Zum einen können für große Stromverbraucher mit einem Bedarf ab 10 GWh/a die zu zahlenden Netzentgelte auf 10 bis 20 v. H. reduziert werden. Zum anderen können sie sich bei der Abwälzung der Entlastungswirkung auf die Verbraucher über die §-19-Umlage auf eine deutliche Reduktion von 0,187 Ct/kWh auf 0,025 Ct/kWh berufen, wenn der Stromkostenanteil am Umsatz 4 v. H. überschreitet und der Stromverbrauch über 1 GWh/a liegt.

Sechstens wird allen Unternehmen als *Sondervertragskunden* ein von 1,32 bis 2,39 Ct/kWh auf 0,11 Ct/kWh reduzierter Satz bei den *Konzessionsabgaben* zugestanden. Wenn der Strombezugspreis eines einzelnen Unternehmens – z. B. wegen seiner Stromintensität und der damit verbundenen Nachfragemacht beim Strombezug – unter dem aus den durchschnittlichen Bezugspreisen der anderen Unternehmen gebildeten Grenzpreis liegt, kann sogar eine *komplette Befreiung* erreicht werden. Küchler/Horst (2012, S. 5) gehen hier, gestützt auf eine andere Studie, sogar so weit anzunehmen, »dass alle stromintensiven Unternehmen vollständig befreit sind.«

Siebtens kommt seit 2013 noch eine weitere Entlastungswirkung bei der Strombeschaffung am Großhandelsmarkt hinzu. So erlaubt die *EU-Emissionshandelsrichtlinie* in Verbindung mit dem entsprechenden Beihilferahmen einen Ausgleich für einen Großteil der am Großhandelsmarkt eingepreisten CO_2-Kosten. Matthes (2013, S. 5) zufolge läuft die Regelung darauf hinaus, dass die stromintensiven Endkunden für ca. 70 v. H. der im Großhandelsstrompreis eingerechneten Kosten für die Emissionsrechte eine Kompensation erhalten. Dies entspreche umgerechnet für 2013 einer Ausgleichszahlung von 0,3 Ct/kWh.

Die Ausführungen verdeutlichen, dass sich stromintensive Unternehmen des Produzierenden Gewerbes bislang allen ökologisch motivierten Endpreiskomponenten zumindest weitgehend entziehen können. Überdies gibt es noch nachhaltige Zugeständnisse bei den Netzentgelten, der §-19-Umlage und den Konzessionsabgaben. Dies gilt in ähnlicher Form auch für Schienenbahnunternehmen.

Leider existiert zur differenzierten empirischen Analyse der Strompreisentwicklung für privilegierte stromintensive Unternehmen – anders als im Fall der privaten Haushalte oder der Unternehmen mit einer mittleren Stromintensität – keine repräsentative historische Datenreihe. Auf der Ebene der EU gibt es zwar eine Eurostat-Erhebung für Unternehmen mit einem Jahresverbrauch an Strom zwischen 70 und 150 GWh (vgl. Abb. 8). Aber hier liegt einerseits keine lange Zeitreihe vor, so dass mit diesen Daten keine längerfristige Entwicklung nachgezeichnet werden kann. Andererseits dürften die Einzelfälle der stromintensiven Unternehmen aufgrund individueller Besonderheiten stark von Durchschnittsbetrachtungen abweichen[29] und zudem ist fraglich, ob Unternehmen mit einem *Gesamt*verbrauch von bis zu 150 GWh schon wirklich als stromintensiv gelten können.[30] Die Unternehmen, die die Besondere Ausgleichsregelung für 2014 aufgrund ihrer Stromintensität beantragt haben, weisen zwar im Durchschnitt eine jährliche Stromabnahme von 34,4 GWh auf (vgl. Tab. 11). Dies sind aber erstens Werte für die Stromabnahme an einer Abnahmestelle und zweitens liegt dem Durchschnittswert eine starke Streuung zugrunde, bei der Spitzenwerte von 240 GWh/a erreicht werden. Daher argumentiert das EWI (2012, S. 1) unter Hinweis auf eine zusammen mit Frontier Economics im Auftrag des BMWi erstellte Studie: »Industriekunden mit einem sehr hohen Stromverbrauch werden durch diese Daten (von Eurostat, d. V.) [...] nicht erfasst.«

Bezogen auf die *verfügbaren Querschnittsdaten* zeigt sich nun, dass der Strompreis für deutsche Unternehmen mit einem Stromverbrauch von 70 bis 150 GWH/a beim Endpreis ohne Mehrwertsteuer im europäischen Spitzenfeld liegt (vgl. Abb. 8). Deutschland weist hier in der Referenzgruppe den dritthöchsten Preis auf und liegt um rund 26 v.H. über dem EU-Durchschnitt ohne Litauen, Luxemburg und Malta. Ohne die *staatlichen Komponenten* rutscht Deutschland aber im Preisranking deutlich auf Platz 15 und damit in die untere Belastungshälfte ab.

Der Querschnittvergleich suggeriert erneut, dass es gerade die administrativen Komponenten sind, die auch deutschen Unternehmen mit hoher Stromintensität im europäischen Konkurrenzkampf zu schaffen machen. In der Differenzierung der Strompreisbestandteile ist in dieser Statistik der Strompreis im ersten Halbjahr 2013 durch die Steuern und Abgaben (ohne Mehrwertsteuer und andere erstattungsfähige Steuern) hierzulande um gut zwei Drittel höher als ohne diese Belastungen.

Angesichts der zuvor gemachten Einschränkungen und der Erläuterungen zu den Entlastungsmöglichkeiten bei den administrativen Bausteinen sind die Daten u.E. aber wenig geeignet, um die im Strompreis abgelegten

---

29   Vgl. Küchler/Horst (2012, S. 12).

30   Es gibt in der Datenbank von Eurostat zwar auch Angaben für Verbräuche über 150 GWh/a, aber u. a. nicht für Deutschland.

Energiewendebelastungen für energieintensive Unternehmen herauszufiltern. Insbesondere ist fraglich, inwieweit die nationalen Entlastungsregeln in der Datenerfassung hinreichend und repräsentativ berücksichtigt und nicht der Anforderung einer besseren internationalen Vergleichbarkeit untergeordnet wurden.[31] Ohnehin stellt sich angesichts der zahlreichen Sonderbehandlungen die Frage, inwieweit hier noch statistische Durchschnittsbetrachtungen angebracht sind.

Vor dem Hintergrund haben wir in Tab. 4 – auch unter Bezug auf EWI (2012) – wenigstens eine eigene *modellhafte Belastungskalkulation* aufgestellt, in der die zahlreichen Privilegien energieintensiver Unternehmen berücksichtigt wurden.[32] Unterstellt wurden zwei von der Konzessionsabgabe vollständig befreite Musterunternehmen. Das privilegierte »Musterunternehmen 1« hat einen Stromverbrauch von 34,4 GWh/a. Dieser Verbrauch entspricht dem Durchschnittswert, der bei den Antragsstellern für die Besondere Ausgleichsrücklage im Jahr 2014 pro Abnahmestelle vorlag (vgl. Tab. 11). Das privilegierte »Musterunternehmen 2« hat einen Stromkostenanteil an der Bruttowertschöpfung von über 20 v. H. und der Stromverbrauch beläuft sich auf (»etwas über«) 100 GWh/a. In diesem Fall beträgt die EEG-Umlage bislang durchweg 0,05 Ct/kWh. Mit Blick auf die Stromsteuer wurde für »Musterunternehmen 1« noch differenziert zwischen der Möglichkeit, entweder keinen Spitzenausgleich (Stromsteuer bei 1,537 Ct/kWh) oder den maximalen Ausgleich (Stromsteuer bei 0,15 Ct/kWh) zu erhalten. Angesichts der hohen Stromintensität wurde der Fall des maximalen Spitzenausgleichs im »Musterunternehmen 2« von vornherein unterstellt. Ergänzt wurde hier die Betrachtung noch um den Fall, in welchem dem Unternehmen bei der Stromsteuer eine komplette Befreiung für die Produktion mit solchen Prozessen zugestanden wird, deren Effizienzpotenzial offiziell als ausgereizt anerkannt wurde.

Bei den Beschaffungskosten wurde für 2013 der Mittelwert aus dem EEX-Spot-Kurs für 2013 (bis inklusive November) und dem Year-Future-Kurs von 2012 gewählt, so dass hier eine gemischte Beschaffungsstrategie über den Großhandelsmarkt nachgebildet wurde oder alternativ eine Eigenstromproduktion

---

31 Vgl. zu dieser Problematisierung auch DUH (2013, S. 20) und Matthes (2013, S. 3).
32 Zu den Privilegien zählen (vgl. Kap. 2.2.4) die Besondere Ausgleichsregelung für die EEG-Umlage, das Eigenstromprivileg sowie die Ermäßigung, der Spitzenausgleich oder die Freistellung bestimmter Prozesse bei der Stromsteuer. Hinzu kommen die nach der Abnahme gestaffelten Entlastungen bei der KWK-G-Umlage und der Offshore-Haftungsumlage. Nicht erfasst wurde der Sondereffekt der CO_2-Kostenverrechnung. Für die Konzessionsabgaben wurde generell eine vollständige Befreiung angenommen.

angenommen wurde, deren (Opportunitäts-)Kosten sich aus der Mischstrategie am Großhandelsmarkt bestimmen lassen. Bei den Netzentgelten wurde auf den vom EWI (2012) ermittelten Wert zurückgegriffen. Er dürfte für die Musterunternehmen aber nur eingeschränkt zutreffen, da die EWI-Studie von einem deutlich höheren Verbrauch (330 GWh/a) ausging. Angesichts des geringeren Jahresverbrauchs unserer Musterunternehmen dürfte hier in der Realität tendenziell von etwas höheren spezifischen Netzentgelten auszugehen sein.

Ein abgesehen von den Konzessionsabgaben nicht privilegiertes Unternehmen mit denselben Beschaffungskosten und Netzentgelten wie bei den Musterunternehmen hätte im Jahr 2013 11,98 Ct/kWh für seinen Strombezug gezahlt. Das »Musterunternehmen 1« hingegen hätte ohne Spitzenausgleich 6,72 Ct/kWh (und etwa 2,3 Mio. EUR/a) bzw. mit maximalem Spitzenausgleich 5,33 Ct/kWh (1,8 Mio. EUR) ausgeben müssen. Ohne die Energiewendekomponenten im Strompreis wären nur die Beschaffungskosten, die Netzentgelte und die Netzentgeltumlage von 4,79 Ct/kWh zu erstatten gewesen.

Demnach lagen im Jahr 2013 die zu zahlenden Strompreise für energieintensive Unternehmen mit einem Verbrauch von unter 100 GWh/a um maximal etwa 40 v. H. (ohne Spitzenausgleich) über dem Niveau ohne die Energiewende. Der 40-Prozent-Aufschlag kommt dabei im Wesentlichen durch die Stromsteuer zustande. Sie verteuert den Strompreis um 1,537 Ct/kWh, während alle anderen Energiewendekomponenten nur zu einem Aufschlag von 0,39 Ct/kWh führen, wobei die effektive EEG-Umlage lediglich 0,33 Ct/kWh ausmacht. Können Unternehmen mit einem Verbrauch von unter 100 GWh/a den Spitzenausgleich bei der Stromsteuer hingegen voll in Anspruch nehmen, reduziert sich der Aufschlag durch die Energiewende auf etwa *11 v. H.*

Bei »Musterunternehmen 2«, das Stromausgaben von etwa 5,1 Mio. EUR/a bzw. 4,9 Mio. EUR aufweist, fällt die Energiewendebelastung bei maximalem Spitzenausgleich auf ein Strompreisplus von nur *5 v. H.* Bei vollständig prozessbefreiten Unternehmen liegt der Aufschlag sogar nur bei gut *2 v. H.* Denn im Gegensatz zu »Musterunternehmen 1« ist hier aus den Energiewendebestandteilen mit der Stromsteuer ja die Komponente mehr oder weniger herausgefallen, die bei »Musterunternehmen 1« noch die Hauptbelastung ausmachte.

Auch in der Kalkulation des EWI (2012) belief sich der Anteil von Steuern und Abgaben, die im Zusammenhang mit der Energiewende stehen, für energieintensive Unternehmen mit einer Stromabnahme von 330 GWh/a in 2011 auf lediglich 2,5 v. H. des gesamten zu entrichtenden Strompreises.

Wenn man davon ausgeht, dass energieintensive Unternehmen i. d. R. nicht vollkommen auf den Spitzenausgleich verzichten müssen, ist mithin festzuhalten, dass die Ausgaben für Strom in diesen Unternehmen zwar absolut gesehen hoch sind. *Durch die Energiewende selbst entsteht aber eine vergleichsweise geringe unmittelbare Belastung, die primär auf die Stromsteuer und damit nicht auf den EE-Ausbau zurückzuführen ist.*

Wenn nun *nur für ein* einzelnes bislang privilegiertes Unternehmen *alle Energiewende-Ausnahmen wegfielen*, würde sich nach der Modellrechnung im Jahr 2013 für »Musterunternehmen 1«, sofern es zuvor keinen Spitzenausgleich geltend machen konnte, ein Anstieg der Strompreise von 6,72 Ct/kWh auf 11,98 Ct/kWh und damit um gut *78 v. H.* einstellen. Im Wesentlichen macht sich dabei der effektive Anstieg der EEG-Umlage von zuvor 0,329 Ct/kWh auf 5,277 Ct/kWh bemerkbar. Wäre das Unternehmen zuvor in den Genuss des vollen Spitzenausgleichs gekommen, würde der individuelle Wegfall aller Privilegien wegen des zusätzlichen Durchwirkens der erhöhten Stromsteuer einen Anstieg der Strompreise um etwa *125 v. H.* (von 5,33 auf 11,98 Ct/kWh) bedeuten. Für »Musterunternehmen 2« käme ein Anstieg von rund *137 v. H.* (bei zuvor maximalem Spitzenausgleich) bzw. *145 v. H.* (bei vorheriger Prozessbefreiung) zustande.

Sollten die Energiewendeprivilegien hingegen *insgesamt* gestrichen werden, wird der Strompreis für ein zuvor noch privilegiertes Unternehmen in zweierlei Hinsicht davon berührt. Zum einen muss in allen Preiskomponenten der erhöhte Regelsatz erstattet werden, zum anderen dürften aber die Regelsätze wegen der nun gesamtwirtschaftlich breiteren Bemessungsgrundlage auch fallen. Für die EEG-Umlage hatten wir bereits ermittelt, dass sie in 2013 bei einem allgemeinen Wegfall der Besonderen Ausgleichsregelung von 5,277 auf 4,241 Ct/kWh festgelegt worden wäre. Für die anderen Umlagen, die verglichen mit der EEG-Umlage aber auch deutlich weniger bedeutend sind, ist die Wirkung einer verbreiterten Bemessungsgrundlage unklar. Wenn man nun davon ausgeht, *dass alle Energiewendeprivilegien für alle energieintensiven Unternehmen* fallen und sich daraufhin nur die EEG-Umlage auf 4,241 Ct/kWh anpasst, würde sich in 2013 für »Musterunternehmen 1« ein Anstieg der Stromkosten von *63 v. H.* (ohne vorherigen Spitzenausgleich; von 6,72 auf 10,95 Ct/kWh) bzw. *106 v. H.* (mit maximalem vorherigen Spitzenausgleich; von 5,33 Ct/kWh auf 10,95 Ct/kWh) ergeben. »Musterunternehmen 2« müsste durch den Wegfall der Privilegien ein Plus von *117 v. H.* (mit maximalem vorherigen Spitzenausgleich) bzw. *123 v. H.* (mit vorheriger Prozessbefreiung) bewältigen.

Wenn in 2013 *für alle* energieintensiven Unternehmen nur die Besondere Ausgleichsregelung weggefallen wäre, hätten die hier betrachteten Unternehmen einen Anstieg ihrer Strompreise in einer Größenordnung von ca. *58 v. H.* (»Musterunternehmen 1« ohne Spitzenausgleich) *bis zu 86 v. H.* (»Musterunternehmen 2« bei Prozessbefreiung) zu verkraften.

Angesichts der starken Bedeutung der zudem in erster Linie am Großhandelspreis orientierten Beschaffungskosten im Endpreis veränderte sich alles in allem in der Vergangenheit für die stromintensiven Unternehmen die Stromkostenbelastung primär durch Variationen in den Großhandelspreisdeterminanten. Hier haben sich – losgelöst von der Energiewende – vorrangig der Konjunkturverlauf, die Entwicklung der Brennstoffkosten fossiler Energieträger und die Zertifikate-Preis-Entwicklung niedergeschlagen. Zuletzt gab es durch die Energiewende sogar indirekt eher eine Entlastung über den *Abbau der Marktkonzentration und den Merit-Order-Effekt.* Das Fraunhofer ISI u. a. (2012, S. 3) konstatieren sogar: »Durch den Merit-Order-Effekt dürfte sich für Unternehmen, die unter die Besondere Ausgleichsregelung des EEG fallen (Begrenzung der EEG-Umlage 2012 auf 0,05 bzw. 0,4 Ct/kWh), sogar netto eine Entlastung ergeben.«

Insgesamt verbleibt aber bei der Referenzgruppe *stromintensiver Unternehmen* angesichts der mangelhaften Datenlage eine Unsicherheit hinsichtlich der bisherigen Strompreisbelastungen durch die Energiewende. Aus den Erläuterungen zu den Entlastungsmöglichkeiten bei den administrativen Bausteinen wird jedoch deutlich, dass mit wachsendem Strombedarf und zunehmender Relevanz der Stromsteuerprivilegien die moderate Zusatzbelastung durch die Energiewende mit Hilfe unserer Rechnung immer besser dargestellt wird.

In der Tat sind die gewährten und vorrangig stromintensive Unternehmen begünstigenden Entlastungen in ihrer gesamtwirtschaftlichen Größenordnung bemerkenswert (vgl. Tab. 5). *Seit 2005 haben sich im Zusammenhang mit den Stromkosten für die deutsche Wirtschaft Entlastungen in Höhe von knapp 78 Mrd. EUR ergeben.* Der größte Teil davon, nämlich gut 59 Mrd. EUR, geht an Stromsteuereinnahmen bzw. Konzessionsabgaben verloren und wird über das allgemeine Steuer- und Abgabensystem als Einnahmenverzicht auf die Gesellschaft umgelegt. Die restlichen 18 Mrd. EUR werden durch die unterschiedlichen Umlagekomponenten im Strompreis auf andere nicht-privilegierte Stromkunden umverteilt. Dabei nimmt die jährliche Umverteilungssumme seit 2005 kontinuierlich zu. In 2012 lag sie mit rund 12 Mrd. EUR um etwa 50 v. H. über dem Ausgangswert des Beobachtungszeitraums. Ausschlaggebend für den Anstieg in der Umverteilung waren die Zuwächse bei der Besonderen Ausgleichsregelung und beim Eigenstromprivileg. Bezogen auf die Entlastung bei der Besonderen Ausgleichsregelung rechnet die DUH (2013, S. 27) auf

Basis der für 2013 genehmigten und der für 2014 beantragten Strommengen sogar mit einem Anstieg der Entlastung auf zunächst 4,9 und dann auf 7,2 Mrd. EUR. Dies entspräche einer Verzweieinhalbfachung des Betrags innerhalb von zwei Jahren.

Ab 2013 sind zudem noch die seitdem geltenden Umverteilungswirkungen der Offshore-Haftungsumlage sowie der CO_2-Kompensationszahlungen zu berücksichtigen. Mit Beginn des Jahres 2014 kommen die Verteilungswirkungen aus der Umlage für abschaltbare Lasten hinzu. Darüber hinaus entstehen noch weitere Entlastungen bei der Eigenstromproduktion aus Kuppelgasen durch die Eisen- und Stahlindustrie. Obwohl die Stromproduktion im Grundsatz seit 2013 keine kostenfreie Zuteilung von Emissionsrechten mehr erhält, werden sie in diesem Fall nach Matthes (2013, S. 6) weiterhin noch umsonst zugeteilt. Insofern unterstützen die Daten die These von Matthes (2013, S. 7): »[Stromintensive] Letztverbraucher profitieren von diesen preissenkenden Effekten [Anmerkung: Merit-Order-Effekt und CO_2-Kompensationsregel], werden aber zur Schließung der Deckungslücke des Flankierungssystems nur mit marginalen Beträgen herangezogen.«

3.
Energiewende und Elektrizitätsarmut

3.1. Belastungsrelevanz für private Haushalte im Allgemeinen

Die privatwirtschaftliche Verteilungsmasse für die durch die Energiewende begünstigten EE-Anlagenbetreiber und für ihre Zulieferer wird letztlich von den *Stromkunden* bereitgestellt. Dabei ist es unerheblich, ob die Kunden Ökostrom beziehen wollen oder nicht. Denn die EEG-Umlage und die anderen Preisbestandteile der Energiewende werden unabhängig von einer diesbezüglichen Kundenpräferenz auf die Verbraucher umgelegt.

Belastet werden somit zunächst andere nicht-stromproduzierende Unternehmen in ihrer Funktion als Stromabnehmer. Dabei ist die Belastung keine betriebswirtschaftlich gleichgewichtige in dem Sinne, dass den bezogenen Leistungen eine gleichwertige Gegenleistung gegenübersteht. Denn der bezogene Strom muss hier aufgrund der Subventionierung seitens der Verbraucher und der Logik des Umlagesystems zu einem Preis entgolten werden, der über dem Marktpreis liegt. Allerdings gibt es dabei zahlreiche Ausnahmeregeln, die insbesondere die *stromintensiv produzierenden Unternehmen privilegieren,* dafür aber *die nicht-privilegierten Abnehmer umso mehr belasten.*

Zudem sind bei einer Beurteilung der Verteilungswirkungen im Kreislaufzusammenhang noch Weiterwälzungseffekte innerhalb des Unternehmenssektors sowie vom Unternehmenssektor auf die Endverbraucher zu berücksichtigen: Unternehmen, die vorleistungsseitig mit höheren Strompreisen belastet werden, werden zur Vermeidung von Verteilungsverlusten versuchen, ihren Kostenanstieg in die eigenen Preise weiterzureichen. Wie gut ihnen das gelingt, hängt insbesondere von der Nachfrageelastizität auf dem eigenen Absatzmarkt und dem Grad der internationalen Konkurrenz ab. Sofern die Unternehmen aber die Strompreissteigerung ihrerseits ganz oder zumindest teilweise einpreisen können, verteuern sich nicht nur Güter des Endverbrauchs, sondern auch weitere Vorleistungen für andere Unternehmen, wodurch sich neue Preissteigerungsrunden ergeben. Sofern Unternehmen den Kostenanstieg nicht oder nur unvollständig an die eigenen Kunden weiterreichen können, vermindert sich deren noch verteilbare Wertschöpfung.

Bislang noch nicht nennenswert ins Gewicht fallen im Verteilungskampf die erhöhten Ausgaben für den Netzausbau und die Netzstabilisierung. Dieser Posten wird aber zwangsläufig zunehmen, wobei für die Beurteilung der Verteilungswirkung durch die Energiewende auch nur die Kostendifferenz gegenüber einem Szenario ohne Energiewende von Relevanz ist. Bei der Netzintegration der EE stehen vorrangig die Netzbetreiber in der Pflicht. Nach der vorliegenden DIW-Schätzung werden sie bis 2020 etwa 50 Mrd. EUR in die Übertragungs- und Verteilnetze investieren müssen.[33] Darüber hinaus bedarf es längerfristig zur Stabilisierung des Netzes des Bereitstellens von Back-up- und/oder Speicherkapazitäten sowie von Dienstleistungen im Zusammenhang mit einem intelligenten Lastenmanagement. All diese Aufwendungen werden letztlich über die Netzentgelte bzw. neue Umlagen auf die Stromverbraucher umgelegt, wobei die davon betroffenen, Strom abnehmenden Unternehmen auch hier versuchen werden, Kostensteigerungen weiterzuwälzen.

Am Ende der »Verteilungskampfkette« stehen somit immer die privaten Haushalte. Sie werden gleich mehrfach in ihrer Verteilungsposition beeinträchtigt:

- Als Konsumenten von Strom haben sie erstens unmittelbar die durch die Energiewende gestiegenen Strompreise zu begleichen. In der Regel kommen sie dabei nicht in den Genuss einer Privilegierung. Im Gegenteil, sie müssen durch das Umlageprinzip noch für die Vergünstigungen anderer Abnehmer aufkommen. Außerdem haben sie keine Möglichkeit, der allgemeinen Strompreissteigerung auszuweichen. Strom ist ein Basisgut, die kurzfristige Nachfrageelastizität geht mithin gegen Null. Allenfalls längerfristig besteht – sofern die finanziellen Mittel dafür vorhanden sind – die Möglichkeit, über Stromsparmaßnahmen mit einer verminderten Stromnachfrage oder durch Eigenproduktion auf den Preisanstieg zu reagieren. Darüber hinaus kann zwar eventuell ein Wechsel zu günstigeren Stromanbietern gelingen. Hiermit entzieht sich der Haushalt aber nicht dem allgemeinen Strompreisanstieg infolge der Energiewende, er nutzt ihn nur als Anlass, bislang nicht ausgeschöpfte Einsparmöglichkeiten wahrzunehmen.

---

33   Vgl. Blazejcziak u. a. (2013).

3. ENERGIEWENDE UND ELEKTRIZITÄTSARMUT 51

- Unsere Preisanalyse (vgl. Tab. 1) hat dabei gezeigt, dass der Strompreis durch die Energiewende – vernachlässigt man die preisdämpfende Wirkung von Wettbewerbseffekten auf dem Strommarkt sowie des Merit-Order-Effekts – für einen Drei-Personen-Haushalt um etwa 47 v. H. höher ausfällt als ohne sie.
- Allerdings sollte bei der Bewertung dieser Tatsache auch berücksichtigt werden, dass die *Stromausgaben mit einem Warenkorbanteil von 2,3 v. H.* insgesamt eine *geringe Rolle* spielen.[34] Pro 10-prozentigem Strompreisanstieg würden sich damit die Gesamtausgaben privater Haushalte unmittelbar nur um rund 0,2 v. H. verteuern. *Der Warenkorb hat sich somit* durch die komplette (sic!) Energiewende aufgrund dieses Effektes unmittelbar *also lediglich um 1 v. H.* (0,47 • 0,023 • 100) *verteuert.* Angesichts dessen ist die *mediale Dramatisierung der Energiewendebelastung* recht erstaunlich. Zumeist wird dabei in den Medien nur aufmerksamkeitswirksam die enorme Dynamik der EEG-Umlage grafisch aufbereitet, ohne sie in ihrer Belastungsbedeutung zu relativieren.
- Zweitens werden die Konsumenten aber auch durch die *strompreisinduzierte Verteuerung bei anderen Gütern* belastet. Unternehmen werden nämlich versuchen, ihren Kostenanstieg beim Strombezug weiterzureichen. Dadurch verteuern sich innerhalb des Unternehmenssektors auch andere Vorleistungen, wodurch weitere Preissteigerungsrunden ausgelöst werden. Am Ende stehen die Endnachfrager auch für diesen Preisanstieg gerade. Aus Modellrechnungen von Marquardt/Bontrup (2014) kann in Verbindung mit der Preisanalyse die bisherige Verteuerung des Warenkorbs durch die indirekten Kosteneffekte zumindest grob kalkuliert werden.[35] Demnach haben sich die Haushaltsausgaben durch die indirekten Verteuerungseffekte maximal um weitere 2 v. H. erhöht.[36] Im Extremfall ist es somit bisher zu

---

34 Vgl. Neuhoff u. a. (2012, S. 4).

35 Vgl. auch Kap. 4.4.

36 Bei einem 10-prozentigen Strompreisanstieg für die Unternehmen käme es nach unserer Rechnung in einem Input-Output-Modell für die Haushalte zu einer indirekten Verteuerung des Warenkorbes um 0,24 v. H., falls alle Unternehmen ausgelöste Kostensteigerungen komplett in ihren Verkaufspreisen weiterwälzen können. Für die nicht-privilegierten Unternehmen sind die Strompreise um etwa 90 v. H. höher als ohne die Energiewende. Unterstellt, alle Unternehmen hätten einen solchen Strompreisanstieg zu verkraften, ergäbe sich rechnerisch eine Wirkung von 9 • 0,24 = 2,16 v. H. Dieser Wert überzeichnet aber die indirekte Wirkung tendenziell, da eben nicht davon ausgegangen werden kann, dass alle Unternehmen ihre Kostensteigerung komplett weiterwälzen und dass alle Unternehmen überhaupt mit einem Strompreisimpuls von 90 v. H. konfrontiert sind.

einer *Verteuerung des Warenkorbs* von *höchstens 3 v. H. durch die Energiewende* gekommen.

- Darüber hinaus besteht drittens die Gefahr, dass private Haushalte in ihrer Funktion als *Anbieter des Produktionsfaktors Arbeit* Verteilungskampfeinbußen erleiden. Das betrifft Umschichtungen innerhalb des Stromsektors. Insbesondere die bisher dominierenden »Big-4« (E.ON, RWE, EnBW, Vattenfall) sind derzeit durch die Energiewende mit *massiven Verdrängungsverlusten* konfrontiert. Angesichts dessen versucht das Management, die Geschäftseinbußen im Kerngeschäft durch scharfe *Rationalisierungsrunden* zu kompensieren, so dass die Leidtragenden auch die dort *Beschäftigten* sind (vgl. dazu ausführlich Kap. 5).

- Zum anderen ergeben sich auch Belastungen für die Beschäftigten in den Unternehmen, die als Stromabnehmer den Anstieg der Elektrizitätspreise aufgrund der besonderen Wettbewerbssituation oder der Nachfrageelastizität nur begrenzt oder im schlimmsten Fall gar nicht weiterreichen können. In dem Fall nimmt die verteilbare Wertschöpfung ab, es setzt *unternehmensintern ein Verteilungskampf* ein, der vorrangig, wie in der Elektrizitätsbranche selbst, auch hier zwischen den Shareholdern und den Beschäftigten ausgetragen wird. Die Erfahrung zeigt dabei, dass in der Regel die Beschäftigten die Verlierer sind. Auch in den der Stromproduktion nachgelagerten Branchen droht somit im Extremfall eine Kombination von Arbeitsplatzverlusten und zukünftigen Lohn- und Gehaltszugeständnissen.

Vor diesem Hintergrund mahnt der IG BCE-Vorsitzende Vassiliadis (2013): »Breite Bevölkerungsschichten – vor allem Arbeitnehmerinnen und Arbeitnehmer, Rentnerinnen und Rentner und die sozial Schwächeren – haben kaum eine Chance, von den erneuerbaren Energien zu profitieren. Aber sie alle zahlen dafür kräftig und immer mehr. Die Beschäftigten in der Industrie sind darüber hinaus gleich mehrfach hart getroffen: als Steuerzahler, als Stromkunden und oft als Mieter. Sie tragen die volle Last der Energiewende – von den energiepolitischen Zusatzausgaben des Staates über die Strompreiserhöhungen bis hin zu den Investitionen in die energetische Gebäudesanierung. Obendrauf kommen Arbeitsplatzrisiken, die aus den hohen Energiekosten im Wettbewerb entstehen. Zu den Gewinnern der Energiewende gehören dagegen die einkommensstarken Schichten. Wer in eine Solaranlage investieren konnte, der kassiert staatliche Subventionen und auf Jahre garantierte Renditen, wie sie mit kaum einer anderen Anlageform erzielt werden können.«

3.2. Elektrizitätsarmut in privaten Haushalten

Alles in allem trifft die Energiewende gerade die *privaten Verbraucher*. Allerdings sind die unmittelbaren Mehrausgaben zumindest für einen Durchschnittshaushalt alles andere als dramatisch. Denn bei einem Drei-Personen-Haushalt mit einem Verbrauch von 3.500 kWh/a beläuft sich die monatliche Mehrbelastung durch die EEG-Umlage als Hauptbestandteil der administrativen Komponenten im Jahr 2014 auf gut 18 EUR.

Diese Betrachtung bezieht sich ausschließlich auf Durchschnittshaushalte und nicht auf die Verbraucher mit einem geringen Einkommen. Im Kontext der Energiewende wird die öffentliche Aufmerksamkeit aber zunehmend auf das auch international diskutierte Thema einer »*Energie*armut« gerichtet. Hier soll dabei auf einen Teilaspekt dieses Problems fokussiert werden. Es geht uns um die Frage, inwieweit die Energiewende zu einer »*Elektrizitäts*armut« beigetragen hat. Dazu wird vorab die grundsätzliche Schwierigkeit beschrieben, Armut überhaupt empirisch erfassen zu können.

3.2.1. Armut: Definitions- und Erhebungsprobleme

Zur Armutsbestimmung gibt es viele Definitionen.[37] Wesentlich ist dabei nach Bäcker u. a. (2000, S. 232), dass »zwischen absoluter und relativer Armut zu unterscheiden ist: *Absolute Armut* liegt vor, wenn Personen nicht über die zur Existenzsicherung notwendigen Güter wie Nahrung, Kleidung und Wohnung verfügen und ihr Überleben gefährdet ist. Diese am *physischen Existenzminimum* gemessene Form von Armut dominiert nach wie vor in vielen Staaten der ›Dritten Welt‹, ist aber in Deutschland wie auch in den anderen Industriestaaten weitestgehend überwunden. Die *relative Armut* wird auf Raum und Zeit bezogen. Sie bemisst sich am konkreten, historisch erreichten Lebensstandard einer Gesellschaft. Armut liegt in Deutschland nach diesem Verständnis dann vor, wenn Menschen das *sozial-kulturelle Existenzminimum unterschreiten*. Es geht um die Lebenslage der Bevölkerung am untersten Ende der Einkommens- und Wohlstandspyramide im Verhältnis zum allgemeinen Einkommens- und Wohlstandsniveau. Armut ist der extreme Ausdruck sozialer Ungleichheit«.

Armut führt zu einer *gesellschaftlichen Exklusion*. Außerdem sind nach Befunden von Kroh/Könnecke (2013, S. 3) arme Menschen *politisch inaktiver* »als Personen oberhalb der Armutsrisikoschwelle sowie Erwerbstätige«. Dies schließt

---

37 Zu den Datenquellen zur relativen Armutsmessung vgl. ausführlich: Arbeitsgruppe Alternative Wirtschaftspolitik (2013, S. 125-129). Vgl. auch Becker/Hauser (2002, S. 25-41).

sie weitgehend von einer notwendigen politischen Partizipation an demokratischen Prozessen aus. Neuere Forschungen zeigen hier, dass es dafür drei Gründe gibt: Erstens das Vorliegen einer *subjektiven Deprivation*. Darunter wird das Gefühl von als ungerecht empfundener sozialer (materieller) Benachteiligung verstanden – verbunden mit einer sozialen Stigmatisierung. Arme Menschen leiden unter einem verringerten Selbstbewusstsein und ziehen sich zurück, nicht selten auch aus Schamgefühl. Es kommt schließlich zu einer sozialen Isolation und zu Hilflosigkeit. Zweitens werden arme Menschen von einer gesellschaftlichen Teilhabe wegen unzureichend vorliegender *materieller und immaterieller Ressourcen* ausgeschlossen. Neben den fehlenden finanziellen Möglichkeiten spielt hier auch der Bildungsgrad eine wesentliche Rolle. Und drittens leiden arme Menschen darunter, als *Bittsteller für soziale Leistungen* auftreten zu müssen und fühlen sich gleichzeitig einer *ständigen Kontrolle und Gängelung durch staatliche Institutionen* ausgesetzt, die sie als repressiv empfinden. Dies führt bei Vielen letztlich zu einer Ablehnung des *gesamten politischen Systems*, weil sie dieses nur noch als zutiefst ungerecht wahrnehmen.[38]

Die Ursache von Armut liegt letztlich in einem zu *geringen Einkommen*, das wiederum davon abhängig ist, ob jemand ein nicht armutsgefährdendes Einkommen aus Arbeit bezieht oder arbeitslos ist und von einer staatlichen Alimentierung leben muss.

Armuts-Messungen basieren heute auf einer *relativen Armutsdefinition*. Hierbei orientiert sich das länderbezogene sozial-kulturelle Existenzminimum an einer »mittleren« (durchschnittlichen) Lebensweise und legt als *relative Armutsgrenze* (entsprechend dem EU-Standard) das durchschnittliche verfügbare Nettoeinkommen für einen Armutshaushalt auf 60 v. H. fest.[39] Liegt also beispielsweise in einer Volkswirtschaft das durchschnittliche verfügbare Nettoeinkommen einer Person bei 1.500 EUR im Monat,[40] so läge hier die *Armutsgrenze* bei 900 EUR.

Für private Haushalte mit mehreren Personen wird das Armutseinkommen über sogenannte *Äquivalenzziffern* hochgerechnet.[41] Dabei geht als Äquivalenz-

---

38 Vgl. Kroh/Könnecke (2013, S. 8f.)

39 Außer dem durchschnittlichen Einkommen wird als Messgröße auch das Median-Einkommen benutzt. Dies liegt genau in der Mitte einer Einkommensverteilung, die nach der Höhe der Einkommen geschichtet ist.

40 Der tatsächliche durchschnittliche Wert des Nettoeinkommens lag dabei 2011 in Deutschland bei 1.654 EUR und der Median im selben Jahr bei 1.453 Euro.

41 Das Äquivalenzeinkommen ist ein auf der Basis des Haushaltsnettoeinkommens berechnetes bedarfsgewichtetes Einkommen je Haushaltsmitglied.

ziffer der erste Erwachsene eines privaten Haushalts mit dem Faktor 1,0 in die Gewichtung ein und alle anderen Mitglieder im Alter von 14 und mehr Jahren mit 0,5 sowie alle jüngeren Mitglieder eines Haushalts mit dem Faktor 0,3. Besteht demnach der Haushalt aus zwei erwachsenen Personen und einem Mitglied, das jünger als 14 Jahre ist, so ergäbe sich hier die Äquivalenzziffer 1,8 und die Armutsgrenze dieses Drei-Personen-Haushalts läge im obigen Beispiel bei 1.620 EUR (900 EUR x 1,8). Im Jahr 2012 wurde die so errechnete *amtliche Armutsquote* »für einen Singlehaushalt in Deutschland auf 869 EUR beziffert. Für Familien mit zwei Erwachsenen und zwei Kindern unter 14 Jahren betrug sie 1.825 EUR. Die 60-Prozent-Grenze liegt damit für den Alleinlebenden noch relativ deutlich über der durchschnittlichen Hartz-IV-Bedarfsschwelle von 651 EUR, berechnet nach Regelbedarf und durchschnittlichem Anspruch an Wohnkostenübernahme. Diese Schwelle kann jedoch, abhängig von der örtlichen Mietsituation, durchaus auch bis zu 790 EUR wie in Wiesbaden betragen. Bei der angesprochenen Familie mit zwei Kindern unter 14 Jahren betrug die Differenz im Durchschnitt sogar nur noch 101 EUR« (Der Paritätische Gesamtverband (2013, S. 2)).

Über *Armutsgrenzen* lässt sich trotz der amtlichen Bestimmung jedoch »nicht wissenschaftlich neutral befinden, ihre Festlegung ist vielmehr von *individuellen Überzeugungen und Wertentscheidungen* abhängig. Dies bedeutet, dass die Diskussion über Existenz und Ausmaß von Armut in Wohlstandsgesellschaften immer kontrovers verlaufen wird. Je nach Definition von Armut und der Bestimmung von Armutsgrenzen kann dabei der Kreis der Armutsbevölkerung enger oder weiter gesteckt werden. Eine bewusste Eingrenzung des Kreises relativiert die Armutsproblematik und kann dazu dienen, die tatsächlichen sozialen Verhältnisse zu kaschieren oder zu verdecken, während andererseits eine bewusst weite Fassung des Kreises den Blick auf die eigentlichen Betroffenen verstellen kann« (Bäcker u. a. (2000, S. 233)).

3.2.2. Armut in Deutschland

Die empirischen Befunde zur Armut sind in Deutschland eindeutig. Es ist auf Grund einer gigantischen Umverteilung der arbeitsteilig generierten Wertschöpfungen von den Arbeits- zu den Besitzeinkommen (Gewinn, Zinsen, Mieten und Pachten), verbunden mit einem entsprechenden Rückgang der *Lohnquote*[42] und einem massiven Ausbau des *Niedriglohnsektors*, sowohl zu immer

---

42 Die Verteilungsverluste für die abhängig Beschäftigten lagen dabei von 2001 bis 2012 bei 1.023 Mrd. EUR. Vgl. dazu ausführlich: Arbeitsgruppe Alternative Wirtschaftspolitik (2013, S. 20 ff.).

mehr Reichtum[43] als auch zu einem Anstieg der Armut gekommen.[44] Die Zahl der atypisch Beschäftigten im Niedriglohnsektor hat von 1991 bis 2011 von gut 4,2 Mio. auf 7,9 Mio. um 3,7 Mio. oder um 88 v. H. zugenommen. Die Zahl der Personen in Normalarbeitsverhältnissen, verstanden als eine unbefristete und in Vollzeit ausgeübte sozialversicherungspflichtige Beschäftigung, ging dagegen im selben Zeitraum von 26,8 Mio. auf 23,7 Mio. um 3,1 Mio. oder um 88,4 v. H. zurück. »Gegenüber Normalarbeitnehmerinnen und -arbeitnehmern verdienen atypisch Beschäftigte ca. ein Drittel weniger; so musste sich etwa die Hälfte von ihnen mit einem Niedriglohn bescheiden. Dies hat unmittelbare Folgen. Schaut man auf das Armutsrisiko von Personen in Normalarbeitsverhältnissen und atypisch Beschäftigten, so unterscheiden sich diese beiden Gruppen erwartungsgemäß in deutlicher Weise. (...) Die atypisch Beschäftigten ragen dabei besonders heraus. Durch den Anstieg der atypischen Beschäftigung stieg zugleich die Anzahl einkommensarmer Beschäftigter an. Aber auch abhängig Beschäftigte in Normalarbeitsverhältnissen und Selbständige wiesen höhere Armutszahlen auf« (Arbeitsgruppe Alternative Wirtschaftspolitik (2013, S. 109 f.)).

Bei den Selbstständigen handelt es sich dabei zumeist um prekäre Solo-Selbständige, die nicht einen Arbeitnehmer beschäftigten.[45] »Schon seit zwei Jahrzehnten wissen die sozialpolitischen Akteure von den gegenüber dem Bundesdurchschnitt *hohen Armutsquoten von Kindern und Jugendlichen*. Bewegen sich seit 2005 die Armutsquoten insgesamt zwischen 14 und 15 v. H., so liegen die entsprechenden Zahlen bei Kindern und Jugendlichen (unter 18 Jahren) zwischen 18 und 19 v. H. Es kann jedoch keine armen Kinder ohne arme Eltern geben: Schon seit den ersten Armutsberichten Anfang der 1990er Jahre ist bekannt, dass Haushalte von Alleinerziehenden und Paarhaushalte mit drei und mehr Kindern besonders hohe Armutsquoten haben. Bei *Alleinerziehenden* weisen sie eine Größenordnung von 40 v. H. auf, bei *Paarhaushalten mit drei und mehr Kindern* liegen sie bei 24 v. H. Ebenfalls konstant hohe Armutsquoten gibt es bei *Personen mit Migrationshintergrund* sowie bei *Arbeitslosen*. Bei Letzteren

---

43 So ist das individuelle Nettovermögen der reichsten 10 v. H. in der Bevölkerung zwischen 2002 und 2007 weiter von 57,9 auf 61,1 v. H. gestiegen. Basierend auf den Daten des sozio-ökonomischen Panels (SOEP) lässt sich nachweisen, dass annähernd der gesamte Vermögenszuwachs (über 92 v. H.) von 2002 bis 2007 ausschließlich den zehn Prozent an der Vermögensspitze zugeflossen ist. Vgl. Frick, J./Grabka (2009).

44 Zur Entwicklung des Einkommens von 1991 bis 2010 vgl. auch: Grabka/Goebel/Schupp (2012).

45 Vgl. Brenke (2013).

ist die Armutsquote inzwischen auf deutlich über 50 v. H. angestiegen, während die Armutsquoten bei Menschen mit Migrationshintergrund konstant bei etwa 26 bis 27 v. H. liegen« (Arbeitsgruppe Alternative Wirtschaftspolitik (2013, S. 111).

Der Paritätische Gesamtverband (2013, S. 1 f.) stellt in seiner jüngsten Untersuchung fest: »Seit 2006 ist die Armut in Deutschland von 14,0 v. H. auf mittlerweile 15,2 v. H. gestiegen. Gerade auch mit Blick auf die *Regionen* treten besorgniserregende Entwicklungen zu Tage: Mehrjährig positive Trends in Mecklenburg-Vorpommern oder Thüringen sind zum Erliegen gekommen, positive Trends in Brandenburg oder Hamburg scheinen sich nun endgültig gedreht zu haben. Während die Länder mit vergleichsweise sehr niedrigen Armutsquoten – Baden-Württemberg und Bayern – ihre Position noch einmal verbessern konnten, verschlechterte sich zugleich die Situation bei denjenigen Ländern, die ohnehin mit Armutsquoten von über 20 v. H. weit abgeschlagen waren: Sachsen-Anhalt, Berlin, Mecklenburg-Vorpommern und Bremen. Die Befunde des vorliegenden Armutsberichts 2013 geben daher Anlass zu tiefer Sorge. Die Kluft zwischen bundesdeutschen Wohlstandsregionen auf der einen Seite und Armutsregionen auf der anderen Seite wächst stetig und deutlich. Die sozialen und regionalen Fliehkräfte, gemessen an der Einkommensspreizung, nehmen seit 2006 in Deutschland dramatisch zu. Deutschland steht vor der Zerreißprobe«.

3.2.3. Energie- und Elektrizitätsarmut: Definitions- und Erhebungsprobleme

Auch beim Begriff der *»Energiearmut«* liegt eine hohe Unschärfe vor, die sicherlich mit erklärt, weshalb bis heute nur wenige empirisch quantifizierte Forschungsergebnisse dazu existieren. Das Wuppertal Institut, das sich in einer Studie mit Energiearmut in Deutschland, Österreich und Großbritannien beschäftigt hat, kommt zu dem Ergebnis: »Energiearmut ist in Deutschland kein definierter Begriff. Er kursiert vielmehr in Schlagzeilen und wurde in den letzten Jahren von verschiedenen Akteuren insbesondere aus Politik, Sozialwissenschaft und Wohlfahrtsverbänden aufgegriffen« (Kopatz/Spitzer/Christanell (2010, S. 7)).

In der Europäischen Union ist Energiearmut ebenfalls nicht klar definiert. Selbst in der zentralen EU-Richtlinie zur Energieeffizienz vom 25. Oktober 2012 (Richtlinie 2012/27/EU) wird zwar mehrfach das Thema Brennstoff- bzw. Energiearmut angesprochen, doch keine erläuternde Erklärung hierfür gegeben.

Die Problematik einer Definition für »*Energie*armut« fängt schon bei der Festlegung der in eine Rechnung einzubeziehenden *Energiearten* an. Was wird hierunter subsumiert: Strom, Wärme und Mobilität? Darüber hinaus stellt sich ähnlich wie beim Thema der generellen Armut die Frage, ob auf absolute oder relative Energie- bzw. Elektrizitätsarmut fokussiert wird.

Zunächst einmal ist zu konstatieren, dass es sich bei Energie im Allgemeinen und bei *Elektrizität im* Besonderen um *volkswirtschaftliche Basisgüter* handelt,[46] auf die jeder angewiesen ist. Vor diesem Hintergrund ist hier insbesondere eine *absolute Armut* von besonderer Relevanz. Diese ist mit Blick auf die Elektrizitätsarmut immer dann gegeben, wenn Menschen überhaupt keinen Zugang zu Strom haben. Hiervon sind zurzeit weltweit –

vor allem in Afrika und Indien – rund 1,4 Milliarden Menschen betroffen.[47] Dies bedeutet für die Betroffenen, sie verfügen über kein elektrisches Licht, sie können keine elektrischen Geräte nutzen (Haushaltsgeräte und lebenswichtige medizinische Geräte) und sind ebenso von jeglicher elektrischer Kommunikation (TV, Radio, Telefon, Fax, Internet) abgeschnitten.

Aber selbst in Deutschland sind Menschen von der Nutzung der Elektrizität abgeschnitten und unterliegen damit einer *absoluten Elektrizitätsarmut*. Dies deshalb, weil über sie eine *Stromsperre* durch die EVUs wegen nicht bezahlter Stromrechnungen verhängt wurde.[48] Auf Basis einer Untersuchung für das Jahr 2011 durch die Bundesnetzagentur wurden diesbezüglich gut 312.000 private Haushalte festgestellt, denen man in Deutschland den Strom abgestellt hatte. Dabei wurden zuvor über 1.255.000 Stromsperrungen angekündigt bzw. angedroht.[49] Die Verbraucherzentrale NRW (2013b) hatte zuvor für das Jahr 2010 in Nordrhein-Westfalen noch ca. 120.000 Stromsperren identifiziert und hochgerechnet auf Deutschland etwa 600.000 von einer Stromversorgung gekappte private Haushalte ermittelt.[50]

Dabei ist die Energiearmut ohnehin nur eine besonders unangenehme Be-

---

46 Vgl. Bontrup/Marquardt (2011, S. 17).
47 Vgl. IEA (2010) und Wiener Stadtwerke (2013, S. 10).
48 Dies ist rechtlich in Deutschland möglich, wenn der Stromkunde mit mehr als 100 EUR in Zahlungsrückstand geraten ist. Dann kann das Elektrizitätsunternehmen mit einer vierwöchigen Vorankündigung und einem drei Tage vorher genannten Abschalttermin die Stromlieferung einstellen.
49 Vgl. BMU/BMWi (2012).
50 Der starke Rückgang wird dabei von der Verbraucherzentrale auf unterschiedliche Methoden der Erhebung, aber auch auf einen »sensibleren Umgang« mit der Stromsperre durch die Energieversorger in Anbetracht einer kritischen Öffentlichkeit zurückgeführt.

gleiterscheinung der Armut schlechthin. Denn es steht außer Frage: wer in einem armen Haushalt lebt, dem fehlt es an *allem*. »Einkommensschwache Haushalte haben nicht ausschließlich ein *Energiearmutsproblem*, sondern vielmehr ein *Armutsproblem*, das sich auch in den Kosten für Energie bemerkbar macht« (Institute for Advanced Sustainability Studies (2013, S. 7)). So ist es beispielsweise aus finanziellen Gründen 30 v. H. der Armen in Deutschland nicht möglich, jeden zweiten Tag eine richtige Mahlzeit einzunehmen. Rund 16 v. H. können nicht immer ihre Wohnung warm halten und 61 v. H. können keinen Urlaub machen sowie 76 v. H. sind nicht in der Lage, unerwartet (einmalig) anfallende Ausgaben von über 885 EUR aufzubringen.[51]

Hinsichtlich der Ermittlung des Ausmaßes *relativer Energie- bzw. Elektrizitätsarmut* bedarf es zudem eines Referenzwertes für die Energie- bzw. die Stromausgaben sowie der Festlegung eines Schwellenwertes, ab dem diese spezifische Form der Armut überhaupt eintritt. In Großbritannien und Irland hat man hier schon vor langem eine relative – natürlich normativ fixierte – Größe für Energiearmut festgelegt. Diese Abgrenzung geht auf Boardman (1991) zurück. Demnach gilt ein privater Haushalt als »energiearm«, wenn er mehr als 10 v. H. seines verfügbaren Nettoeinkommens für den Kauf von Energie (Strom und Wärme) aufwenden muss, um im Hauptraum seiner Wohnung 21 Grad Celsius und in den übrigen Räumen 18 Grad Celsius gewährleisten zu können.

Legt man die britische Definition für Deutschland zu Grunde, so sind nach Berechnungen der Verbraucherzentrale NRW (2008) ca. 20 v. H. der Bevölkerung als *energie*arm einzustufen, da sie mehr als 13 v. H. ihres verfügbaren Nettoeinkommens für Energie (Strom, Wärme) verausgaben müssen. Dem steht aber die Einkommens- und Verbrauchsstichprobe des Statistischen Bundesamtes (2011b) aus dem Jahr 2008 entgegen, wonach der Anteil der Haushaltsausgaben für Energie selbst in den ärmsten privaten Haushalten »nur« bei 8,7 v. H. des zur Verfügung stehenden Nettoeinkommens gelegen hat. In einer erweiterten Definition – hier wird unter Energie neben Strom und Wärme auch die Mobilität *(Kraftstoffkosten)* einbezogen – kommen BMU/BMWi (2012) zum Ergebnis, dass der Anteil der Energiekosten am Nettoeinkommen eines Ein-Personen-Musterhaushalts im Jahr 2011 bei 10,9 v. H. lag. Bei einem Vier-Personen-Musterhaushalt waren es 7,3 v. H. Seit 2000 ist dabei die relative Belastung mit Energiekosten gestiegen, im Ein-Personen-Haushalt um rund 3 Prozentpunkte und im Vier-Personen-Haushalt um knapp 2 Prozentpunkte. Die jährlichen Energiekostenanteile am Nettoeinkommen bei einem *einkom-*

---

51 Vgl. Statistisches Bundesamt (2011).

mensschwachen Ein-Personen-Haushalt (hier wurden 60 v. H. des Durchschnittseinkommens und ein um 15 v. H. niedrigerer Energieverbrauch als in einem Durchschnittshaushalt unterstellt) fallen dabei im Jahr 2012 mit 15,4 v. H. wesentlich höher aus. Das gilt auch für einen *einkommensschwachen Vier-Personen-Haushalt*, der 2011 auf einen Energiekostenanteil von 10,6 v. H. kam. Im Jahr 2012, so konstatiert der Bericht von BMU/BMWi (2012, S. 94 ff.), sei dabei der Anstieg der Energiekosten am Nettoeinkommen, unabhängig von der Haushaltsgröße, weiter gestiegen, jedoch geringer als im Jahr 2011. Darüber, wie viele insbesondere einkommensschwache Haushalte dabei von den doch recht hohen Energiekostenanteilen jeweils betroffen waren, gibt es im Monitoring-Bericht allerdings keine Angaben.

Bei der hier im Mittelpunkt stehenden Untersuchungen der relativen *»Elektrizitäts*armut« knüpfen wir nun an die bereits etablierte normative Vorgehensweise in Großbritannien und Irland an. Wenn einerseits Energiearmut dann vorliegt, wenn die Ausgaben für Strom und Wärme 10 v. H. des verfügbaren Nettoeinkommens überschreiten, und wenn – wie in Deutschland – andererseits die Ausgaben für Strom und Wärme im typischen Warenkorb in etwa gleich groß ausfallen,[52] gilt analog für die Definition der Elektrizitätsarmut:

$$\text{Stromausgabenquote} = \frac{\text{Stromausgaben}}{\text{verfügbares Nettoeinkommen}} * 100 > 5 \text{ v. H.} \rightarrow \text{»elekrizitätsarm«}$$

Die Bestimmung der *relativen Elektrizitätsarmut* stützt sich daher mit der Stromausgabenquote auf die Relation zwischen den Stromausgaben, als Produkt aus Preis und Stromverbrauch, zum verfügbaren Nettoeinkommen eines Haushalts. Die *Ursache* für eine *relative* Elektrizitätsarmut ist somit im Prinzip nicht monokausal nur in den Stromausgaben oder nur im verfügbaren Einkommen zu sehen.

Die Ermittlung des Nettoeinkommens der abhängig Beschäftigten ist aber in der empirischen Auswertung eine nur begrenzt beherrschbare Größe. Auf Grund von Steuern und Abgaben, die immer nur individuell anfallen und entsprechend vom Bruttoeinkommen abgezogen werden, lässt sich das Nettoeinkommen nicht exakt haushaltsbezogen zuordnen. Hier lassen sich nur Durchschnittsgrößen ermitteln. So betrug beispielsweise das durchschnittliche Nettoentgelt aller abhängig Beschäftigten im Jahr 2012 gut 20.000 EUR. Wie es sich aber über die unterschiedlichen privaten Haushaltstypen (Single-Haus-

---

52   Vgl. Neuhoff u. a. (2012, S. 4).

halt oder Mehrpersonen-Haushalte) verteilt, ist unbekannt. Hinzu kommen zum Haushalts-Nettoentgelt staatliche monetäre Netto-Sozialleistungen (wie Renten, Arbeitslosengeld, Kindergeld u. a.), die zusammen das verfügbare Einkommen bilden. Auch hier sind nur Durchschnittsberechnungen ohne Haushaltszuordnungen möglich.

Ein weiteres Problem zur Bestimmung von Elektrizitätsarmut ist – mit Blick auf den Zähler der Stromausgabenquote – die Ermittlung der jeweiligen Haushaltsgröße und des damit zusammenhängenden Stromverbrauchs. Dabei basiert die Strompreisstatistik des BDEW (2013) nur auf der Situation in *Drei-Personen-Haushalten* (zwei Erwachsene und ein Kind unter 14 Jahre) mit einem Jahresverbrauch von 3.500 kWh.

In unseren nachfolgenden Betrachtungen arbeiten wir daher modellhaft mit »Musterhaushalten.« Im ersten *Musterhaushalt* befinden sich, wie in der BDEW-Statistik, zwei Erwachsene und ein Kind. Der Stromverbrauch beläuft sich auf 3.500 KWh/a, die dabei anzusetzenden Strompreise pro kWh entsprechen denen der Tab. 1. Bei *Drei-Personen-Haushalten* mit niedrigem Einkommen wird zudem unterstellt, dass neben dem Hauptverdiener der andere Erwachsene noch in einem 400- bzw. 450-Euro-Job[53] arbeitet. Für *Ein-Personen-Muster-Haushalte* wird hingegen in Anlehnung an BMU/BMWi (2012b, Anhang 11, Abb. 49) ein Jahresverbrauch von 1.615 kWh angenommen. Für *Zwei-Personen-Haushalte* erfolgt eine Mischkalkulation. Angesichts von Fixkostenelementen im Stromverbrauch – wie zum Beispiel für einen Kühlschrank – wird für die erste Person mit 1.615 kWh/a ein höherer Verbrauch als für die nachfolgenden Haushaltsmitglieder unterstellt. Für die nachfolgenden Personen wird ein anteilsmäßiger gleicher Zusatzverbrauch vom Ein-Personen-Haushalt mit 1.615 kWh/a hin zum Drei-Personen-Haushalt mit 3.500 kWh/a angesetzt. Der Verbrauchsanstieg in Höhe von 1.885 kWh/a verteilt sich also gleichmäßig auf die nachfolgenden beiden Haushaltsmitglieder, so dass pro Zusatzperson zum Ein-Personen-Haushalt rechnerisch ein Zuwachs von 942,5 kWh hinzukommt. Bei einem Zwei-Personen-Muster-Haushalt müssten wir demnach spitz mit (1.615 + 942,5) = 2.557,5 kWh/a als Haushaltsverbrauch rechnen. Gerundet arbeiten wir für Zwei-Personen-Haushalte mit 2.500 kWh/a. Hinsichtlich des Strompreises pro kWh liegen – abgesehen von der vom BDEW dokumentierten Preissituation im Drei-Personen-Haushalt – keine belastbaren Daten vor. Vereinfachend gehen wir davon aus, dass auch Ein- und Zwei-Personen-Haushalte

---

53 Im Jahr 2013 wurde hier der für die Beschäftigten mögliche steuer- und abgabenfreie Mini-Job von 400 EUR auf 450 EUR erhöht.

denselben Preis pro kWh bezahlen, obwohl sie insgesamt einen geringeren Stromverbrauch aufweisen.

Um einen möglichst differenzierten Eindruck von der Verteilung der Elektrizitätsarmut zu erhalten, untersuchen wir dabei zuerst isoliert die Situation in verschiedenen armutsgefährdeten Gruppen der Bevölkerung, wobei es zwischen den Merkmalsträgern unterschiedlicher Gruppen Überschneidungen geben kann. Abschließend beschäftigen wir uns mit der Strompreisbelastung der privaten Haushalte in Deutschland insgesamt. Dabei versuchen wir auch, herauszufiltern, welchen Einfluss die Energiewende hinsichtlich der Stromarmut hat.

3.2.4. Elektrizitätsarmut in Deutschland
3.2.4.1. Belastung von Beschäftigten-Haushalten mit Durchschnittsverdienst
Die Strompreisentwicklung in einem Drei-Personen-Haushalt hatten wir bereits in Abb. 4 dargestellt. Wie sieht nun unter Berücksichtigung dieser Fakten in einem Drei-Personen-Haushalt mit Durchschnittsverdienst eines Vollzeit-Beschäftigten die konkrete Belastung mit Elektrizitätsausgaben aus?

Von 1998 bis 2013 ist das durchschnittliche monatliche Nettoentgelt eines abhängig Beschäftigten von 1.354 auf 1.720 EUR im Monat gestiegen (vgl. Tab. 6). Dies entspricht einer Steigerungsrate von 27 v.H.[54] Um die Entwicklung der relativen Stromkostenbelastung eines Drei-Personen-Haushalts nachzuzeichnen, wird in unserem »Modellhaushalt« zu dem durchschnittlichen Nettoentgelt noch das *Kindergeld* als staatliche Transferleistung und ein 400-Euro-Job bzw. ab 2013 ein 450-Euro-Job durch den erwachsenen Haushaltspartner dazugerechnet.

Unter diesen Prämissen beläuft sich das verfügbare Nettoeinkommen des Musterhaushaltes im Jahr 1998 auf monatlich 1.866 und in 2013 auf 2.354 EUR. Die Steigerung des Nettoeinkommens lag in diesem Zeitraum bei gut 26 v.H. Damit war der prozentuale Anstieg der Stromrechnung eines Drei-Personen-Haushalts zwischen 1998 und 2013 zweieinhalbmal höher als der Zuwachs des hier angesetzten durchschnittlich verfügbaren Nettoeinkommens. Infolgedessen hat auch die relative Belastung mit Stromkosten, also die Stromausgabenquote, deutlich zugelegt. 1998 betrug der Anteil der Stromkosten am verfügbaren Nettoeinkommen 2,7 v.H., im Jahr 2013 lag er bei 3,6 v.H.

Unter Ansetzen unserer Definition kann bislang zumindest für einen durch-

---

54 Die Inflationsrate lag dabei im gleichen Zeitraum bei 23 v.H. Das heißt, die realen Nettoentgelte sind von 1998 bis 2013 nur um 4 v.H. gestiegen.

schnittlich verdienenden Drei-Personen-Haushalt *keine Elektrizitätsarmut* festgestellt werden. Die Ausgaben für Strom könnten bei unverändertem Nettoeinkommen sogar noch von 83,80 EUR im Monat um gut 40 v. H., also bis auf fast 118 EUR im Monat ansteigen, bevor eine Einstufung des Musterhaushaltes als elektrizitätsarm erfolgen muss. Ungeachtet dessen würde ein weiterer Anstieg der Stromausgaben natürlich mit der Notwendigkeit einhergehen, sich generell bei anderen Ausgaben einschränken zu müssen.

3.2.4.2. Belastung von Niedriglohn-Haushalten

Während ein Drei-Personen-Beschäftigten-Haushalt mit Durchschnittsverdienst die relative Stromarmutsgrenze in den Jahren von 1998 bis 2013 nicht durchbricht, sieht die Belastung in *Niedriglohn-Haushalten* anders aus.

Für den aktuellsten Datenstand von 2012 ergibt sich hinsichtlich der Zahl der sozialversicherungspflichtig Beschäftigten folgende Struktur:[55]

Sozialversicherungspflichtig Beschäftigte	29.497.000
davon: Vollzeitbeschäftigte (ohne Auszubildende)	20.169.093
davon: mit Entgeltangabe	19.919.445

Von den mit Entgeltangabe statistisch ausgewiesenen *Vollzeit-Beschäftigten* (ohne Auszubildende) hatten gut 2,9 Mio. Beschäftigte (14,6 v. H.) bei einer 40-Stunden-Woche und einem Bruttostundensatz von 9,88 EUR ein monatliches Bruttoentgelt von unter 1.700 EUR und damit ein *Armuts-Bruttoeinkommen*.[56]

Zieht man von dem Bruttoentgelt (1.700 EUR) die Steuern und Sozialabgaben ab, so erhält man das monatliche *Nettoentgelt* in Höhe von 1.290 EUR. Zuzüglich Kindergeld von 184 EUR und einem 400-Euro-Job hätte somit ein Drei-Personen-Muster-Haushalt mit Niedriglohn und einem Vollzeit-Beschäftigten insgesamt 1.874 EUR als Nettoeinkommen im Monat zur Verfügung.

Bezieht man darauf die Stromausgaben für einen Drei-Personen-Haushalt im Jahr 2012 in Höhe von monatlich 75,50 EUR, so würde mit 4,0 v. H. die *Elektrizitätsarmutsgrenze* nicht erreicht. Erst ab einem monatlichen Bruttoeinkommen von 1.174 EUR (6,83 EUR/h) und einem damit verbundenen Nettoentgelt von 926 EUR und darunter wäre dies für den Musterhaushalt mit Nebenverdienst und Kindergeld der Fall.

---

55 Vgl. zu den nachfolgenden Angaben Bundesagentur für Arbeit (2013) und Bontrup/Marquardt (2014).

56 Der Median des Bruttoeinkommens lag bei 2.889 EUR. 60 v. H. davon sind spitz gerechnet 1.739,40 EUR.

2012 lagen insgesamt knapp 900.000 Vollzeit-Beschäftigte an dieser Grenze. Falls sie die Eigenschaften des Musterhaushaltes aufwiesen, waren sie und, sofern diese nicht schon mitgezählt wurden, ihre Familienangehörigen von Elektrizitätsarmut betroffen. Ohne die Energiewendekomponenten hätten Drei-Personen-Haushalte in 2012 monatlich 55,91 EUR für Strom ausgeben müssen. Die Einkommensschwelle zur *Elektrizitätsarmut* hätte dann bei einem Bruttomonatsentgelt von 673 EUR gelegen.

Die Betrachtung ist insofern unvollständig, als neben den Vollzeit-Niedriglohn-Beschäftigten noch eine große Zahl an *Niedriglohn-Beschäftigten ohne Vollzeitstellen* und die Auszubildenden verbleiben. Mit Blick auf *alle* sozialversicherungspflichtigen Geringverdiener-Haushalte hätte die Schwelle zur Elektrizitätsarmut bei monatlichen Stromausgaben von 75,50 EUR in 2012 bei einem Bruttoeinkommen der/des Hauptverdienenden von 1.174 EUR gelegen (s. o.). Unterstellt wurde bei der Herleitung der Grenze erneut ein Musterhaushalt. Auf oder unterhalb dieser Einkommensschwelle bewegen sich laut Statistik der Bundesagentur für Arbeit rund 5,2 Mio. sozialversicherungspflichtig Beschäftigte, die sowohl in Vollzeit als auch in Teilzeit tätig sind. Diejenigen von ihnen, die die Musterhaushaltsannahmen erfüllen, waren zusammen mit ihren Familienangehörigen elektrizitätsarm. Wie viele Haushalte und Personen den Annahmen entsprechen, lässt sich aufgrund fehlender Daten nicht quantifizieren.

Aber auch ohne die Energiewende hätte es das Problem bei dann monatlichen Stromausgaben von 55,91 EUR in einem Drei-Personen-Musterhaushalt in nennenswertem Umfang gegeben. Musterhaushalte wären dann bei einem Bruttoentgelt des Hauptbeschäftigten von 673 EUR/Monat stromarm gewesen, wobei gut 2 Mio. Beschäftigte ein solches oder darunter liegendes Bruttoeinkommen erhielten. Erneut muss offenbleiben, wie viele Haushalte und Personen die Kriterien der betroffenen Musterhaushalte erfüllen.

3.2.4.3. Belastung von ALG-I-Haushalten
Wie verhält es sich in *Arbeitslosen-Haushalten* mit der relativen Elektrizitätsarmut? Hierzu zählen in der offiziellen Statistik diejenigen, die in der Woche weniger als 15 Stunden arbeiten und deshalb eine staatliche Unterstützung durch Arbeitslosengeld (ALG I oder ALG II) erhalten.[57]

---

57 Die volkswirtschaftlich gesamtfiskalischen Kosten der Arbeitslosigkeit beliefen sich 2011 auf 56,4 Mrd. EUR. Davon entfielen als Ausgaben auf das ALG I und ALG II 31,2 Mrd. EUR. Belastet wird der Staat bei Arbeitslosigkeit aber nicht nur mit Ausgaben für die Arbeitslosen, sondern es kommt auch zu Mindereinnahmen auf der Einnahmenseite

Das ALG I wird bis zur Vollendung des 50. Lebensjahrs bis zu 12 Monate lang gewährt, wenn zuvor in den letzten 5 Jahren mindestens 24 Monate einer sozialversicherungspflichtigen Arbeit nachgegangen wurde. Die Anspruchsdauer von ALG I steigt ab dem vollendeten 50. Lebensjahr und einer zuvor ausgeübten Tätigkeit von 30 Monaten auf 15 Monate und ab dem 55. Lebensjahr auf 18 Monate sowie ab dem vollendeten 58. Lebensjahr auf eine maximale Bezugsdauer von 24 Monaten. Die Bemessungsgrundlage des ALG I errechnet sich aus dem durchschnittlich erzielten Bruttoeinkommen der letzten 12 Monate vor Beginn der Arbeitslosigkeit. Nach Abzug von Einkommenssteuern und Sozialversicherungsabgaben ergibt sich die Nettobemessungsgrundlage, von der 67 v. H. (bei verheirateten) als ALG I gezahlt werden. Im Jahr 2013 gibt es nach Angaben der Bundesagentur für Arbeit (hochgerechnet) trotz ca. 2,9 Millionen registrierter Arbeitsloser aber nur rund 940.000 Leistungsempfänger mit ALG I. Der Anteil an den registrierten Arbeitslosen ist dabei mit der *Einführung von Hartz IV* im Jahr 2005 extrem gesunken.

Wie hoch im Jahr 2013 das durchschnittliche ALG I für die 940.000 Leistungsempfänger ausfiel, hing vom Einkommen vor Beginn der Arbeitslosigkeit ab.[58] Bei einem durchschnittlichen Bruttoeinkommen, das sich, bezogen auf alle abhängig Beschäftigten, im Jahr 2013 auf 2.612 EUR/Mon. belief, hätte sich ein Arbeitslosengeld von 1.271 EUR ergeben. Rechnet man in einem arbeitslosen Drei-Personen-Musterhaushalt noch ein Kindergeld in Höhe von 184 EUR und einen Zuverdienst des Haushaltspartners von 450 EUR dazu, so wäre er als ehemaliger mit einem Durchschnittseinkommen beschäftigter Haushalt insgesamt auf ein verfügbares Nettoeinkommen von 1.905 EUR gekommen. *Die Belastung mit Stromausgaben* in Höhe von 83,80 EUR (für 2013) hätte sich demnach auf *4,4 v. H.* belaufen. Somit wurde hier die *relative Elektrizitätsarmutsgrenze* noch nicht erreicht.

Geht man dagegen von einem Drei-Personen-Musterhaushalt aus, bei dem der Haupteinkommensempfänger arbeitslos geworden ist und bei dem zuvor der Status eines *Armuts-Haushaltes* mit einem Niedriglohnsatz in Höhe von 9,14 EUR und somit – selbst bei einer 40-Stunden-Woche – ein Bruttoeinkommen von nur 1.572 EUR vorlag, so impliziert dies ein ALG I in Höhe von 702 EUR. Da aber hier das ALG I unter dem Regelsatz des ALG II (Hartz IV) eines Drei-Personen-Haushalts in Höhe von 982 EUR liegt, kommt es zu einer *Auf-*

---

durch Steuern und Sozialabgaben. Die Arbeitslosen führten 2011 15,7 Mrd. EUR weniger ab an die Sozialversicherungen und an die Bundesagentur für Arbeit. Außerdem kam es zu Steuerausfällen in Höhe von 9,5 Mrd. EUR. Vgl. Martens (2012).

58 Vgl. zu den nachfolgenden Daten Bontrup/Marquardt (2014).

stockung der 702 EUR auf den zu Grunde zu legenden Hartz-IV-Wert um 280 EUR. Diese werden aber beim 450-Euro-Job des erwachsenen Haushaltspartners gegengerechnet. Das Kindergeld entfällt hier vollständig. Dadurch steigt das verfügbare Nettoeinkommen inklusive des 450-Euro-Jobs, von dem aber 280 EUR anzurechnen sind, um 170 EUR auf nur 1.152 EUR. Die Belastung mit monatlichen Ausgaben für Elektrizität in Höhe von 83,80 EUR im Jahr 2013 lag dann bei einem arbeitslos gewordenen ehemaligen Armuts-Musterhaushalt bei 7,3 v. H. Damit wurde die relative Elektrizitätsarmutsgrenze von 5 v. H. eindeutig überschritten. Allerdings wären diese Haushalte allein aufgrund ihres geringen Einkommens auch ohne die Energiewende – bei dann geltenden monatlichen Stromausgaben von gut 57 EUR – auf der Schwelle der »Elektrizitätsarmut«. Wie viele Personen hiervon betroffen sind, lässt sich aufgrund fehlender Daten erneut nicht angeben.

3.2.4.4. Belastung von Hartz-IV-Haushalten

Zu den wirtschaftlich Schwächsten in Deutschland werden die *Hartz-IV-Empfänger* gezählt.[59] Sie sind erwerbsfähige Hilfebedürftige nach dem Sozialgesetzbuch (SGB II) *ohne* oder auch *mit* Arbeit, aus deren Einkünften ein angemessener Lebensunterhalt aber nicht finanziert werden kann (sogenannte *»Aufstocker«*[60]).

Neben einer angemessenen warmen Wohnung haben Hartz-IV-Empfänger seit 2005 einen staatlichen Anspruch auf eine Grundsicherung durch sog. Regelsätze. Der Regelsatz gilt dabei auch für das *Sozialgeld*. Das ALG II können alle *erwerbsfähigen* leistungsberechtigten Personen im Alter von 15 Jahren bis zur gesetzlich festgelegten Altersgrenze zwischen 65 und 67 Jahren erhalten. Sozialgeld in gleicher Höhe erhalten dagegen *nicht erwerbsfähige* Leistungsbedürftige. Im Jahr 2013 bezogen dabei in Deutschland gut 4,4 Mio. Menschen ALG II (Hartz IV) und erhielten als *Alleinstehende* einen Regelsatz in Höhe von 382 EUR.[61] Der Regelsatz ist dabei seit 2005 um 10,7 v. H. angehoben worden. Der Preisindex für die Lebenshaltung ist im gleichen Zeitraum dagegen um 19 v. H. gestiegen. Damit ist der Hartz-IV-Regelsatz *real* seit 2005 um 8,3 Prozentpunkte gesunken.

Neben dem Alleinstehenden bekommt der volljährige Partner in einem *Drei-Personen-Hartz-IV-Haushalt* einen Regelsatz in Höhe von 345 EUR und

---

59 Vgl. zu deren Situation Urban (2011).
60 Im Jahr 2012 waren dies 1,34 Millionen.
61 Bontrup/Marquardt (2014).

ein Kind vom 7. bis zum 14. Lebensjahr 255 EUR. Insgesamt also 982 EUR. Zusätzliches Kindergeld erhält der Hartz-IV-Haushalt nicht und auch der Zuverdienst von 450 EUR wird mit 280 EUR gegengerechnet, so dass hier, wie beim »Aufstocker-Haushalt«, nur 170 EUR an zusätzlichem Einkommen verbleiben. Insgesamt stehen demnach dem Drei-Personen-Hartz-IV-Haushalt im Monat auch nur 1.152 EUR zur Verfügung.

Bei Hartz-IV-Singles bzw. bei Hartz-IV-Familien ist die Stromkostenbelastung mit einem Ausgabenanteil von 7 v. H. bzw. 7,3 v. H. vergleichbar groß zu der in einem arbeitslos gewordenen ALG-I-Armuts-Haushalt.[62] Die daraus resultierende relative »Elektrizitätsarmut« bei Hartz-IV-Beziehern wird hier durch die Energiewende aber mehr oder weniger nur akzentuiert. Denn auch ohne die Energiewendekomponenten wären die betrachteten Musterhaushalte dicht an der Schwelle zur »Elektrizitätsarmut«.[63]

In einer Studie hat der Leiter der Forschungsstelle des Paritätischen Gesamtverbands, Rudolf Martens (2012), zudem festgestellt, dass den Hartz-IV-Haushalten, je nach Größe und Zusammensetzung, zwischen 60 und 160 EUR im Jahr zur Begleichung ihrer Stromrechnungen fehlen. Dies können sie bei anderen Ausgabenposten in ihrem mehr als bescheidenen Warenkorb nicht kompensieren. Die Folge sind vielfach die schon angeführten *Stromsperren*, die dann zu einer *absoluten Elektrizitätsarmut* führen. Nach einer Kalkulation von Martens (2012b) waren dies in Hartz-IV-Haushalten im Jahr 2011 rund 200.000.

3.2.4.5. Belastung von Rentner-Haushalten

Über ein geringes durchschnittliches Einkommen verfügen auch die fast 21 Mio. Rentner in Deutschland. Davon sind nach Angaben der Deutschen Rentenversicherung knapp 9 Mio. Männer und 12 Mio. Frauen. Der durchschnittliche Rentenzahlbetrag im Monat lag hier im Jahr 2012 bei etwa 850 EUR. Die Männer erhielten im Mittel knapp 1.000 EUR und die Frauen knapp 740 EUR. Bei den Rentenzahlungen sind aber die *Einzelrentner* und die *Mehrfachrentner* zu unterscheiden.

---

62 Unterstellt wurden bei Drei-Personen-Haushalten Stromausgaben mit Energiewende in Höhe von 83,80 EUR/Monat und ohne Energiewende in Höhe von 57,07 EUR/Mon.. Bei Alleinstehenden wurden sie mit Energiewende auf 38,67 EUR/Mon. und ohne Energiewende auf 26,33 EUR/Mon. beziffert.

63 Allerdings bedarf es hier insofern einer Relativierung, als die Heizkosten bei Hartz-IV-Beziehern in einem »angemessenen« Umfang vorweg durch zusätzliche Transferleistungen übernommen werden.

Die Mehrfachrenten stammen zum einen aus einer Alters- oder Erwerbsminderungsrente und zum anderen aus einer Hinterbliebenenrente von einem verstorbenen Elternteil oder Partner, wobei die Witwenrenten den größten Anteil ausmachen. Im Jahr 2012 gab es gut 16,5 Millionen Einzelrentner und über 4,0 Millionen Mehrfachrentner. Die durchschnittliche Einzelrente betrug 775 EUR, während die durchschnittliche Mehrfachrente bei 1.150 EUR lag.

Die Werte differieren allerdings stark zwischen Rentnerinnen und Rentnern (vgl. Tab. 7). So belief sich die durchschnittliche Einzel-Rentenzahlung bei Männern im Jahr 2012 auf 982 EUR, bei Frauen aber nur auf 570 EUR. Dagegen sind die Mehrfachrenten der Männer und Frauen mit Werten von 1.276 EUR (Männer) und 1.133 EUR (Frauen) fast gleich groß. Dies liegt daran, dass die Frauen im Durchschnitt länger leben und dann die höheren Hinterbliebenenrenten ihrer Männer erhalten.

Zieht man von diesen Durchschnittsrenten die Wohnungskosten ab, so bleibt nicht viel zum Leben. Daher wundert es nicht, dass immer mehr Rentner arm sind und die *Altersarmut* zunimmt.[64] Dies ist eine »besonders schwerwiegende Form der Armut: Jüngere Menschen haben eine gewisse Chance, sich aus einer Armutsposition buchstäblich herauszuarbeiten. Dieser Weg ist der älteren Bevölkerung fast immer versperrt, zusätzliche Rentenanwartschaften werden kaum erzielt. Mit dem Eintritt in den Ruhestand steht in der übergroßen Mehrzahl der Fälle die ökonomische Lage der Rentnerhaushalte fest – und zwar endgültig. Mit anderen Worten: Wenn ein Rentnerhaushalt unter die Armutsgrenze gefallen ist, wird dieser Haushalt kaum eine Chance haben, die Armutsgrenze zu überwinden.«[65] Schon heute ist diese Armutsgrenze, wenn auch noch nicht mit hohen Zahlen, gegeben. »Insgesamt erhielten in Deutschland Ende 2012 fast 900.000 Menschen Grundsicherung. Das waren rund 55.000 mehr als 2011 und so viele wie nie zuvor. Denn diese Unterstützung erhalten nicht nur Altersrentner, sondern auch jene, die jünger, aber dauerhaft erwerbsgemindert sind. Deren Zahl lag am Jahresende 2012 bei rund 435.000. Die Steigerung war mit 6,6 v.H. sowohl bei den über 65-Jährigen, als auch bei den Jüngeren gleich hoch. Besonders betroffen von Altersarmut sind *Rentnerin-*

---

64 Berücksichtigt man die Steuerpflicht, sinkt das Rentenniveau von ehedem 70 v.H. (1998) auf 52 v.H. des entsprechenden Nettoeinkommens. Wer 35 Jahre lang monatlich weniger als 2.500 EUR brutto verdient hat, dessen Rente wird im Alter nach 2030 weniger als die Grundsicherung betragen. Damit ist, auch vor dem Hintergrund stark zunehmender unsteter Erwerbsbiographien mit teilweise längeren Schul- und Ausbildungs- sowie Arbeitslosenzeiten, eine verstärkte Zunahme der Altersarmut vorprogrammiert. Vgl. Butterwegge (2012).

65 Arbeitsgruppe Alternative Wirtschaftspolitik (2013, S. 118).

nen im Westen. 3,3 v. H. der westdeutschen Frauen im Rentenalter bekommen Grundsicherung, bei den Frauen in den neuen Ländern einschließlich Berlin lag die Quote nur bei 2,1 v. H. Dies hängt damit zusammen, dass Frauen in der DDR länger gearbeitet haben und damit auch höhere Renten beziehen.«[66]

Um zu ermitteln, welche Rentnergruppen in 2012 vom Problem der Elektrizitätsarmut betroffen waren, müssen verschiedene Haushaltsszenarien unterschieden werden. Für Mehrfachrentner haben wir vereinfachend unterstellt, dass sie ihre Mehrfachrente nur deshalb beziehen, weil der Partner bereits verstorben ist und dass sie nach dessen Tod allein in einem Ein-Personen-Haushalt mit einem Stromverbrauch von 1.615 kWh/a leben. Bei den Strompreisen des Jahres 2012 liegt dann die monatliche Stromkostenbelastung bei 34,84 EUR inklusive aller Energiewendekomponenten und bei 25,80 EUR ohne alle Bestandteile der Energiewende. Für alleinlebende Durchschnittsrentner unter den Mehrfachrentnern bedeutet dies bei einem Durchschnittseinkommen von 1.276 EUR/Mon. eine Stromkostenbelastung von 2,7 v. H. Bei alleinlebenden Durchschnittsrentnerinnen läuft die Belastung auf gut 3 v. H. hinaus. Angesichts dessen kann für alleinlebende Mehrfachrentenbezieher/innen im Durchschnitt *keine Elektrizitätsarmut* konstatiert werden.

Bei Einzelrentnern haben wir drei Alternativen unterschieden. Im ersten Fall lebt nur eine Person im Haushalt, die 1.615 kWh/a an Strom verbraucht. Der männliche Durchschnittseinzelrentner hatte dann einen Stromkostenanteil von 3,55 v. H. und galt *nicht als elektrizitätsarm*. Für Einzelrentnerinnen bedeuten monatliche Stromausgaben von 34,84 EUR bei einer Durchschnittsrente von nur 570 EUR die Einstufung als *»elektrizitätsarm«*. Ohne die Energiewende hätte der Stromkostenanteil statt bei gut 6 v. H. mit 4,5 v. H. unterhalb des Schwellenwertes gelegen, so dass in der Durchschnittsbetrachtung in 2012 die alleinlebende Einzelrenten-Bezieherin *durch die Energiewende in die Elektrizitätsarmut rutschte.*

Problematisch war es auch für Haushalte mit Einzelrentnern, in denen zusätzlich noch der Partner/die Partnerin als Nicht-Rentenbezieher/in lebt. Für diese von zwei Personen bewohnten Haushalte haben wir einen Stromverbrauch von 2.500 kWh/a angesetzt. Dabei belief sich in 2012 die monatliche Stromzahlung auf 53,93 EUR mit und 39,94 EUR ohne Energiewendekomponenten. Sowohl in dem Fall, in dem der Mann die Einzelrente von im Durchschnitt 982 EUR bezog, als auch in dem Fall, in dem die Frau alleinige Rentenbezieherin war und das gemeinsame Einkommen durch Hartz IV auf 727 EUR

---

66 Szent-Ivanyi, T. (2013, S. 12).

aufgestockt werden musste, führten Stromausgaben von 53,93 EUR zu einer über die 5-Prozent-Marke hinausgehenden Belastung. Zwei-Personen-Rentner-Haushalte mit nur einem Rentenbezieher gelten damit im Durchschnitt ebenfalls als *elektrizitätsarm*, wobei diese Form der Armut auch ohne Energiewende bei solchen Haushalten zu beobachten wäre, in denen nur die Frau die Rente bezieht.

Keine Elektrizitätsarmut stellte sich hingegen in der Durchschnittsbetrachtung bei Zwei-Personen-Rentner-Haushalten ein, wenn beide Mitbewohner eine Einzelrente beziehen. Bei einem Durchschnittseinkommen von 1.552 EUR machten die Stromausgaben von 53,93 EUR in 2012 lediglich 3,5 v. H. aus.

3.2.4.6. Belastung von privaten Haushalten in Deutschland insgesamt

Die vorherigen Betrachtungen waren geeignet, das Problem der Elektrizitätsarmut innerhalb der jeweiligen Gruppen differenzierter zu beleuchten. Eine seriöse gesamtwirtschaftliche Hochrechnung auf die Zahl der von Elektrizitätsarmut betroffenen Personen war aber nicht möglich.

Unklar war u. a., wie viele Personen in der Realität in den betrachteten Haushalten leben. Damit war zugleich auch offen, wie hoch der Stromverbrauch und dementsprechend die Stromausgaben in den einzelnen Haushalten tatsächlich sind. Hinzu kommt, dass unsere Ergebnisse isoliert für die jeweiligen Haushaltsgruppen hergeleitet wurden und auch nur innerhalb dieser Gruppenbetrachtung, nicht aber aggregiert relevant sind. Ein Hochrechnen auf die gesamtwirtschaftliche Situation scheitert daher auch daran, dass sich zwischen den Gruppen Überschneidungen ergeben. So kann ein Rentner-Haushalt durchaus auch Hartz-IV-Haushalt sein. Denkbar ist auch, dass in einem Niedriglohnhaushalt zugleich ein weiterer Rentner oder ein weiterer Niedriglohnbezieher lebt.

Um die Relevanz der Elektrizitätsarmut dennoch *gesamtwirtschaftlich* einschätzen zu können, soll nun auf die Einkommens- und Verbrauchsstichprobe der laufenden Wirtschaftsrechnung aus dem Jahr 2013 zurückgegriffen werden (vgl. Tab. 8). In der repräsentativen Stichprobe wurden knapp 60.000 Haushalte mit einem Monatsbruttoeinkommen bis 18.000 EUR hinsichtlich unterschiedlicher Merkmale erfasst. Zugrunde gelegt wurden dabei Haushalte, die über eine oder mehrere Einkommensquellen verfügen. Zur Bestimmung des monatlichen Haushaltsnettoeinkommens wurden alle Einnahmen aus Erwerbstätigkeit, aus Vermögen, aus öffentlichen und nichtöffentlichen Transferzahlungen sowie aus Untervermietung berücksichtigt und davon die Einkommensteuer, Kirchensteuer und der Solidaritätszuschlag sowie die Pflichtbeiträge zur Sozialversicherung abgezogen. Nicht erfasst werden in der Nettoeinkommensstatistik – neben den Hochverdienern – Obdachlose und landwirtschaftliche Betriebe. Auf der Grundlage der Stichprobe konnte auf die Situation in gut 40 Mio. Haushalten in Deutschland hochgerechnet werden, in denen knapp 80 Mio. Menschen leben. Die Hochrechnung auf die gesamte Volkswirtschaft erfolgte auf der Basis des aktuellen Mikrozensus.

Das Problem der Elektrizitätsarmut wird dabei virulent in den Nettoeinkommensklassen von 0 EUR bis 900 EUR und von 900 EUR bis 1.300 EUR. In der ersten Klasse gibt es 4,9 Mio. Haushalte, in denen im Durchschnitt 1,1 Personen und damit in Summe etwa 5,4 Mio. Menschen leben. Bei dem für diese Haushaltsgröße von uns unterstellten Verbrauch ergaben sich für 2013 monatliche Stromausgaben von knapp 41 EUR. Bezogen auf den Klassenmittelwert von 450 EUR liegt damit der Stromkostenanteil am Nettoeinkommen bei 9,1 v. H. Aber nicht für alle Haushalte dieser Klasse wird die 5-Prozent-Marke überschritten. Bei den betrachteten Stromausgaben liegt der Schwellenwert dafür bei einem Nettoeinkommen von 818 EUR. Wird eine gleichmäßige Streuung der Beobachtungen innerhalb der Klasse unterstellt, liegen in dieser Klasse knapp 4,9 Mio. Menschen unterhalb der Schwelle und müssen als *elektrizitätsarm* eingestuft werden.

Aber auch in der nachfolgenden Einkommensklasse befinden sich noch elektrizitätsarme Haushalte. Bei nun durchschnittlich 1,3 Personen pro Haushalt nimmt der mittlere Stromverbrauch zu, die monatlichen Stromausgaben steigen auf gut 45 EUR. Dabei liegt der Schwellenwert zum Unterschreiten der 5-Prozent-Marke bei einem Nettoeinkommen von 909 EUR an aufwärts. Bei einer linearen Entwicklung innerhalb der Klasse sind hier noch etwa 159.000 weitere Menschen elektrizitätsarm. In allen anderen Einkommensklassen sind die erforderlichen Einkommensschwellenwerte zum Auslösen der Elektrizitätsarmut unter den jeweiligen Klassenuntergrenzen, so dass hier das Problem nicht auftritt.

In Summe waren damit in 2013 unter unseren Verbrauchs- und Preisprämissen, unter der Annahme einer gleichmäßigen Streuung der Beobachtungen innerhalb der Klassen und unter dem geringen Vorbehalt der Stichprobenrepräsentativität *gut 5 Mio. Menschen von der Elektrizitätsarmut betroffen.* Allerdings zeigt sich, dass auch dann, wenn die Energiewendebestandteile aus den Strompreisen herausgerechnet werden, rund 3,3 Mio. Menschen diesen Armutsstatus hätten.

Durch die Energiewende allein sind damit in 2013 gut 1,7 Mio. Menschen in die Elektrizitätsarmut abgerutscht.

3.3. Fazit zur Elektrizitätsarmut in Deutschland

Letztverbraucher von Strom begleichen mit ihrem Endkundenpreis gleich mehrere Preisbestandteile. Bei den privaten Haushalten belaufen sich die Herstellungspreise auf nur rund die Hälfte des Endpreises. Die andere Hälfte ist den *staatlich verordneten Komponenten* geschuldet. Unter den *staatlich administrierten Komponenten* dominiert die *EEG-Umlage*.

Da der größte Teil der Strombeschaffung von Seiten der EVUs über langfristige Kontrakte läuft, spielt der zuletzt zu beobachtende – und auch auf die Energiewende zurückzuführende (Merit-Order-Effekt und Wettbewerbsbelebung) – deutlich rückläufige Preistrend am Spotmarkt bislang nur eine gedämpfte Rolle für die Beschaffungspreise insgesamt. Der Abwärtstrend im Großhandel befindet sich quasi noch in der »Pipeline« und ist in der Mischkalkulation der Absatzpreise allenfalls unvollständig angekommen.

Die *Folgen der Energiewende* fließen so derzeit vorrangig über administrierte Komponenten in die Strompreise ein. Dazu zählen die EEG-Umlage, die Stromsteuer, der KWK-G-Aufschlag, die Offshore-Haftungsumlage und die Umlage für abschaltbare Lasten (ab 2014).

Unter Berücksichtigung dieser Komponenten zahlen die privaten deutschen Haushalte nach den Dänen im EU-weiten Vergleich *die höchsten Endpreise für Elektrizität*. Seit der Liberalisierung 1998 haben sich die Strompreise für private Haushalte bis 2013 um etwa 68 v. H. erhöht, ohne staatlich administrierte Komponenten wäre über den Beobachtungszeitraum hinweg nur ein Plus von 11 v. H. verblieben. Filtert man für 2013 die Preiskomponenten der Energiewende heraus, zahlen die privaten Verbraucher einen etwa *47-prozentigen Preisaufschlag durch die Energiewende.*

Dennoch hinterlässt die Energiewende beim privaten *Durchschnittshaushalt* nur eine *recht moderate Gesamtwirkung.* Bei einem Warenkorbanteil der Stromausgaben von gerade 2,3 v. H. *verteuerte die Energiewende die gesamten Lebenshaltungskosten* in 2013 im Mittel nur um rund *1 v. H.* Unter Berücksichtigung von indirekten Effekten, die sich daraus ergeben, dass Unternehmen aufgrund des Strompreisanstiegs ihre Absatzpreise erhöhen, ergab sich im Extremfall eine *maximale Verteuerung des Warenkorbs* von etwa *3 v. H.*

Für arme Haushalte kann die Belastung aber bereits existenziell werden. Dabei lässt sich Armut immer nur relativ bestimmen und die vorgegebenen Armutsgrenzen haben einen normativen Charakter, der sich einer objektiven wissenschaftlichen Bestimmung entzieht. Dies gilt auch für die empirische Überprüfung einer von uns definierten relativen Elektrizitätsarmut, die oftmals eher Ausdruck einer Einkommensarmut und weniger eines hohen Energiepreises ist.

Hinsichtlich der Elektrizitätsarmut stellen wir dabei fest:
- Von einer *absoluten Elektrizitätsarmut* durch das Abschalten des Stroms waren 2011 gut 312.000 private Haushalte betroffen, die ihre Stromrechnungen nicht bezahlen konnten.
- Eine *relative Elektrizitätsarmut* konnte bei einem Drei-Personen-Haushalt mit Durchschnittsverdienst und Vollarbeitszeit (40 Stunden-Woche) des Haupteinkommensempfängers bis 2013 nicht nachgewiesen werden, wenngleich der Stromkostenanteil am Nettoeinkommen kontinuierlich zulegt.
- Bei Drei-Personen-Haushalten mit einem *Niedriglohnsatz* sieht die Belastungssituation dramatischer aus. Unser Modellhaushalt geriet 2012 in die Elektrizitätsarmut mit einem Haupteinkommen von höchstens 1.174 EUR.
- Unter den *ALG-I-Haushalten* sind nur diejenigen Drei-Personen-Haushalte »elektrizitätsarm«, die zuvor schon einen Niedriglohn bezogen und die dadurch eine überaus niedrige Bemessungsgrundlage für das ALG-I aufweisen. Diese Haushalte wären 2013 aber auch *ohne die Energiewendekomponenten* elektrizitätsarm gewesen.
- Bei Menschen, die von *Hartz IV* leben müssen, ist, sofern sie unseren Vorgaben eines Musterhaushaltes entsprechen, *durchweg Elektrizitätsarmut festzustellen*, wobei diese Armut mehr oder weniger auch ohne die Energiewende eingetreten wäre.
- Hinsichtlich der *Rentnerhaushalte* sieht es im Durchschnitt für drei Gruppen problematisch aus. Von Elektrizitätsarmut sind nach unseren Berechnungen Zwei-Personen-Haushalte mit nur einem/einer Einzelrentenbezieher/in sowie die alleinlebenden Einzelrentenbezieherinnen betroffen, wobei die Energiewendekomponenten im Strompreis nur teilweise für das Abrutschen in die Elektrizitätsarmut verantwortlich sind.
- Über *alle Haushalte* hinweg waren nach unserer Definition im Jahr 2013 etwa 5 Mio. Menschen elektrizitätsarm, 1,7 Mio. Menschen wurden dies durch die Energiewende, der Rest von 3,3 Mio. Menschen ist auch ohne die Energiewende als elektrizitätsarm einzustufen.

Angesichts eines zumindest vorerst wohl weiter ansteigenden und vor allem sich schneller als die Niedrigeinkommen entwickelnden Strompreises ist zu erwarten, dass die Betroffenheit von relativer Elektrizitätsarmut aber weiter zunehmen wird.

4.
Branchenspezifische Belastungswirkungen von Strompreiserhöhungen

Im Kap. 2.2 haben wir uns im Rückblick mit den Auswirkungen der (»kleinen« und der »beschleunigten«) Energiewende auf die Strompreise der Unternehmen beschäftigt. Trotz aller Bemühungen, gemeinsame Trends herauszuarbeiten, hat sich gezeigt, dass sich die Energiewende aufgrund des umfangreichen Privilegienkatalogs sehr heterogen in den tatsächlich zu entrichtenden Strompreisen der Unternehmen niederschlägt.

Insbesondere sind die energieintensiven Unternehmen bisher mehr oder weniger stark verschont geblieben. Politisch wird dies mit dem – wie wir es nennen – »*Green-Electricity-Leakage-Argument*« gerechtfertigt, dessen Basis nun untersucht werden soll. Dabei geht es jetzt vorrangig darum, einen Eindruck zu vermitteln, welche unterschiedlichen belastungsseitigen Konsequenzen es hypothetisch gehabt hätte, wenn alle Branchen gleichermaßen von Strompreissteigerungen betroffen gewesen wären.

4.1. »Green-Electricity-Leakage«-Argument

Innerhalb des Unternehmenssektors sind die resultierenden Belastungen durch einen für alle gleich hohen Strompreisanstieg sehr unterschiedlich verteilt.

Bei gegebener Strompreiserhöhung wird der Grad der Betroffenheit dabei vorrangig geprägt:

- von der unmittelbaren Abhängigkeit einer Branche von Stromzulieferungen (direkter Kostenaspekt),
- von der Abhängigkeit von Zulieferern, die aufgrund gestiegener Strompreise ihre eigenen Preise erhöhen (indirekter Kostenaspekt),
- und von dem Ausmaß, in dem die Unternehmen im internationalen Wettbewerb mit Konkurrenten stehen, die keine vergleichbaren Belastungen verkraften müssen.

Hinzu kommt, unabhängig vom *Grad der Auslandskonkurrenz,* die grundsätzliche Problematik, dass bei einer Kostenwälzung die Nachfrage rückläufig ist. Dies gilt zumindest bei einer *preiselastischen Nachfrage.* Längerfristig spielt sicherlich auch eine Rolle, inwieweit betroffene Unternehmen mit vertretbarem Aufwand bislang noch ungenutzte Einsparmöglichkeiten beim Stromverbrauch mobilisieren können, um so in Form einer Ausweichreaktion ihre Betroffenheit zu verringern.

Deutsche Unternehmen haben zwar im *internationalen Wettbewerb* ein hervorragendes Standing. Diese Position, die sich regelmäßig in immensen, volkswirtschaftlich aber ungesunden *Leistungsbilanzüberschüssen* niederschlägt, verdanken die hiesigen Produzenten nicht nur günstigen Preisen, sondern auch einer hohen Produktqualität und nicht zuletzt einer exzellenten Liefertermintreue. Viele deutsche Produkte zeichnen sich zudem durch eine Einzigartigkeit aus, die Nachfragern wenig Spielraum für Substitutionsmöglichkeiten lässt. Ungeachtet dessen verursachen aber unilaterale, staatlich oktroyierte Strompreiserhöhungen eine Verschlechterung in der bisherigen Wettbewerbsposition.

Kostensteigerungen durch die Energiewende schlagen dabei umso stärker durch, je intensiver die hiesigen Anbieter der ausländischen Konkurrenz ausgesetzt sind, da ein Abwälzen erhöhter Kosten auf die eigenen Absatzpreise angesichts des Wettbewerbs mit nicht betroffenen Anbietern allenfalls begrenzt möglich erscheint. Die Folgen erhöhter Energiepreise wirken dann hauptsächlich auf die vier *Wertschöpfungskomponenten* (Arbeitsentgelte, Zinsen, Mieten/Pachten und Gewinne) zurück. Bei, wenn überhaupt, preisbedingt nur geringfügig steigendem Umsatz verringert dann der überwiegende Kostenanstieg die weitere Verteilungsmasse. Insbesondere stehen dabei die *Beschäftigten,* aber auch die *Shareholder* unter Druck. Ist eine Reduktion der Arbeitsentgelte innerhalb der Wertschöpfung nicht möglich, drohen daher die Gewinne einzubrechen. Dann besteht möglicherweise sogar die Gefahr der Verschiebung von Produktionsanteilen ins Ausland durch eine Teilverlagerung der Erzeugung ins Ausland oder durch Marktanteilsverluste an ausländische Produzenten. Im äußersten Extremfall droht sogar die Kapitulation vor der unbelasteten Auslandskonkurrenz und damit die Einstellung der Produktion in Deutschland.

Bei Produktionsverlagerungen ins Ausland erwiese sich die Energiewende aber als kontraproduktiv. Güter, die zuvor noch in Deutschland hergestellt wurden, würden dann im Ausland produziert werden. Realwirtschaftliche Einbußen hierzulande wären die Folge, *ohne ökologische Fortschritte* erreicht zu haben. Denn die Produktion fände dann im Ausland und damit in einem Umfeld statt, in dem die Energiewende nicht greift. Die Emission schädlicher Treibhausgase verringerte sich nicht, sie ginge nur von anderen Regionen – möglicherweise sogar noch intensiver – aus.

Dieser Argumentation folgend begründete das BMF (2001, S. 25) damals schon die Vergünstigungen bei der »Ökosteuer« hinsichtlich des Strombezugs für einzelne Branchen. Im 18. Subventionsbericht führte das BMF dazu aus: »Einige Sonderregelungen dienen der internationalen Wettbewerbsfähigkeit der deutschen Wirtschaft. Insbesondere könnte es sonst durch die Energieverteuerung zu Wettbewerbsverzerrungen mit ausländischen Konkurrenzunternehmen oder auch Unternehmensverlagerungen ins Ausland sowie dem damit einhergehenden Verlust von Arbeitsplätzen kommen, ohne dass der angestrebte ökologische Zweck erreicht würde.«

Nachfolgend soll daher empirisch ermittelt werden, welche *Branchen* hierzulande kostenseitig besonders stark unter Strompreissteigerungen zu leiden hätten und zugleich verstärkt im internationalen Wettbewerb stehen.

Das Herausfiltern dieser Branchen knüpft wegen der inhaltlichen Parallelen an das bereits etablierte Vorgehen der EU-Kommission im Zusammenhang mit der *Einführung des Emissionshandels* (ETS) an.[67] Mit dem Hinweis auf das Problem des *»Carbon Leakages«* wurden einzelne Branchen aus dem Emissionshandel ausgeklammert. Unter »Carbon Leakage« versteht man dabei eine Ausweichreaktion in Form von Treibhausgas-neutralen Produktionsverlagerungen außerhalb der EU infolge der in ihrer Rigidität einseitigen Verpflichtungen der EU zum Klimaschutz, mit der zugleich aber auch einseitige, betriebswirtschaftlich unverschuldete Wettbewerbsnachteile für die EU-Unternehmen verbunden sind. Bei derartigen Ausweichreaktionen wäre ökologisch und klimapolitisch nichts erreicht, realwirtschaftlich müssten aber Produktions- und Beschäftigungseinbußen hingenommen werden.

Vor diesem Hintergrund hatte die EU-Kommission im Jahr 2009 gemäß der Richtlinie 2003/87/EG des Europaparlaments und des Rates ein Verzeich-

---

67 Vgl. z. B. Graichen u. a. (2009).

nis der »[...] Sektoren und Teilsektoren, von denen angenommen wird, dass sie einem erheblichen Risiko der Verlagerung von CO_2-Emissionen ausgesetzt sind [...]« (EU-Kommission ((2009), L1/10)), ermittelt. Unter Ziffer (5) des Beschlusses werden diese Branchen wie folgt identifiziert: »[...] wenn die Summe der durch die Durchführung dieser Richtlinie verursachten direkten und indirekten zusätzlichen Kosten einen erheblichen Anstieg der Produktionskosten, gemessen in Prozenten der Bruttowertschöpfung, um mindestens 5 v. H. bewirken würde und die Intensität des Handels mit Drittstaaten [...] 10 v. H. übersteigt.« (EU-Kommission ((2009), Ziff. (5), L1/10)).[68]

Das Spannungsfeld zwischen Wettbewerbs- und Umweltpolitik gestaltet sich bei der deutschen Energiewende – abgesehen von der regionalen Abgrenzung – offenbar ähnlich wie bei der Einführung des ETS. Bei der Energiewende handelt es sich sogar noch viel mehr als beim Emissionshandel um einen *Alleingang der Bundesrepublik Deutschland.* Während der EU-weite Emissionshandel wenigstens unter den Gemeinschaftsländern – mithin im Verhältnis zu den deutschen Haupthandelsländern – für halbwegs unverzerrte Wettbewerbsbedingungen sorgte, trifft die deutsche Energiewende über die Strompreise die hiesigen Unternehmen einseitig. Wettbewerbsverzerrungen ergeben sich hierbei eben nicht nur gegenüber Drittländern der EU, sondern auch gegenüber unseren direkten EU-Nachbarn. Bei einer Überforderung besteht für *stromintensive und im internationalen Konkurrenzkampf* stehende Anbieter die Gefahr der Produktions- bzw. Standortverlagerung gerade auch in ökologisch weniger ambitionierte europäische Nachbarstaaten. Es droht mithin ein – wie wir es nennen – »*Green Electricity Leakage*« mit wirtschaftlichen Einbußen in Deutschland, ohne dem ökologischen Ziel in der Substanz[69] zu dienen. In diesem Sinne erklärte beispielsweise der Hauptgeschäftsführer des Verbands der Chemischen Industrie, Tillmann (in VCI (2013)): »Unsere Unternehmen sind wegen der Kostensteigerungen für Energie am Standort Deutschland erheblich unter Druck. Im Ausland – besonders den USA – finden sie offensichtlich bessere Produktionsbedingungen vor, mit denen sie ihre Wettbewerbsfähigkeit sichern können. Damit aus dieser Entwicklung kein Trend wird, muss die Politik die Energiewende bezahlbar machen.«

---

68 In derselben Ziffer wird ergänzt, dass auch dann von einer Verlagerungsgefahr auszugehen ist, wenn allein die Produktionskosten um mindestens 30 v. H. ansteigen oder wenn nur die Handelsintensität die Marke von 30 v. H. übersteigt.

69 Zwar würde sich durch die Standortverlagerung die von deutschen Unternehmen ausgehende ökologische Belastung verringern, an den Emissionen würde sich global aber nichts ändern.

Angesichts der Analogie zum »*Carbon Leakage*« soll nun – ebenfalls gestützt auf Daten zur *Produktionskostenbelastung und zur Handelsintensität* – das Verlagerungsrisiko bzw. die Gefährdung von Branchen durch einen verzerrten Wettbewerb infolge der Energiewende untersucht werden.

4.2. Datenquelle der Analyse

Die empirische Bestimmung dieser Branchen stützt sich auf Angaben der *Input-Output-Rechnung des Statistischen Bundesamtes*. Alternativ ließen sich für die Analysezwecke zwar auch Kostenstrukturdaten der Verbände verwenden.[70] Diese sind jedoch erstens nicht amtlich, zweitens nur gespeist aus möglicherweise unvollständigen Informationen über die dem Verband angehörenden Unternehmen und sie sind drittens – über die Verbände und Branchen hinweg betrachtet – nach unterschiedlichen Methoden und zu unterschiedlichen Zeitpunkten zusammengestellt, so dass sie allenfalls sehr begrenzt für einen umfassenden (gesamtwirtschaftlichen) Querschnittvergleich geeignet wären. Überdies sind sie viertens oftmals nicht so detailliert in der Offenlegung der Vorleistungsstrukturen, dass auch die indirekten Kosteneffekte, die sich dadurch ergeben, dass andere Nicht-Strom-Zulieferer aufgrund gestiegener Strompreise ihre eigenen Preise erhöht haben, quantifiziert werden können.

Die deutsche Input-Output-Statistik als Baustein der Volkswirtschaftlichen Gesamtrechnung (VGR) hingegen ist wesentlich tiefer gegliedert als andere VGR-Statistiken und erlaubt so eine ausgeprägte Differenzierung. Unterschieden wird nach 73 Güterbereichen und ebenso vielen Produktionsbereichen, die in ihren produktions- und gütermäßigen Verflechtungen erfasst werden. Von den über 5.300 festgestellten Vorleistungsbeziehungen stehen dabei hier die Vorleistungen aus der Gütergruppe »*Elektrischer Strom, Dienstleistungen der Elektrizitäts-, Wärme- und Kälteversorgung*« im Mittelpunkt.[71] Eine trennschärfere Abgrenzung des »Strombereichs« von der »Wärme- und Kälteversorgung« ist nach Auskunft des Statistischen Bundesamtes aufgrund der Datenlage lei-

---

70 Vgl. z. B. Küchler/Horst (2012).
71 Die Input-Output-Statistik selbst verweist für die Gütergruppe »Elektrischer Strom, Dienstleistungen der Elektrizitäts-, Wärme- und Kälteversorgung« auf die Güterklassifikation CPA 35.1 und 35.3. Nach Darstellung des Statistischen Bundesamtes (2008, S. 102) fallen in die Kategorie die Erzeugung, die Übertragung, die Verteilung und der Handel von Elektrizität (alles CPA 35.1) sowie die Wärme- und Kälteversorgung (CPA 35.3).

der nicht möglich. Insofern bezieht sich die nachfolgende Analyse zwar abkürzend auf die Wirkung erhöhter »Strompreise«. Genaugenommen ist aber immer eine Erhöhung des Preises für die gesamte Gütergruppe gemeint, wobei diese Gütergruppe aber zu fast 99 v. H. durch Strom dominiert wird.[72] Unter den Tabellen erfolgt jeweils eine Konzentration auf die Angaben über die Vorleistungsbeziehungen in der inländischen Produktion (unter Berücksichtigung von Im- und Exporten), da an dieser Stelle die *Verteilungsproblematik* innerhalb des deutschen Unternehmenssektors im Mittelpunkt steht. Zudem erfolgt die Analyse auf Basis der Vorleistungsverflechtungen zu Herstellungspreisen, zumal dafür auch vom Statistischen Bundesamt die sogenannte Leontief-Inverse bereitgestellt wird, die im Rahmen des Input-Output-Modells eine wichtige Rolle spielt.[73]

Bedauerlich bei der Verwendung der Input-Output-Daten ist der zeitlich stark hinterherlaufende Datenstand. Die aktuellsten Zahlen, erschienen im *August 2013*, bilden die Produktionsverflechtungen für das *Jahr 2009* ab.[74] Aufgrund der Verfügbarkeit können daher die Auswirkungen erhöhter Strompreise nur auf der Basis von älteren Daten prognostiziert werden. Dabei sollten die Daten aber, wenn sie als Basis für aktuelle Projektionen dienen, idealerweise auch die heutige Produktions*struktur* widerspiegeln. Für die Untersuchungszwecke erscheint das Defizit der zeitlichen Verzögerung aber weniger dramatisch. Denn Veränderungen in den aktuellen, aber eben nicht verfügbaren Input-Output-Daten gegenüber dem Jahr 2009 lassen sich gedanklich auf drei Komponenten zurückführen:

- Erstens dürften nahezu alle Werte infolge des langfristigen Wachstumstrends und einer leicht inflationären Grundtendenz zulegen, so dass die Datenniveaus in der Regel mittlerweile höher sein dürften. Da sich die Analyse und die Auswertung aber fast durchgängig auf *Relationen* stützen, in denen sich sowohl Zähler als auch Nenner gleichzeitig erhöhen, haben diese durch den Wachstumstrend verursachten Änderungen wenig Einfluss auf die Befunde. Dies gilt zumindest dann, wenn man über den Horizont von vier Jahren davon ausgehen kann, dass der langfristige Wachstums-

---

72 Aus den Daten zur *Kostenstrukturerhebung* des Statistischen Bundesamtes geht für das Jahr 2010 hervor, dass der Umsatz der Unternehmen aus dem Bereich der Elektrizitätsversorgung rund 360 Mrd. EUR betrug. Der Umsatz für die Unternehmen der Wärme- und Kälteversorgung belief sich hingegen nur auf knapp 5 Mrd. EUR.

73 Vgl. Marquardt/Bontrup (2014).

74 Daten aus Vorjahren lassen sich, abgesehen vom Jahr 2008, übrigens aufgrund veränderter Sektorenabgrenzung allenfalls begrenzt mit denen des Jahres 2009 vergleichen.

und Preissteigerungstrend in allen Größen unter Beibehalten der Grundstrukturen ähnlich stark ausfällt.
- Zweitens ergeben sich Veränderungen – und zwar in den relevanten längerfristigen *Relationen* – durch den *technologischen Fortschritt*. Faktorsparender bzw. -substituierender Fortschritt im Produktionsprozess, in dessen Folge pro Output-Einheit mehr bzw. weniger Inputmenge benötigt wird, hätte trendmäßige Verzerrungen der Ergebnisse durch die Verwendung zeitlich nachlaufender Daten zur Folge. Gleichwohl ist zu erwarten, dass sich derartige Veränderungen eher langfristig vollziehen und über den Zeitraum der Datenlücke hinweg nicht allzu stark ins Gewicht fallen.
- Drittens haben zyklische Momente wie das *konjunkturelle Auf und Ab oder Investitionszyklen* einen Einfluss auf die Daten. Dabei sind weniger die schwankenden *Niveaus* selbst problematisch, da eben auf Relationen zurückgegriffen wird. Verringert sich z.B. infolge eines Konjunktureinbruchs der Produktionswert einer Branche, werden in der Regel auch die bezogenen Vorleistungen niedriger ausfallen. Die konjunkturell verursachten Veränderungen in den Niveaus spielen für die Prognose daher nur dann eine Rolle, wenn die analytisch benötigen Input-Output-*Relationen* sich dadurch verändern, dass sich die in Euro gemessenen Input- und Output-Werte mit einer unterschiedlichen Dynamik entwickeln. Die Problematik dürfte dabei weniger die primär technologisch bedingten mengenmäßigen als – vermittelt über konjunkturell differierende Preisschwankungen – die in der Statistik ausgewiesenen wertmäßigen Relationen betreffen.

Durch den Wachstums- und allgemeinen Preistrend veränderte Niveaus alleine stellen mithin kein großes Problem dar, da die Relationen entscheidend sind. Technologische Veränderungen hingegen betreffen zwar die Verhältnisse, dürften aber über einen Zeitraum von gut vier Jahren nicht nennenswert sein. Durch diese Komponenten sollten unsere Prognosen zur Strompreiswirkung insofern nicht allzu nachhaltig in ihrer Validität beeinträchtigt sein.

Problematischer erscheinen die zyklischen Schwankungen. Stützen sich die Vorhersagen nur auf die Daten eines Jahres, so birgt dies die Gefahr in sich, die Situation einer für die damalige Konjunkturlage gültige Momentaufnahme zu verallgemeinern. Um dieser konjunkturellen Schwankungsproblematik Rechnung zu tragen, bietet sich eine Durchschnittsbetrachtung über verschiedene Konjunkturlagen hinweg an. Allerdings stehen in gleicher Sektorenabgrenzung nur die Jahre 2008 und 2009 zur Verfügung. Insofern stützt sich die Auswertung weitgehend auf Durchschnittswerte aus Prognosen über die Strompreiseffekte mit dem Basisjahr 2008 einerseits und 2009 andererseits. Während im Jahr

2008 das Bruttoinlandsprodukt noch um gut 1 v. H. und damit durchschnittlich stark gewachsen ist, ging es im Folgejahr mit einem historischen Rekordwert um 5,1 v. H. zurück. Durch eine Durchschnittsbetrachtung über diese beiden Jahre hinweg wird die Auswertung im Rahmen der verfügbaren Daten konjunkturell zumindest ein wenig »geglättet«.

Darüber hinaus ist vorab zu erwähnen, dass sich angesichts der vorzufindenden Sektorenabgrenzungen nur Durchschnittsangaben für die jeweilige Branche machen lassen. Dass sich dahinter innerhalb eines Sektors stark heterogene Einzelfälle verbergen können, versteht sich von selbst.

4.3. Kostenseitige Belastung einzelner Branchen

Mit Blick auf die Kostenbelastung durch erhöhte Strompreise sind prinzipiell zwei Wirkungskanäle zu unterscheiden. Auf der einen Seite werden Unternehmen unmittelbar dadurch getroffen, dass sie für ihren Strombezug höhere Preise zu zahlen haben. Auf der anderen Seite sind aber auch noch indirekte Effekte zu berücksichtigen. Denn ein Unternehmen sieht sich dadurch mit weiteren Kostenbelastungen konfrontiert, dass im Produktionsprozess Zulieferungen aus Branchen bezogen werden müssen, die zuvor selbst einen Strompreisanstieg zu verkraften hatten und diesen durch höhere Preise an ihre Abnehmer weiterreichen. Es sind mithin insbesondere solche Erzeuger stark belastet, die selbst energieintensiv produzieren und/oder Vorleistungen von energieintensiv produzierenden Anbietern beziehen, sofern letztere in der Lage sind, ihren Kostenanstieg auf ihre Preise zu überwälzen.

Eine derart ganzheitliche Betrachtung von direkten *und* vor allem auch von indirekten Kosteneffekten ist u. E. nur mit Hilfe von Input-Output-Daten möglich. In Analogie zur Ermittlung der Belastungseffekte im Zusammenhang mit dem ETS wird hier vorrangig die *prozentuale Gesamtkostenwirkung in Relation zur Bruttowertschöpfung* betrachtet.[75] Es handelt sich dabei um einen »*Value-at-Stake*«-Ansatz[76]: die Kostensteigerung wird bezogen auf den Wert, der im

---

75 Die Angabe der prozentualen Steigerung der Kosten ist im Rahmen der deutschen Input-Output-Rechnung nicht möglich. Da die Fremdkapitalkosten zwar im Betriebsüberschuss erfasst sind, aber eben nicht explizit ausgewiesen werden, lässt sich unter Ceteris-paribus-Annahmen zwar der Kostenanstieg, aber nicht das Ausgangsniveau bestimmen. Für 2008 kommt hinzu, dass auch die Abschreibungen nicht explizit ausgewiesen und im Bruttobetriebsüberschuss eingerechnet wurden.

76 vgl. Graichen u. a. (2009).

Extremfall einer Standortverlagerung unmittelbar für die Volkswirtschaft als quantitative Wohlfahrt ausfallen würde, weil er im Inland nicht mehr an die Shareholder, die Fremdkapitalgeber, die Beschäftigten oder den Staat verteilt werden kann. Die Relation misst dabei für jede Branche, welcher Vorleistungskostenanstieg pro – für die Wohlfahrt auf dem Spiel stehendem – Euro zu erwarten ist.

Im Unterschied zur o. g. Richtlinie der EU-Kommission lassen sich jedoch für die wissenschaftlichen Untersuchungszwecke keine klar quantifizierten absoluten Referenzwerte vorgeben, bei deren Überschreiten von einem erheblichen Problem des »Green Electricity Leakages« ausgegangen werden kann. Solche Vorgaben enthalten immer ein Element der Willkür.

Zur Erhöhung der Flexibilität in der Interpretation werden unsere Prognosen auf der Basis von einem unterstellten Anstieg der Strompreise von 10 v. H. durchgeführt. Für die nachfolgende Analyse kommt es aber nicht darauf an, ob der Strompreisanstieg durch die Energiewende tatsächlich nur 10 v. H. beträgt. Die berechneten Wirkungen würden sich proportional entwickeln. Betrüge zum Beispiel der Strompreisanstieg 20 v. H., so würden sich die Prognosewerte verdoppeln. Dabei wird die Quelle des Preisanstoßes offen gelassen. Insbesondere kann damit ein Strompreisimpuls durch staatliche Auflagen oder einen Anstieg der Betriebsüberschüsse in den EVUs ausgelöst worden sein.

4.3.1. Direkte Preis- und Kosteneffekte in einzelnen Branchen
4.3.1.1. Rechnerische Zusammenhänge

Bezogen auf die *direkten* Kostenwirkungen einer Strompreiserhöhung ist selbstverständlich die wertmäßige Bedeutung von Strom als Vorleistungsfaktor im gesamten Wertschöpfungsprozess die ausschlaggebende Größe für einen Wirtschaftszweig. Zum besseren Verständnis der arithmetischen Zusammenhänge in der Kosten- und Wertschöpfungsstruktur soll hier kurz die Situation der stromintensiven *Chemiebranche* beispielhaft aufgegriffen werden (vgl. Tab. 9):

Die Daten verdeutlichen im Längsschnittvergleich zum einen die Niveaueffekte durch den Konjunktureinbruch im Jahr 2009. Während der Produktionswert der Branche in diesem Jahr gegenüber dem Vorjahr um fast 18 v. H. fiel, verringerte sich auch der Strominput. Er ging aber nur unterproportional um gut 4 v. H. zurück. Der wertmäßige Inputkoeffizient, ermittelt als in Euro gemessener Strominput pro Euro an Bruttoproduktionswert, legte dadurch konjunkturell bedingt von gut 0,014 auf knapp 0,017 EUR und damit immerhin um gut 16 v. H. zu.

4. BRANCHENSPEZIFISCHE BELASTUNGSWIRKUNGEN

Zum anderen lässt sich nun aus dem wertmäßigen Inputkoeffizienten unter der für Prognosen üblichen Ceteris-paribus-Annahme prognostizieren, welche *direkten* Preis- und Kostenwirkungen eine Strompreiserhöhung hätte. Diese Rechnung soll zunächst nur auf Basis des Jahres 2008 vorgenommen werden. Verteuert sich Strom um 10 v. H., so verteuern sich die Vorleistungen der Hersteller chemischer Erzeugnisse bei unveränderter Abnahmemenge unmittelbar um 230 Mio. EUR. Bezogen auf die Vorleistungen insgesamt resultiert daraus ein direkter Anstieg der Vorleistungskosten zu Anschaffungspreisen um $\frac{230}{132.312} * 100 = 0{,}17$ v. H. Der geringe Wert ergibt sich, weil die Vorleistungen für Strom nur 1,7 v. H. der bezogenen Vorleistungen insgesamt ausmachen.[77] Eine Strompreiserhöhung um 10 v. H. würde dann nur mit einem Gewicht von 1,7 v. H. die Gesamtvorleistungskosten auf den zuvor ermittelten Wert erhöhen ($0{,}1 * 0{,}017 = 0{,}0017 \triangleq 0{,}17$ v. H.). Wird dieser Wert auf die heutige Situation projiziert, handelt es sich um eine bedingte Prognose über den Vorleistungskostenanstieg infolge einer 10-prozentigen Verteuerung der Strompreise. Die Vorhersage ist dabei insofern bedingt, als sie die unveränderte Gültigkeit der damaligen Produktions*struktur* auch heute noch voraussetzt.

Bei annahmegemäß gleichbleibender Bruttowertschöpfung in diesem Wirtschaftszweig würde sich der Bruttoproduktionswert der Branche in der Größenordnung des Vorleistungskostenanstiegs erhöhen.[78] Dies entspricht einer prozentualen Veränderung von

$$\underbrace{0{,}1}_{\substack{\text{proz.}\\ \text{Strompreis-}\\ \text{anstieg}}} \cdot \underbrace{\frac{2.300}{161.158}}_{\substack{\text{Input-}\\ \text{koeffizient}\\ \text{Strom}}} \cdot 100 = 0{,}14 \; v.H.$$

Kann die Chemieindustrie die direkte Kostensteigerung von 230 Mio. EUR voll auf ihre Absatzpreise überwälzen,[79] so erhöht sich der Bruttoproduktionswert, in dem auch die Vorleistungen enthalten sind, um 0,14 v. H. Wenn dabei annahmegemäß die gleiche Gütermenge wie zuvor abgesetzt wird, resultiert der Anstieg des Produktionswertes ausschließlich aus einem gleich

---

77 In der Regel dominieren im Vorleistungsgeflecht Zulieferungen aus der eigenen Branche, zumal in der Statistik auch die firmeninternen Lieferungen erfasst werden.

78 Bei dieser Weiterverfolgung des Impulses spielt es übrigens keine Rolle, ob zuvor der absolute Anstieg der Vorleistungskosten in Relation zum Ausgangsniveau der Vorleistungen zu Herstellungs- oder zu Anschaffungspreisen gebildet wurde.

79 Die Vorleistungskosten zu Anschaffungspreisen sind dabei um 0,17 v. H. gestiegen. Ihr Anteil am Bruttoproduktionswert beläuft sich auf $\frac{132.312}{161.158} \triangleq 82{,}1$ v. H. 82,1 v. H. von 0,17 v. H. Vorleistungskostenanstieg führt dann zu einem – annahmegemäß – rein preisbedingten Anstieg im Bruttoproduktionswert von 0,14 v. H.

hohen prozentualen Preisanstieg von 0,14 v.H. bei den chemischen Erzeugnissen.[80]

Dies bezeichnen wir als »*primären Preiseffekt*«[81], der sich direkt nach einer Strompreiserhöhung einstellen würde. Er lässt sich also verkürzt für eine Branche durch die Multiplikation des wertmäßigen Inputkoeffizienten für Strom mit dem unterstellten prozentualen Strompreisanstieg bestimmen. Der Preiseffekt hat ebenfalls den Charakter einer bedingten Prognose. Er setzt zur Gültigkeit in der heutigen Situation nicht nur die Strukturkonstanz, sondern auch die Möglichkeit zur kompletten Kostenwälzung voraus. Offenbar lässt sich dieser Primäreffekt, vergleichsweise simpel ohne ein Input-Output-Preismodell, herausarbeiten. Er lässt sich alternativ aber auch als »direkter Effekt« durch das Preismodell ermitteln.

Die an die Vorleistungskostenrechnung anschließende Preisbestimmung impliziert im Umkehrschluss, dass die Branche dann, wenn sie tatsächlich die Preise um 0,14 v.H. ohne Absatzeinbußen erhöhen kann, trotz eines 0,17-prozentigen Vorleistungskostenanstiegs mit einer Stabilisierung der eigenen Wertschöpfung rechnen kann. Der Kostenanstieg wird hier allein aufgefangen durch preisbedingt höhere Umsätze und geht nicht einher mit der Notwendigkeit, die *Verteilungskomponenten der Wertschöpfung* – insbesondere die Gewinne und die Arbeitskosten bzw. Arbeitsentgelte – verringern zu müssen.

Hinsichtlich der »primären Kostenwirkung« auf Basis einer *Value-at-Stake-Rechnung* bedeutet die 10-prozentige Verteuerung beim Strom einen prozentualen Anstieg der (Vorleistungs-)Kosten in Relation zur Wertschöpfung in Höhe von:

$$\underbrace{0{,}1}_{\substack{\text{proz.}\\\text{Strompreis-}\\\text{anstieg}}} \cdot \underbrace{\frac{2.300}{28.846}}_{\substack{\text{Strom-Input}\\\text{je Wertschöpgs.-}\\\text{einheit}\\=0{,}08\,\hat{=}\,8{,}0\%}} = 0{,}0080 \,\hat{=}\, 0{,}80 \; v.H.$$

Pro 100 Euro an im Zuge des »*Green Electricity Leakages*« zur Disposition stehender Wertschöpfung droht also in der Chemiebranche ein *direkter Anstieg der Vorleistungskosten* um 0,80 EUR. Zugleich lässt sich durch ein Verzehnfachen des

---

80 Im Zeitpunkt t_0 bildet sich der Bruttoproduktionswert BPW_0 aus dem Produkt der Gütermenge X_0 und dem Preisniveau P_0: $BPW_0 = X_0 * P_0$. Wächst nun der Produktionswert in t_1 um w v.H. gilt:

$$BPW_1 = \left(1 + \tfrac{w}{100}\right) \cdot BPW_0 = \left(1 + \tfrac{w}{100}\right) \cdot (X_0 \cdot P_0) = X_0 \cdot \underbrace{\left(1 + \tfrac{w}{100}\right) \cdot P_0}_{=P_1}$$

81 Die Begriffe »Primäreffekt« und »direkter Effekt« auf der einen Seite sowie »Folgeeffekte« und »indirekte Effekte« auf der anderen Seite werden hier synonym verwendet.

Wertes für die direkte Kostenwirkung der Anteil der Stromkosten an der Bruttowertschöpfung ablesen: Je 100 Euro an von der Branche selbst geschaffenen und anschließend an die beteiligten Produktionsfaktoren verteilbaren Werten wird Strom für 8 EUR benötigt.

Um auch heute noch gültig zu sein, setzen diese Hochrechnungen aber wie erwähnt voraus, dass sich die wertmäßigen Produktionsstrukturen gegenüber 2008 nicht geändert haben. Durch zyklische Einflüsse ergeben sich jedoch Änderungen. Nimmt man das Jahr 2009 als Basis der Prognose, so berechnen sich für den:
- direkten Anstieg der Vorleistungskosten: 0,20 v. H. (2008: 0,17 v. H.)
- direkten Preiseffekt: 0,17 v. H. (2008: 0,14 v. H.)
- direkten Kosteneffekt auf Value-at-Stake-Basis: 0,89 v. H. (2008: 0,80 v. H.).

Zur Glättung derartiger *konjunkturell bedingter Schwankungen* wird nun für den Querschnittsvergleich der Durchschnittswert der Prognosen auf Basis von 2008 und 2009 gewählt. So wird die Struktur im Wachstumsjahr (2008) mit der im Rezessionsjahr (2009) in der Hoffnung eines validen Ausgleichs der Ausschläge verrechnet.[82]

In der Durchschnittsbetrachtung über die Vorhersage auf Basis der 2008er bzw. 2009er Daten ergibt sich dann gerundet für die Chemiebranche nach einem 10-prozentigen Strompreisanstieg für den:
- direkten Anstieg der Vorleistungskosten: 0,19 v. H.
- direkten Preiseffekt: 0,15 v. H.
- direkten Kosteneffekt auf Value-at-Stake-Basis: 0,84 v. H.

4.3.1.2. Befunde zu den direkten Effekten

Die nachfolgenden empirischen Befunde des Kap. 4 finden sich in ihrer modellanalytischen Herleitung sowie zahlenmäßig im Anhang in Marquardt/Bontrup (2014) ausführlich dokumentiert.[83]

---

[82] Natürlich wären dafür mehr und aktuellere Daten wünschenswert. Diese liegen aber nicht vor, sodass sich die Studie auf das Machbare beschränken muss.

[83] Zur besseren Übersichtlichkeit wurden die Bezeichnungen der Wirtschaftszweige abgekürzt. Für eine detailliertere Beschreibung der in einem Wirtschaftszweig erfassten bzw. nicht erfassten Aktivitäten vgl. Statistisches Bundesamt (2008). In all unseren Betrachtungen werden die Ergebnisse für den Wirtschaftszweig »Elektrischer Strom, Dienstleistungen der Elektrizitäts-, Wärme- und Kälteversorgung« nicht ausgewiesen. In der Analyse hat dieser Sektor eine Sonderrolle: Er ist einerseits der Impulsgeber für die Veränderungen, zugleich aber auch Hauptbetroffener über seine Wertschöpfungskette. Wenn sich die Stromerzeugung verteuert, spüren dies die ebenfalls in der Branche erfassten Stromvertreiber in ihren eigenen Vorleistungen weitaus stärker als jede andere Branche. So steigen hier die Vorleistungskosten in der Durchschnitts-

Mit Blick auf die unmittelbare Bedeutung des Strominputs für die hiesigen Branchen soll nun zunächst im Querschnittsvergleich die primäre Wirkung auf die Vorleistungskosten nach einer 10-prozentigen Strompreiserhöhung betrachtet werden (vgl. Abb. 9).

Den mit Abstand höchsten prozentualen Anstieg der Vorleistungskosten[84] verzeichnet in der Primärwirkung mit einem Plus von 1,8 v. H. der Wirtschaftszweig »*Wasser und Dienstleistungen der Wasserversorgung*«, gefolgt von der Gasversorgungsbranche (1,35 v. H.) und den Zweigen »Erze, Steine und Erden, sonstige Bergbauerzeugnisse u. Dienstleistungen« (0,66 v. H.), »Gewinnung von Erdöl und Erdgas« (0,63 v. H.), »Herstellung von Glas und Glaswaren« (0,56 v. H.), »Herstellung von Papier, Pappe und Waren daraus« (0,48 v. H.), »Herstellung von keramischen Werkstoffen, Waren, Baumaterialien und von Zement, Kalk, Gips und Erzeugnissen daraus pp.« (0,42 v. H.) sowie »Gießereien« (0,40 v. H.).

Der ungewichtete Mittelwert über die einzelnen Branchen hinweg liegt bei 0,21 v. H., der Median bei 0,12 v. H. Auffällig, aber zugleich auch erwartungsgemäß ist, dass sich unter den – über diesen Indikator gemessenen – »*energieintensiven« Branchen* hauptsächlich Zweige des Produzierenden Gewerbes befinden. Von den über dem Medianwert liegenden Branchen gehören 20 zum Produzierenden Gewerbe, 13 stammen aus dem Dienstleistungssektor und 2 aus dem Primären Sektor. Diese 35 Branchen zusammen vereinigen rund 41 v. H. der deutschen Wertschöpfung auf sich.[85]

Hinsichtlich der in der oberen Hälfte rangierenden Dienstleistungsbranchen (»Kunst, Kultur und Glückspiel«, »Telekommunikation«, »Großhandel«, »Gesundheitswesen«, »Beherbergung und Gastronomie«, »Erziehung und Unterricht«, »Heime und Sozialwesen«, »Reparatur von DV-Geräten und sonstigen Gebrauchsgütern«, »Sonstige überwiegend persönliche Dienst-

---

betrachtung nach einem 10-prozentigen Strompreisanstieg direkt um 3,9 v. H. Der Wirtschaftszweig »Waren und Dienstleistungen privater Haushalte ohne ausgeprägten Schwerpunkt« wird in die Ergebnisaufbereitung ebenfalls nicht einbezogen, da die Werte so klein sind, dass sie vom Statistischen Bundesamt nicht explizit angegeben wurden.

84 Wie die Rechnung oben deutlich macht, sind die entsprechenden durchschnittlichen Vorleistungsanteile des Strombezugs einer Branche das Zehnfache der präsentierten Werte.

85 Die Angabe bezieht sich nur auf das Jahr 2009 und hat als Bezugsgröße die Gesamtwirtschaft exklusive der in der Auswertung außen vorgelassenen Branchen »Elektrischer Strom, Dienstleistungen der Elektrizitäts-, Wärme- und Kälteversorgung« und »Waren und Dienstleistungen privater Haushalte ohne ausgeprägten Schwerpunkt«. Vgl. Fußnote 83.

leistungen«, »Landverkehrs- und Transportleistungen in Rohrfernleitungen«, »Einzelhandel«, »KFZ-Handel und Reparatur«) ist zu berücksichtigen, dass die meisten dieser Branchen vorrangig *personalintensiv produzieren* und sich der Produktionswert daher überaus stark aus *Wertschöpfungskomponenten* (vor allem aus Arbeitnehmerentgelten) und weniger aus *Vorleistungen* zusammensetzt. Bis auf die Branchen »Landverkehrs- und Transportleistungen in Rohrfernleitungen« sowie »Telekommunikation« verzeichnen alle in der oberen Hälfte der Abb. 9 aufgeführten Dienstleistungszweige einen Vorleistungsanteil am Bruttoproduktionswert, der deutlich unterhalb des gesamtdeutschen Durchschnitts von rund 53 v. H. liegt.[86] In Anbetracht dessen machen sich hier im Querschnittsvergleich bei einer kleinen Bemessungsgrundlage – d. h. bei geringen Vorleistungskosten – bereits relativ geringe *zusätzliche* Vorleistungsausgaben für Strom prozentual stark bemerkbar.

Hinzuweisen ist darüber hinaus noch auf die Branchen »Chemische Erzeugnisse« (0,19 v. H.), »Nahrung, Futtermittel und Getränke« (0,16 v. H.), »Kokerei und Mineralölerzeugnisse« (0,11 v. H.) sowie »Kraftwagen und Kraftwagenteile« (0,08 v. H.). Sie werden später in der Bewertung noch eine wichtigere Rolle spielen, rangieren bei dieser rein auf die direkte Vorleistungsstruktur bezogenen Untersuchung aber unterhalb des Mittelwertes. Zwar ist hier der absolute Anstieg der Vorleistungskosten hoch, aber weil die Produktion stark *vorleistungslastig* ist, verteilt sich dieser Anstieg auf eine relativ breite Vorleistungsmasse.

Ergänzend zu dieser Betrachtung wird in Abb. 10 der *direkte Kosteneffekt auf Value-at-Stake-Basis* dokumentiert. Wie unsere Rechnung gezeigt hat, spiegelt sich in diesen Daten letztlich die Stromintensität einer Branche – nun aber gemessen als Anteil der Stromkosten zur Wertschöpfung – wider. Dazu müssen die in der Abbildung angegebenen Werte lediglich verzehnfacht werden.

In der Abb. 10 rangieren daher solche Branchen weit oben, die für jede Einheit an eigener Wertschöpfung hohe Ausgaben für ihren Strominput aufwenden müssen. Unter den obersten 20 Wirtschaftszweigen befinden sich 19 aus dem Produzierenden Gewerbe, wobei wiederum 15 dem Verarbeitenden Gewerbe zugerechnet werden. Im Durchschnitt steigen die Vorleistungskosten pro 100 EUR an eigener Wertschöpfung um 0,34 EUR an. Oberhalb des Medians werden durch um 10 v. H. erhöhte Strompreise primäre Kostensteigerungen von über 0,15 v. H. generiert, pro 100 EUR an Wertschöpfung le-

---

86 Diese Betrachtung bezieht sich nur auf das Jahr 2009.

gen bei den am stärksten betroffenen Branchen die Kosten also um mehr als 0,15 EUR zu. Dabei steigt die Belastung in dieser oberen Beobachtungshälfte aber exponentiell an. Bei den oberen zehn Branchen bewegt sich der relative Anstieg auf über 0,84 EUR (»Chemische Erzeugnisse«), in der Spitze legt er auf rund 2 EUR zu (»Industriell erzeugte Gase und Dienstleistungen der Gasversorgung« und »Kokerei und Mineralölerzeugnisse«).

Die Daten zu den unmittelbaren Effekten für die Wirtschaftszweige geben aber lediglich einen *ersten Anhaltspunkt für die Bedeutung steigender Strompreise in den einzelnen Branchen.* Insgesamt werden sie der Belastungsproblematik durch einen Strompreisanstieg nur begrenzt gerecht.

4.3.2. Indirekte und Gesamt-Preis- sowie Kosteneffekte in einzelnen Branchen

4.3.2.1. Rechnerische Zusammenhänge

Über die unmittelbaren Kostensteigerungen hinaus werden die Unternehmen nämlich noch mit indirekten Folgeeffekten konfrontiert. Sie ergeben sich aus der Tatsache, dass sich durch den Strompreisimpuls für einen Wirtschaftszweig auch die Erzeugnisse anderer benötigter Vorleistungsgüter verteuern, wodurch weitere Belastungen entstehen.

Diese Sekundäreffekte wurden in Belastungsstudien bislang kaum berücksichtigt.[87] Sie sind gleichwohl von konzeptioneller und, wie unsere Berechnungen zeigen werden, auch wertmäßig von essenzieller Bedeutung. Um die Folge-

---

87 So ermitteln beispielsweise Küchler/Horst (2012) für einige wenige Branchen (Herstellung von »Papier, Karton und Pappe«, »Erzeugung von Primäraluminium«, »Erzeugung von Elektrostahl« und »Zementherstellung«) aus – ebenfalls älteren – Verbandsangaben die unmittelbaren relativen Auswirkungen von Strompreisveränderungen auf die Produktionskosten. Die indirekten Effekte können mit dem dort gewählten Ansatz nicht untersucht werden. Die Studie von EWI (2012) konzentriert sich nur auf die unmittelbaren Stromkosten. Bezogen auf die Wirkungen des ETS haben Graichen u. a. (2009) methodisch zwar auch indirekte Effekte bestimmt. Allerdings wurde neben dem unmittelbaren Effekt der CO_2-Kosten lediglich die indirekte Kostenwirkung über die Strompreise berücksichtigt. In ähnlicher Form hat auch die EU-Kommission 2009, L1/10, Ziff. 13 bei der Belastungsanalyse zum ETS die indirekten Kosten nur auf die Wirkung über die Stromkosten reduziert. Methodisch überaus komplex ist der Ansatz von IHS (2013). Bis 2030 werden in der Analyse der Wettbewerbswirkungen steigender Stromkosten in einer dynamischen Simulation drei Einzelmodelle integriert. Leider wird die Methodik in der Veröffentlichung nur wenig (unzureichend) transparent gemacht. Insbesondere ist zu befürchten, dass sich durch die dynamische Spezifikation in der Simulation Fehlprognosen für eine Periode über die nachfolgenden hinweg fortpflanzen und potenzieren. Unklar ist auch, ob die Prognosequalität der eingesetzten Module nicht nur isoliert, sondern auch in ihrem Zusammenspiel getestet wurde.

4. BRANCHENSPEZIFISCHE BELASTUNGSWIRKUNGEN

effekte überhaupt vorhersagen zu können, bedarf es aber der Berücksichtigung wechselseitiger Lieferverflechtungen im Rahmen eines Input-Output-Preismodells, das in Marquardt/Bontrup (2014) ausführlich beschrieben wird.

Wie in jedem Prognosemodell müssen dabei Annahmen gemacht werden. Sie verstehen sich als Konzession an die Möglichkeit, überhaupt eine – dann allerdings eben nur eingeschränkt gültige – Quantifizierung bieten zu können.[88] Unser Vorgehen rechtfertigt sich dabei erstens mit dem pragmatischen Argument des Statistikers George Box »*all models are wrong, but some are usefull.*« Denn die indirekten Effekte sind zweifellos relevant. Unsere Schätzungen liefern dazu immerhin eine erste Annäherung. Zweitens besteht die Alternative zu unserem Vorgehen darin, die indirekten Effekte aus methodischer Zaghaftigkeit nicht zu berücksichtigen und allein auf die Primäreffekte abzustellen. Damit wird aber ebenfalls ein grober methodischer Fehler in Form einer systematischen Unterschätzung der Belastungen in Kauf genommen, der angesichts der von uns nachfolgend festgestellten Größenordnungen wahrscheinlich noch unverzeihlicher wäre. Drittens sind die Ergebnisse im Rahmen der Annahmen des Modells empirisch fundiert und logisch konsistent, wobei auch der *gesamtwirtschaftliche Kreislaufzusammenhang* beachtet wird.

Zentrale Prämisse zur Berechnung der anschließend präsentierten Ergebnisse ist, dass sich Kostensteigerungen innerhalb eines Wirtschaftszweiges voll in die Preise der erzeugten Güter ohne Mengeneinbußen weiterwälzen lassen. Preiszugeständnisse zur Wahrung der Absatzmengen und preisbedingte Substitutionsprozesse sind damit annahmegemäß ausgeschlossen. Zugleich impliziert das Vorgehen in der Berechnung, dass die kostenseitigen Belastungen *wertschöpfungsneutral* bleiben und insbesondere nicht zu Lasten von Gewinnen, Löhnen und Gehältern, sondern ausschließlich zu Lasten der Abnehmer gehen. Das bedeutet, innerhalb der wechselseitigen Vorleistungsverflechtungen zwischen den Unternehmen wird bei der Rechnung die Last solange weitergereicht, bis die Rechnung dafür den *Endabnehmern* präsentiert wird. Obendrein wird angenommen, dass eine Branche ihre Produkte mit Blick auf die Herstellungspreise zu einheitlichen Preisen innerhalb der Vorleistungskette und an die Endkunden verkauft. Die Realität wird hiervon – wie bei jedem Modell – zweifellos abweichen.[89] Da-

---

88 Exogenisierungen von Einflussgrößen und damit verbundene Ceteris-paribus-Annahmen sind bei Prognosen unausweichlich. Ohne diese Vorgabe wäre jedweder Quantifizierungsversuch vergleichbar mit dem Versuch, ein Gummi zu spannen, ohne bereit zu sein, es an einer Seite zu fixieren.

89 Schließlich ist es nicht die Aufgabe eines Modells, die Realität in allen Einzelheiten abzubilden, sondern das Wesentliche zu erfassen.

her stellen die anschließend dargestellten indirekten Preis- und Kostenwirkungen ebenfalls nur bedingte Prognosen dar und verstehen sich als im Sinne des Modells idealtypische Extremwerte. In der Realität sind somit – vorausgesetzt, der Datenstand von 2008 bzw. 2009 ist einigermaßen repräsentativ – mindestens die direkten Wirkungen, höchstens aber die von uns ausgewiesene Summe aus direkten und indirekten Effekten zu erwarten.

Die Logik des Modells – sowohl in seinen mathematischen als auch in seinen kreislauftheoretischen Zusammenhängen – ist ausführlich und auch mit einer Beispielrechnung (vgl. Marquardt/Bontrup (2014)) dargestellt. Der nach einem Strompreisimpuls am Ende resultierende Preis für die Produkte eines Wirtschaftszweiges kann dabei mit Hilfe des Input-Output-Preismodells bestimmt werden. Die berechnete Gesamtpreiswirkung setzt sich aus dem oben schon beispielhaft für die Chemieindustrie berechneten Primäreffekt und den darüber hinausgehenden, nach Abschluss eines mehrstufigen wechselseitigen Anpassungsprozesses entstehenden Folgewirkungen zusammen.

Als Impuls wird weiterhin eine einmalige, für alle Sektoren identische Erhöhung der Preise für die Wertschöpfungsfaktoren in der Stromwirtschaft von 10 v. H. vorgegeben. Dadurch verteuert sich die Vorleistung »Strom« unmittelbar um 10 v. H.;[90] dies bewirkt im Modell bei den Beziehern von Strom eine direkte Überwälzung in die Absatzpreise (direkter Preiseffekt) und führt anschließend zu den Folgeeffekten (indirekter Preiseffekt). Über die vorhergesagten indirekten Preiseffekte lassen sich sodann die indirekten Kostenwirkungen bestimmen.

Diese Rechnung soll erneut anhand des Wirtschaftszweigs »Chemische Erzeugnisse« verdeutlicht werden. Auf der Basis der 2008er-Daten hatten wir die *direkte Wirkung* bei den Absatzpreisen chemischer Erzeugnisse auf rund 0,14 v. H. beziffert, wenn der 10-prozentige Strompreisimpuls komplett weitergeleitet wird. Auch in den anderen Branchen ergeben sich nun durch den

---

90 Genaugenommen muss in der Analyse differenziert werden zwischen dem Impuls bei den Strompreisen und dem am Ende resultierenden Strompreisanstieg. Nach dem Anstoß des Systems durch erhöhte Strompreise verteuern sich ja auch die Vorleistungen in der Strombranche, sei es direkt über den eigenen Strombezug oder indirekt über die Verteuerung anderer Zuliefererprodukte. Infolgedessen geht ein 10-prozentiger Strompreisimpuls einher mit einem um mehr als 10 v. H. höheren Endpreis für Strom. Aus dem Input-Output-Modell heraus wird bei Verwendung der 2008er Daten aus einem anfänglichen 10-Prozent-Impuls am Ende ein Strompreisanstieg von 13,23 v. H. geworden sein. Zu dem Impuls von 10 v. H. kommen – jeweils auf das Ausgangspreisniveau bezogen – eine Primärwirkung von 2,40 v. H. und ein Folgeeffekt von 0,83 v. H. hinzu.

4. BRANCHENSPEZIFISCHE BELASTUNGSWIRKUNGEN

Strompreisimpuls Preissteigerungen. Sie verteuern anschließend über den Vorleistungsinput erneut die Produktion chemischer Erzeugnisse, so dass es bei einem Abwälzen zu weiteren Preissteigerungen kommt. Dabei wirkt zugleich eine Eigendynamik, denn die verteuerten chemischen Erzeugnisse dienen in der Chemiebranche in großem Umfang selbst wieder als Vorleistungen. Aus unserem Input-Output-Preismodell errechnet sich abschließend ein Gesamtpreisanstieg von 0,37 v.H. Zum direkten Preiseffekt von 0,14 v.H. sind hier offenbar Folgeeffekte in Höhe von (0,37 v.H. − 0,14 v.H. =) 0,23 v.H. hinzugekommen. Diese Folgeeffekte sind aber annahmebasiert ermittelt worden. Sie kommen in diesem Umfang nur zustande, wenn die Zulieferer der Chemiebranche Kostensteigerungen ohne Mengeneinbußen komplett auf die Preise abwälzen können. Je weniger das in der Realität gelingt, umso geringer fallen die Preissteigerungen in den Bezieherbranchen aus, die zugleich Zulieferbranchen für andere Wirtschaftszweige sind. Insofern stellen die berechneten Folgeeffekte obere Limits dar.

Bei unverändertem Mengengerüst spiegelt der Gesamtpreisanstieg den Zuwachs im Bruttoproduktionswert wider. Unter Ceteris-paribus-Annahmen ist ferner davon auszugehen, dass sich die Wertschöpfungskomponenten des Produktionswertes nicht verändert haben, so dass der Anstieg im Produktionswert allein auf erhöhte Vorleistungskomponenten zurückzuführen ist. Beim prognostizierten Preisanstieg von 0,37 v.H. für chemische Erzeugnisse erhöht sich so der 2008er Bruttoproduktionswert um:

$$\underbrace{0{,}0037}_{\substack{\text{proz.}\\ \text{Gesamtpreis-}\\ \text{anstieg}}} \cdot \underbrace{161.158 \text{ Mio. EUR}}_{\substack{\text{Brutto-}\\ \text{produktions-}\\ \text{wert}}} = 599 \text{ Mio. EUR}$$

Dies entspricht dem modellmäßig projizierten Gesamtanstieg der Vorleistungskosten. In Relation zu den ursprünglichen Vorleistungskosten ergibt sich ein Zuwachs von insgesamt $\frac{599}{132.312} = 0{,}0045 \triangleq 0{,}45$ v.H. Den direkten Vorleistungskostenanstieg hatten wir mit 0,17 v.H. (bzw. 230 Mio. EUR) berechnet. Der Unterschied von 0,45 − 0,17 v.H. = 0,28 v.H. (bzw. 369 Mio. EUR) beziffert den *indirekten Vorleistungskostenanstieg*.

Wird der Vorleistungskostenanstieg im Rahmen des Value-at-Stake-Ansatzes nun – weiterhin beim Datenstand von 2008 – in Relation zur Bruttowertschöpfung gesetzt, so resultiert daraus ein direkter Kostenanstieg von $\frac{230}{28.846} = 0{,}0080 \triangleq 0{,}8$ v.H., ein indirekter Kostenanstieg von $\frac{369}{28.846} = 0{,}0128 \triangleq 1{,}28$ v.H. und eine Gesamtkostenwirkung von $\frac{599}{28.846} = 0{,}0208 \triangleq 2{,}08$ v.H. der Bruttowertschöpfung.

Für einen Querschnittsvergleich sind diese Rechnungen nun für alle Wirtschaftszweige aufzustellen. Angesichts der Konjunkturproblematik bedarf es anschließend einer weiteren Zwischenprognose auf Basis der 2009er Daten, um abschließend mit Hilfe der einzelnen Zwischenergebnisse den jeweiligen Durchschnitt als *Endprognose* zu bestimmen.

4.3.2.2. Befunde zu den Folge- und Gesamt-Effekten

Das Ergebnis sind – separiert nach direkten Primär- und indirekten Folgeeffekten – die in Abb. 11 und Abb. 12 dargestellten Preis- bzw. Kostenwirkungen.

Unter zusätzlicher Berücksichtigung der Folgewirkungen verdoppelt sich gegenüber der reinen Betrachtung der Primärwirkung der Mittelwert des gesamten prozentualen Vorleistungskostenanstiegs nach einem 10-prozentigen Strompreisimpuls auf 0,42 v. H., während der Median auf 0,28 v. H. zulegt (vgl. Abb. 11). Oberhalb des Medians befinden sich weiterhin vorrangig Wirtschaftszweige aus dem *Produzierenden Gewerbe*. 23 Branchen gehören dazu, wovon 18 dem Verarbeitenden Gewerbe zuzurechnen sind. 10 Wirtschaftszweige aus der oberen Hälfte zählen zum Dienstleistungssektor und 2 zum Primären Sektor.

Die acht am stärksten betroffenen Wirtschaftszweige sind bei dieser allein auf die Vorleistungen abstellenden Kennziffer weiterhin »Wasser und Dienstleistungen der Wasserversorgung« (2,52 v. H.), »Gasversorgung« (2,08 v. H.), »Erze, Steine und Erden, sonstige Bergbauerzeugnisse u. Dienstleistungen« (1,16 v. H.), »Gewinnung von Erdöl und Erdgas« (1,04 v. H.), »Herstellung von Glas und Glaswaren« (0,99 v. H.), »Herstellung von Papier, Pappe und Waren daraus« (0,93 v. H.), »Herstellung von keramischen Werkstoffen, Waren, Baumaterialien und von Zement, Kalk, Gips und Erzeugnissen daraus pp.« (0,84 v. H.) sowie »Gießereien« (0,74 v. H.). Die Belastungsreihenfolge hat sich unter diesen acht dem Produzierenden Gewerbe zuzurechnenden Branchen gegenüber der Konzentration auf den Primärimpuls nicht geändert, die Gesamtbelastung fällt aber *teilweise fast doppelt so hoch* aus wie unter Vernachlässigung der Folgeeffekte.

Deutliche Positionsverschiebungen durch die zusätzliche *Aufnahme der Sekundäreffekte* ergeben sich für die Branchen »Erzeugung und erste Bearbeitung von Roheisen, Stahl und Legierungen pp.« (0,73 v. H.), »Herstellung von Metallerzeugnissen« (0,57 v. H.), »Chemische Erzeugnisse« (0,49 v. H.) und »Maschinenbau« (0,31 v. H.). *Ausschlaggebend für diese Verschiebung ist, dass hier die Folgeeffekte einer Strompreiserhöhung stärker als die Primäreffekte ausfallen.* Strom als Vorleistung ist für diese Branchen zwar nicht unbedeutend, vorleistungskostentreibend sind aber gerade andere im Vorleistungsgeflecht der Branche bedeutsame Zulieferungen, die sich aufgrund des Strompreisimpulses besonders verteuert haben. Mit Blick auf die Chemieindustrie beispielsweise zeigt sich, dass unter den nicht-brancheninternen Vorleistungen die der Zweige »Erze, Steine und Erden, sonstige Bergbauerzeugnisse u. Dienstleistungen« mit einem Anteil an den inländischen, nicht-brancheninternen Vorleistungen[91] von 7,6 v. H. und aus dem Bereich »Kokerei und Mineralölerzeugnisse« mit einem Anteil von 9,3 v. H. eine größere Rolle spielen als Strom mit einem Anteil von 6,1 v. H. Insbesondere der Zuliefererzweig »Erze, Steine und Erden, sonstige Bergbauerzeugnisse u. Dienstleistungen« weist dabei aber mit einem prognostizierten Preisanstieg seiner Erzeugnisse von 0,69 v. H. einen weit überdurchschnittlichen Anstieg aus (vgl. Abb. 12). Aber auch die Produkte aus dem Bereich der »Kokerei und Mineralölerzeugnisse« verteuern sich im Bezugspreis nach unserer Prognose um 0,18 v. H. In Kombination mit dem hohen Vorleistungsanteil hinterlässt dies spürbare *Folgen in der Chemieindustrie.* Hinzu kommt eine stark durchwirkende Eigendynamik: Auch wenn Strom unter den nicht-brancheninternen Zulieferungen nicht die wichtigste Rolle spielt, so ist sie nicht unbedeutend. Dies alles verteuert unmittelbar (und mittelbar) die Produktion chemischer Erzeugnisse, die aber ihrerseits in der Chemiebranche selbst fast 57 v. H. aller inländischen Vorleistungen ausmachen.

Bei den anderen zuvor genannten Branchen ergeben sich die hohen Folgeeffekte, abgesehen von einer stark durchwirkenden Eigendynamik, ebenfalls durch besondere Abhängigkeiten von branchenfremden Produkten, die sich im Zuge des Anpassungsprozesses an den simulierten Strompreisimpuls merklich verteuern. In der »Erzeugung und ersten Bearbeitung von Roheisen, Stahl und Legierungen pp.« dürfte der hohe Stellenwert der Vorleistungen aus der Gasversorgung eine wichtige Rolle spielen. Güter aus diesem Sektor weisen nach Strompreisimpulsen aber die höchste Preissteigerung auf (vgl. Abb. 12) und haben unter den inländischen nicht-brancheninternen Vorleistungen der Roheisen- und Stahlherstellung einen Anteil von gut 12 v. H. Bei der »Herstellung von Metallerzeugnissen« macht sich in den Folgeeffekten die hohe Abhängigkeit von Erzeugnissen aus der Roheisen- und Stahlherstellung (Anteil an den inländischen nicht-brancheninternen Vorleistungen: 16,1 v. H.) und von Nichteisen-Metallen wie Aluminium, Blei, Zink und Kupfer (4,75 v. H.) bemerkbar. Im Maschinenbau wirkt sich wegen der dortigen Preiserhöhungen stark die Angewiesenheit auf Zulieferungen von Metallerzeugnissen (Anteil an

---

91   Alle Angaben zu Vorleistungsanteilen in einer Branche beziehen sich ausschließlich auf das Jahr 2009.

den inländischen nicht-brancheninternen Vorleistungen: 17,1 v. H.), Gummi- und Kunststoffwaren (4,7 v. H.) und Elektrischen Ausrüstungen (4,6 v. H.) aus. In allen genannten Branchen mit hohen Folgeeffekten macht sich zudem der Anstieg bei den Großhandelspreisen bemerkbar, der zwar vergleichsweise moderat ausfällt (vgl. Abb. 12), aber angesichts eines relativ hohen Vorleistungsanteils von Großhandelsleistungen dennoch Wirkung hinterlässt.

Ein anderes Bild ergibt sich bei der Darstellung des *absoluten* Vorleistungskostenanstiegs.[92] Arithmetisch resultiert er aus der Kombination des zuvor betrachteten prozentualen Anstiegs und des Ausgangsniveaus der Vorleistungskosten, wobei das Ausgangsniveau wiederum von der Größe des Produktionswertes und des zu dessen Herstellung erforderlichen Anteils an Vorleistungen abhängt. Branchen, die aufgrund ihrer gesamtwirtschaftlichen Bedeutung einen hohen Stellenwert haben und dadurch in der Regel absolut gesehen hohe Vorleistungsausgaben aufweisen, rücken nun im absoluten Belastungs-Ranking automatisch nach vorne, während die weniger großen Branchen abrutschen. Dies gilt insbesondere für den bisherigen »Spitzenreiter« in der relativen Betrachtung. Die prozentual am stärksten betroffene Branche *»Wasser und Dienstleistungen der Wasserversorgung«* ist gesamtwirtschaftlich mit einem Bruttoproduktionswertanteil von 0,1 v. H. recht unbedeutend. Sie benötigt dabei im Querschnittvergleich *absolut* gesehen wenige Vorleistungen. Trotz eines hohen prozentualen Anstiegs verbleibt so nach einem 10-prozentigen Strompreisanstieg nur eine niedrige Zunahme der Vorleistungskosten von rund 38 Mio. EUR.

Die Liste der absoluten Belastung wird angeführt von der *Automobil-, der Chemie- und der Stahlindustrie.* Im Wirtschaftszweig »Kraftwagen und Kraftwagenteile« prognostiziert unser Modell einen Anstieg der Vorleistungskosten von über 600 Mio. EUR nach einem 10-prozentigen Strompreisimpuls. Bei den »Chemischen Erzeugnissen« wird ein Zuwachs von rund 590 Mio. EUR und bei der »Erzeugung und ersten Bearbeitung von Roheisen, Stahl und Legierungen pp.« eine Erhöhung um ca. 530 Mio. EUR vorhergesagt. In allen drei Fällen dominieren die *mittelbaren Kosteneffekte.*

In Summe ergibt sich nach dem Modell über alle Wirtschaftszweige hinweg innerhalb eines Jahres ein Anstieg der Vorleistungskosten außerhalb der Strombranche von rund 8,5 Mrd. EUR, wenn die Strompreise im Impuls um 10 v. H. zulegen. Aus den direkten Folgen des Strompreisanstiegs resultiert dabei ein Plus von 3,6 Mrd. EUR. Die Folgeeffekte durch die Verteuerung anderer Vorleistungen summieren sich auf 4,9 Mrd. EUR.

---

92 Vgl. Marquardt/Bontrup (2014, S. 74).

Allerdings sind diese Angaben mit entsprechender Vorsicht zu verwenden. Denn erstens sind sie mit Blick auf die Folgeeffekte unter der Prämisse einer kompletten Überwälzung von Kostensteigerungen in allen Branchen auf die Endpreise zustande gekommen. In dieser Hinsicht stellen die Angaben – wie auch alle anderen ausgewiesenen Gesamteffekte – den ungünstigsten denkbaren Fall dar. Zweitens handelt es sich hierbei ausnahmsweise nicht um relative Angaben, so dass die oben angesprochene Niveauproblematik von größerer Relevanz ist. Die Niveaus stützen sich auf die Situation in 2008 bzw. 2009 und dürften – jedenfalls hinsichtlich dieses Aspektes – durch den allgemeinen Wachstumstrend und die allgemeine Preissteigerung heute höher ausfallen. Darüber hinaus ist zu berücksichtigen, dass die ausgewiesenen Folge- bzw. Gesamtkosten nur dann in dieser Höhe entstehen, wenn auf jeder Stufe der Produktion Kostensteigerungen in die Preise ohne Mengeneinbußen abgewälzt werden können. In dem Fall sind die Kostensteigerungen *wertschöpfungsneutral* und belasten vor allem nicht die *Gewinne* und *Arbeitnehmerentgelte*. Eine Belastung der Wertschöpfung tritt für eine Branche nur dann ein, wenn sie in ihren Vorleistungen die Preissteigerungen der anderen zu tragen hat, selbst aber nicht in der Lage ist, diese an die eigenen Abnehmer ohne Absatzverluste komplett weiterzugeben. Ungeachtet dieser Unsicherheiten und Relativierungen liegen damit aber modellbasierte, logisch konsistente und empirisch fundierte Werte über die Gesamtwirkungen von Strompreiserhöhungen in Form einer groben »Hausnummer« vor.

Unter den zehn *absolut* gesehen am stärksten kostenseitig belasteten Branchen befinden sich mit dem *Einzel- und dem Großhandel* zwei Dienstleistungszweige, obwohl ihre relative Vorleistungskostenbelastung moderat ausfiel. Ausschlaggebend für die hohen absoluten Werte ist die Größe der Branchen.[93] Gemessen am gesamtdeutschen Bruttoproduktionswert repräsentiert der Großhandelszweig nach »Dienstleistungen des Grundstücks- und Wohnungswesens« (mit 8,2 v. H.) und »Kraftwagen und Kraftwagenteile« (mit 5,2 v. H.) in der hier zugrunde liegenden Sektorenabgrenzung die drittgrößte deutsche Branche mit einem Anteil von 4,4 v. H.[94] Der Einzelhandel stellt, gemessen am Bruttoproduktionswertanteil, (mit 3,4 v. H.) die achtgrößte deutsche Branche dar. Vorrangig das Größenargument ist auch für das Auftauchen des Maschinenbaus (3,8

---

93   Dieses Argument gilt auch für den Wirtschaftszweig »Dienstleistungen des Gesundheitswesens«, die einen Anteil am gesamtdeutschen Bruttoproduktionswert von 3,8 v. H. auf sich vereinigen.

94   Alle Angaben zu den Anteilen am Bruttoproduktionswert beziehen sich ausschließlich auf 2009.

v. H. und sechstgrößter Sektor) unter den Top-10 verantwortlich. Bei den beiden von der Kostenseite her am stärksten belasteten Wirtschaftszweigen »*Kraftwagen und Kraftwagenteile*« und »*Chemische Erzeugnisse*« spielt die Branchengröße mit gesamtwirtschaftlichen Produktionswertanteilen von 5,2 v. H. und 3,0 v. H. zwar auch eine wichtige Rolle für die absolute Höhe der Zusatzkosten. Zugleich bewirkt aber auch eine außergewöhnlich hohe Vorleistungsintensität im Produktionsprozess, dass sich Preiserhöhungen bei Vorleistungen im Allgemeinen besonders stark bemerkbar machen. Bei »Kraftwagen und Kraftwagenteilen« beläuft sich der Vorleistungsanteil am Bruttoproduktionswert auf 84,5 v. H., in der Chemieindustrie liegt er bei 81,3 v. H., während der bundesdeutsche Durchschnitt rund 53 v. H. beträgt. Dieselbe Argumentation trifft auf den Wirtschaftszweig »Nahrungs- und Futtermittel, Getränke, Tabakerzeugnisse« zu. Gemessen am Produktionswertanteil von 3,4 v. H. handelt es sich um die neuntgrößte deutsche Branche, deren Vorleistungsanteil am Produktionswert zudem mit 77,9 v. H. überdurchschnittlich hoch liegt. Bei dieser Branche und der Chemieindustrie kommt hinzu, dass sie in der Struktur der Vorleistungen offenbar vergleichsweise stark vom Strom und vor allem von solchen Produkten abhängen, die sich direkt oder indirekt durch den simulierten Impuls verteuern. Dieses Abhängigkeitsargument ist es denn auch, was vorrangig die exponierte Position der Wirtschaftszweige »Papier, Pappe und Waren daraus«, »Gasversorgung« und »Erzeugung und erste Bearbeitung von Roheisen, Stahl und Legierungen pp.« erklärt. Bei den Herstellern von Metallerzeugnissen sind die hohen absoluten Belastungen zurückzuführen auf eine Kombination von Größe (2,1 v. H. bundesdeutscher Produktionswertanteil), genereller Vorleistungsabhängigkeit (60,6 v. H. Vorleistungsanteil am Produktionswert) und spezieller Ausgesetztheit gerade gegenüber solchen Vorleistungen, die sich unmittelbar und mittelbar durch erhöhte Strompreise besonders stark verteuerten.

Zur Ermittlung der zuvor präsentierten relativen und absoluten Vorleistungskostenwirkung bedurfte es vorab der Bestimmung des Güterpreisanstiegs in allen Wirtschaftszweigen. Wie oben beschrieben, sind diese Veränderungen mit Hilfe der Input-Output-Analyse auf der Grundlage eines statischen, offenen Preismodells und unter Rückgriff auf die ausgewiesenen Annahmen hergeleitet worden. In Abb. 12 sind die direkten und indirekten Preiseffekte als Durchschnittswert der Prognose auf Basis der 2008er bzw. der 2009er Daten dokumentiert.

Eine prozentuale Verteuerung der Vorleistungen aus unmittelbaren und mittelbaren Effekten der Strompreiserhöhung führt bei entsprechender Weitergabe an die Abnehmer zwar zu einer Preiserhöhung. Diese erfolgt, wie

4. BRANCHENSPEZIFISCHE BELASTUNGSWIRKUNGEN 97

unsere Beispielrechnung zeigt, aber nicht im Maßstab 1:1, sondern nur in dem prozentualen Umfang, in dem der Bruttoproduktionswert auch durch Vorleistungsinput und nicht durch eigenständige Wertschöpfung zustande kommt. Die dargestellten Ergebnisse reflektieren also das Zusammenspiel aus relativem Vorleistungskostenanstieg und Vorleistungsanteil am Produktionswert. Branchen, die in Abb. 11 noch weit oben (bzw. unten) rangierten und nun weiter unten (bzw. oben) auftauchen, erfahren diese Positionsverschiebung durch einen außergewöhnlich niedrigen (bzw. hohen) Anteil der Vorleistungen am Produktionswert.

Solche Positionsverschiebungen sind auf der einen Seite insbesondere zu konstatieren für:

- Roheisen, Stahl pp. (hier ist der Vorleistungsanteil am Produktionswert um 34,6 Prozentpunkte höher als im gesamtwirtschaftlichen Durchschnitt[95]),
- Chemische Erzeugnisse (+ 28,5 PPK),
- Landwirtschaft, Jagd und entsprechende Dienstleistungen (+ 17,8 PPK),
- Nahrung, Futter, Getränke, Tabak (+ 25,1 PPK),
- Kraftwagen und Teile (+ 31,7 PPK),
- Sonstige Fahrzeuge (+ 18,3 PPK),
- DV-Geräte, elektronische Bauelemente pp. (+ 19,5 PPK),
- Dienstleistungen von Reisebüros, pp. (+ 22,8 PPK),
- Dienstleistungen von Versicherungen u. Pensionskassen (+ 23,8 PPK),
- und Luftfahrtleistungen (+ 29,4 PPK).

Sie reagieren nach unserer Modellsimulation trotz eines relativ geringen prozentualen Vorleistungskostenanstiegs mit einer vergleichsweise hohen Preissteigerung und einer Positionsverschiebung in Abb. 12 nach oben. Die Vorleistungskosten machen hier eben einen Großteil der Gesamtpositionen (also Vorleistungen und Wertschöpfungskomponenten inklusive Steuern) aus, die den Endpreis bestimmen.

Auf der anderen Seite finden sich die Wirtschaftszweige, die trotz recht hoher Vorleistungskostensteigerung nur zu geringen Preissteigerungen greifen

---

95 Die Angaben zur Differenz im Vorleistungskostenanteil beziehen sich nur auf die 2009er Daten. Als Durchschnitt wurde hier nicht der ungewichtete arithmetische Mittelwert über alle Branchen hinweg verwendet, sondern die Quote aus den Vorleistungen aller deutschen Branchen zum Bruttoproduktionswert aller deutschen Branchen. Die ebenfalls zulässige Alternative, die ungewichteten arithmetischen Mittelwerte als Bezugsgröße der Differenzbildung zu wählen, würde zwar zu anderen Niveaus in den Differenzen führen, die Argumentation und das Ranking in den Differenzen aber nicht ändern.

und in Abb. 12 Positionsverschiebungen nach unten erfahren, weil die Vorleistungen in Relation zur Wertschöpfung und zum Produktionswert vergleichsweise unbedeutend ausfallen. Dazu zählen insbesondere:
- Wasser, Dienstleistungen der Wasserversorgung (- 25,5 Prozentpunkte gegenüber dem deutschen Durchschnitt beim Vorleistungsanteil am Produktionswert),
- Erdöl und Erdgas (- 13,0 PPK),
- Handel mit KFZ, Instandhaltung und Reparatur (- 14,1 PPK),
- Sonstige überwiegend persönliche Dienstleistungen (- 24,1 PPK),
- Reparatur DV-Geräte (- 22,8 PPK),
- Dienstleistungen von Heimen und des Sozialwesens (- 20,8 PPK),
- Erziehung und Unterrichts-Dienstleistungen (- 29,7 PPK),
- Dienstleistungen im Gesundheitswesen (- 20,4 PPK),
- Dienstleistungen der Öffentlichen Verwaltung (- 16,4 PPK),
- und Dienstleistungen der Arbeitskräfteüberlassung (- 41,5 PPK).

Die *höchsten Preiswirkungen* stellen sich in der Branche der *Gasversorger* ein. Wenn sie nur den unmittelbaren Kostenanstieg eines 10-prozentigen Strompreisanstiegs weitergeben, so verteuern sich ihre Absatzpreise um knapp 0,79 v. H. Unter Berücksichtigung der Folgewirkungen kommt im Extremfall noch ein Plus von 0,43 Prozentpunkten hinzu, so dass am Ende die Preise um etwa 1,21 v. H. zulegen würden. Es folgen bei den Absatzpreissteigerungen die Papierindustrie (mit 0,36 v. H. Primärer- und 0,70 v. H. Gesamtpreisanstieg) und die Branchen »Erze, Steine, Erden pp.« (0,39 v. H. bzw. 0,69 v. H.) sowie »Roheisen, Stahl pp.« (0,19 v. H. bzw. 0,64 v. H.). Der Median für den Fall, dass alle Kostensteigerungen in die Absatzpreise einfließen, beläuft sich auf 0,15 v. H.

Abschließend soll im Folgenden der zentrale *Kosteneffekt auf Value-at-Stake Basis* dargestellt werden (vgl. Abb. 13). Hierbei werden der absolute Vorleistungskostenanstieg und die Bruttowertschöpfung in Relation zueinander gesetzt. Der Kosteneffekt gibt dabei an, wie hoch der Vorleistungskostenanstieg pro 100 Euro an im Zuge des »Green Electricity Leakage« eventuell zur Disposition stehender Wertschöpfung ist. Je höher bei gegebenem absoluten Vorleistungskostenanstieg die Wertschöpfung ausfällt, umso niedriger wird der nun berechnete Kosteneffekt. Anders ausgedrückt relativiert sich in dieser Betrachtung ein hoher Anstieg der Vorleistungskosten dadurch, dass diese Belastung auf eine sehr breite Wertschöpfungsbasis und damit auf eine ebenso breite Verteilungsmasse aufgeteilt werden kann. In der Differenzierung kann erneut unterschieden werden zwischen dem Primäreffekt und den Folgeeffekten. Der

Primäreffekt resultiert allein aus dem Strompreisimpuls. Er verteuert unmittelbar die Vorleistungskosten und wird ausschließlich durch die Stromabhängigkeit einer Branche in ihrem Vorleistungsgerüst bestimmt. Der so berechnete Primäreffekt kann noch recht zuverlässig abgeschätzt werden. Die *Folgeeffekte* ergeben sich dadurch, dass in die Kostenrelation auch solche Vorleistungskostensteigerungen einbezogen werden, die sich durch die nachfolgende Verteuerung anderer Vorleistungen ergeben. Die Größenordnung der Folgeeffekte lässt sich aber nur unter den genannten Modellannahmen bestimmen und damit insbesondere unter der Annahme, dass bei den Zulieferern Kostensteigerungen immer *wertschöpfungsbewahrend* in die Endpreise eingerechnet werden können. Die dargestellten Kosteneffekte verstehen sich somit als Bandbreite: es sind mindestens die Primäreffekte, höchstens aber die Gesamteffekte nach einem 10-prozentigen Strompreisanstieg zu befürchten.

Der Median der Gesamtkostenwirkung liegt bei 0,38 v. H. Oberhalb des Medians befinden sich 27 Branchen des Produzierenden Gewerbes, davon 22 aus dem Verarbeitenden Gewerbe, 6 Wirtschaftszweige stammen aus dem Bereich der Dienstleistungen, weitere 2 aus dem Primären Sektor.

Im Durchschnitt über jede einzelne Branche ergibt sich nach einem 10-prozentigen Strompreisimpuls eine Gesamtkostenwirkung von 0,75 EUR je 100 EUR an eigener Wertschöpfung.

Im Bereich der oberen 15 Branchen (ab »Gummi, Kunststoffwaren«) nehmen die Relationen exponentiell zu und steigen in der Stahlindustrie auf bis zu 5 EUR Gesamtkostenzuwachs je 100 EUR an Wertschöpfung an. Den hier an der Belastungsspitze stehenden Branchen – neben der Stahlindustrie beispielsweise die Hersteller von Nichteisenmetallen, Kokereien und Hersteller von Mineralölerzeugnissen, Gasversorger, Papierhersteller und die Chemieindustrie – ist gemeinsam eine hohe unmittelbare Stromabhängigkeit, eine hohe Abhängigkeit von solchen Zulieferern, die durch den Strompreisanstieg ihre eigenen Preise erhöhen mussten sowie ein vergleichsweise geringer Wertschöpfungsanteil im Produktionswert.

Die empirischen Befunde verdeutlichen bei allen methodischen Einschränkungen, wie relevant auch die Betrachtung der Folgeeffekte ist.[96] Zwar lassen

---

96 Bei der Einschätzung sind wir uns folgender Aussagenlogik bewusst: Wenn die methodisch zu machenden Annahmen 100-prozentig zutreffen, dann sind auch berechnete Folgewirkungen richtig. Dann ist deren Größenordnung so, dass sie auf keinen Fall vernachlässigt werden dürfen. Wenn hingegen die Annahmen zu problematisch sind, dann sind auch die Folgeeffekte weniger stark ausgeprägt als von uns ermittelt, so dass dann ihr Vernachlässigen weniger problematisch wäre.

sich die Primäreffekte ohne großen Aufwand und ohne die Inkaufnahme allzu restriktiver Annahmen bestimmen. Für die Validität des ausgewiesenen prozentualen Vorleistungskostenanstiegs sowie des Kosteneffektes auf Value-at-Stake-Basis muss lediglich vorausgesetzt werden, dass die bislang veröffentlichten Daten zu den Input-Output-Strukturen auch heute noch gelten. Der Primäreffekt bei den Preisen basiert darüber hinaus auf der Annahme, dass die unmittelbare Kostensteigerung auch voll in die Preise weitergereicht werden kann. Der primäre Preiseffekt wird dann im Input-Output-Modell aufgegriffen, um in einem iterativen wechselseitigen Prozess die mittelbaren Folgeeffekte zu bestimmen, wobei auf jeder weiteren Stufe von Kostensteigerungen immer wieder zu der Annahme einer vollständigen Kostenwälzung auf die Preise gegriffen wird.

Sofern die Annahme exakt zutrifft, sind die berechneten Folgeeffekte in ihrer Größenordnung valide. Die Kostensteigerungen stellen dann aber zugleich für die Unternehmen auch *keine Belastung* im Sinne einer *rückläufigen Wertschöpfung* mit ebenfalls rückläufigen Gewinnen und Arbeitnehmerentgelten dar. Andernfalls – und das heißt realistischerweise – greifen die ermittelten Gesamtwerte nur die obere Spanne dessen ab, was im Extremfall möglich ist. Die Relationen zwischen den Primär- und den im Extremfall möglichen Folgeeffekten deuten aber an, dass in den meisten Branchen viel stärkere Belastungen aus den mittelbaren als aus den unmittelbaren Wirkungen eines Strompreisanstiegs drohen.

4.4. Preiseffekte für die Endverbraucher

Auf der Grundlage der modellmäßig ermittelten Preisveränderungen (vgl. Abb. 12) in den unterschiedlichen Gütergruppen lassen sich nun auch die preislichen Belastungen für die unterschiedlichen Zwecke des Endverbrauchs berechnen.

Unter der Annahme, dass die Güter beim Absatz zu Vorleistungszwecken dieselben Preise wie im Endverbrauch haben und sich die Absatzmengen nicht ändern, verteuerte sich der Warenkorb für den privaten Konsum am stärksten. Nach einem 10-prozentigen Anstieg der Strompreise müssten die privaten Haushalte für dieselbe Gütermenge ca. 0,47 v. H. mehr bezahlen. Die unmittelbare Belastungswirkung durch den Impuls beliefe sich dabei auf ein Plus von 0,23 v. H.[97] Die Differenz zur Gesamtwirkung – also 0,24 v. H. – resultiert aus

---

97 Denn der Anteil der Stromausgaben im Warenkorb des privaten Konsums belief sich im Jahr 2008 auf $\frac{24.005}{1.023.016}$ ≙ 2,346 v. H., so dass nach einem 10-Prozent-Anstieg 2,346 v. H., mithin 0,2346 v. H. als Primäreffekt verbleiben. Im Folgejahr 2009 ergibt

der Tatsache, dass sich auch die anderen von den Haushalten erworbenen Güter durch den Strompreisanstieg verteuern.

Der Verbrauch privater Organisationen ohne Erwerbszwecke würde sich insgesamt um 0,10 v. H., der des Staates um gut 0,11 v. H. verteuern, wobei die Primäreffekte vernachlässigbar gering ausfallen. Die Güterpreise für die Investitionsgüter, d. h. hier Ausrüstungs- und Bauinvestitionen inklusive von Vorratsinvestitionen, die zum Zweck des Endverbrauchs erworben werden, würden insgesamt um knapp 0,19 v. H. zulegen (Primäreffekt: 0,04 v. H.). Im Warenkorb für den Export von Gütern und Dienstleistungen ergäbe sich insgesamt ein Preisauftrieb von 0,28 v. H. (Primäreffekt: 0,04 v. H.). Abgesehen vom privaten Konsum wird die Gesamtpreiswirkung so von den indirekten Folgeeffekten einer Strompreissteigerung stark dominiert.

Erneut steht die Berechnung unter der Annahme, dass zuvor die Wirtschaftszweige in ihrem Vorleistungsgeflecht alle Kostensteigerungen auf die Preise abwälzen können. In dem Fall werden kostenseitige Belastungen von den Akteuren *wertschöpfungsneutral* immer weitergereicht und zwar bis zum Letzten in der Kette, also bis zu den unterschiedlichen Endverbrauchern. Je nach Gültigkeit der Kostenwälzungsannahme beschreiben die Befunde damit ein Limit an Gesamtwirkung. Die Belastungen für die Endabnehmer sind unter der Annahme der Strukturkonstanz mindestens so groß wie der Primäreffekt, höchstens so groß wie der ausgewiesene Gesamteffekt.

4.5. Möglichkeiten einer Kostenwälzung

4.5.1. Zusammenhänge zwischen kostenseitiger und verteilungswirksamer Belastung

Mit Blick auf die letztlich für die verteilbare Wertschöpfung *wirksame* Belastung einzelner Wirtschaftszweige spielt der Grad, in dem sich eine Branche der *internationalen Konkurrenz* ausgesetzt sieht, eine herausragende Rolle. Denn ohne beachtenswerte Auslandskonkurrenz wären schließlich alle Anbieter der Branche mit demselben Kostendruck konfrontiert[98] und könnten

---

sich derselbe Anteil der Stromausgaben aus $\frac{23.972}{1.040.847} \triangleq 2,303$ v. H. Aus einem 10-prozentigen Strompreisanstieg errechnet sich als Primäreffekt, ein Plus von 0,2303 v. H. Als Durchschnitt dieser beiden Prognosewerte ergibt sich 0,2325 v. H.

98 Anbieter, die innerhalb derselben Branche einem höheren Kostendruck durch ein und dieselbe Strompreiserhöhung ausgesetzt sind, gehen, verglichen mit ihren Konkurrenten, offenbar nicht so sparsam mit Strom um und haben es versäumt, ihr Energie-

ihn noch unbelastet von unilateralen Verzerrungen in ihre Endpreise weiterreichen.

Inwieweit das branchenweit ohne Wertschöpfungseinbußen gelingt, hängt dann allerdings stark von der Nachfrageelastizität ab (vgl. Abb. 14). Wenn die Stückkosten, ausgehend vom Marktgleichgewicht (x_0, p_0), um ΔK steigen, verschiebt sich die langfristige Angebotskurve um diesen Betrag von A_0 auf A_1 parallel nach oben; die bisherigen Anbieter versuchen diesen Anstieg zunächst komplett in die Preise abzuwälzen. Ein Preisanstieg in dieser Höhe führt jedoch – je nach Grad der Nachfrageelastizität, also Steilheit der Nachfragekurve – zu einem mehr oder weniger starken Nachfragerückgang, so dass die bisherige Menge x_0 nicht mehr abgesetzt werden kann. Bei geringer Nachfrageelastizität (obere Grafik) fällt der nach dem Versuch der vollständigen Kostenwälzung entstehende temporäre Angebotsüberhang gering aus und es kommt anschließend nur zu moderaten Preiszugeständnissen, um das neue Marktgleichgewicht bei (x_1, p_1) zu erreichen. Im Endeffekt sind die Preise wegen der starken Angewiesenheit der Verbraucher auf das Gut fast komplett um die Stückkostenwirkung angestiegen $(\Delta p \approx \Delta K)$, während sich die Absatzmengen kaum verändert haben. Die zu verteilende Wertschöpfung bleibt in etwa erhalten, die *Produzentenrente*[99], dargestellt als schraffierte Trapezfläche, ändert sich kaum. Auch die Verteilungsmasse der Unternehmen bleibt mehr oder weniger unangetastet. Diese Situation wird mikroökonomisch in unserem Preismodell zur Herleitung der Folgeeffekte unterstellt.

Problematischer ist jedoch die *Situation bei hoher Nachfrageelastizität* (untere Grafik), und zwar selbst dann, wenn der internationale Wettbewerb ausbleibt. Der Versuch der kompletten Kostenwälzung löst hier einen überproportional starken Nachfragerückgang aus, der zu einem hohen temporären Angebotsüberhang und zu entsprechend hohen Preiszugeständnissen führt. Am Ende steigen die Marktpreise nur geringfügig an $(\Delta p < \Delta K)$, während die Absatzmenge stark zurückgeht. Es kommt in der Branche zu hohen Verlusten an Produzentenrente (schraffierte Fläche) und auch an Wertschöpfung. Diese Verluste kommen einerseits zustande durch das Ausscheiden der am wenigsten effizien-

---

sparpotenzial auszuschöpfen. Insofern bestehen hier durchaus betriebswirtschaftliche Handlungsmöglichkeiten, um dem – bezogen auf die Branche – überdurchschnittlichen Druck auszuweichen, so dass sich hier kein politischer, sondern ein unternehmerischer Handlungsbedarf ergibt.

99 Dabei handelt es sich um Zusatzprofite, die daraus resultieren, dass sich der einheitliche Marktpreis an der Kostensituation des Grenzanbieters orientiert. Unternehmen, die günstiger produzieren, erhalten denselben Marktpreis, haben aber niedrigere Kosten.

ten Anbieter, die nach dem Anstieg der Kosten beim neuen Preis p_1 nicht mehr mithalten können. Durch ihr Ausscheiden geht der Teil der Produzentenrente verloren, der durch die schraffierte Dreieckfläche repräsentiert wird. Andererseits erleiden aber auch die im Markt noch verbliebenen Anbieter dadurch Verteilungseinbußen (schraffierte Rechteckfläche), dass sie die Wirkungen des Kostenanstiegs nicht voll weiterreichen konnten.

Je geringer mithin die Nachfrageelastizität bei gegebener Kostenwirkung ist, umso weniger Belastungen für die Wertschöpfung wären also in einer Branche zu befürchten.[100] Je stärker hingegen die Nachfrageelastizität ausfällt, umso problematischer wird eine gegebene Kostensteigerung für die Branche, selbst wenn die Auslandskonkurrenz schwach ist.

Vollends problematisch wird es, wenn sich eine Branche gegen starke *internationale Wettbewerber* behaupten muss, die nicht mit den unilateralen Folgekosten der Energiewende konfrontiert werden (vgl. Abb. 15). Hier ergeben sich selbst bei geringer Nachfrageelastizität noch erhebliche Verteilungsverluste.

Wenn die hiesigen Unternehmen gegenüber der Auslandskonkurrenz kostenseitige Wettbewerbsvorteile haben (obere Grafik), verläuft ihre Angebotskurve $A_{0,Inld.}$ für die überlegenen heimischen Unternehmen unterhalb der des Auslandes, das das Gut zum einheitlichen Preis p_A in beliebigem Umfang anbieten würde.[101] Bei der gegebenen Nachfragekurve resultiert als Marktgleichgewicht (x_0, p_0), wobei die komplette Nachfragemenge durch Inlandshersteller bedient wird, da p_0 unterhalb des Angebotspreises ausländischer Konkurrenten liegt. Kommt es nun zu einem Kostenanstieg in Höhe von ΔK, wird der mögliche Preisanstieg von vornherein auf die Höhe von p_A gedeckelt. Inländische

---

100 Genaugenommen spielt mikroökonomisch auch die Angebotselastizität eine Rolle, in der sich abbildet, wie abhängig die Anbieter vom Absatz auf dem betrachteten Markt und damit wie konzessionsbereit sie sind. Bei nicht horizontal verlaufender Angebotskurve käme am Ende bei vollkommener Konkurrenz auch ein Marktpreis zustande, dessen Anstieg kleiner als der Stückkostenanstieg bleibt. Für alle nach dem Ausscheiden der bisherigen Grenzanbieter verbliebenen Produzenten erweist sich der neue Marktpreis aber wieder als stückkosten- und damit auch den Stückkostenanstieg deckend. Wertschöpfung geht dann nur in dem Umfang verloren, wie ehemalige Grenzkostenanbieter ihre Produktion einstellen müssen. Dahinter verbirgt sich aber weniger das Problem einer ganzen Branche, sondern nur das Effizienzproblem der Grenzanbieter einer Branche.

101 Unterstellt wird eine im Vergleich zum heimischen Markt unendliche Angebotskapazität des Weltmarktes, auf dem sich wegen der großen Auslandskonkurrenz ein einheitlicher, deren Stückkosten deckender Preis, p_A, (inklusive Normalprofit) etabliert hat. Auslandsanbieter zu höheren Preisen haben von vornherein keine Chance auf dem Markt aktiv zu werden. Darunter bietet langfristig auch niemand an, weil die Stückkosten nicht gedeckt wären.

Erzeuger, die darüber hinausgehen wollten, werden komplett von Auslandsanbietern verdrängt. Die wirksame Gesamtangebotskurve wird dann nach dem Kostenanstieg bei Preisen unterhalb von p_A von $A_{1,Inld}$ geprägt und geht ab p_A in den horizontalen Ast über. Als neues Marktgleichgewicht etabliert sich (x_1, p_a). Dabei hat sich die Zusammensetzung des Absatzes geändert. Während zuvor die inländischen Produzenten den Markt alleine bedienten, beliefern sie ihn jetzt nur noch mit $x_{1,Inld}$. Die Differenz $(x_1 - x_{1,Inld})$ wird von ausländischen Produzenten befriedigt. Trotz der niedrigen Nachfrageelastizität erfolgt ein erheblicher Verlust an Produzentenrente (schraffierte Fläche) und an inländischer Wertschöpfung. Diese Verteilungswirkungen wären umso drastischer, je höher die Nachfrageelastizität ausfällt.

Sollte der internationale Wettbewerb noch härter sein, weil die heimischen Produzenten keinen Kostenvorteil (bzw. Qualitätsvorteile) genießen, verschärft sich die Verteilungsproblematik weiter (untere Grafik). Alle weltweit noch anbietenden Unternehmen sehen sich dann annahmegemäß mit denselben Kostenstrukturen konfrontiert und wären bereit, längerfristig zum stückkostendeckenden Preis (inklusive Normalprofit) $p_a = p_0$ anzubieten. Aufgrund der hohen globalen Kapazitäten verläuft dann die Angebotskurve A als Horizontale. Das Marktgleichgewicht pendelt sich bei (x_0, p_0) ein. Der Absatz wird dabei teils von heimischen (annahmegemäß im Umfang von $x_{0,Inld}$), teils von ausländischen Herstellern befriedigt. Steigen nun ausschließlich für deutsche Anbieter die Stückkosten um ΔK an und soll der Kostenanstieg in die Preise weitergereicht werden, schiebt sich die deutsche Angebotskurve aus der preislichen Wettbewerbsfähigkeit heraus. An die Stelle des übertreuerten deutschen Angebotes tritt komplett ausländisches Angebot. Der Verzicht auf die Weitergabe der Kosten hingegen gelingt längerfristig auch nicht, weil die Preise dann nicht mehr kostendeckend wären und die *Verluste* über kurz oder lang zur Produktionseinstellung führen. Angesichts des scharfen Wettbewerbs waren schon vor dem Kostenanstieg keine Zusatzprofite in Form einer Produzentenrente zu verteilen. Nach dem Kostenanstieg wird längerfristig zudem die Produktion wegbrechen, so dass es zu wesentlich weniger Wertschöpfung im Inland kommt. An die Stelle der heimischen Produktion tritt die des vom Kosteneffekt nicht beeinträchtigten Auslands.

Gerade bei starker ausländischer Konkurrenz im Preiswettbewerb ist daher – zugegebenermaßen im Gegensatz zu den Annahmen unseres Input-Output-Preismodells – davon auszugehen, dass höhere Kosten nur unvollständig oder gar nicht in die Preise abgewälzt werden können und dass sie mit einer Verringerung der Bruttowertschöpfung und damit mit einem Einbruch bei den

Gewinnen und den Arbeitnehmerentgelten einhergehen. Die *kostenseitige* Belastung wird so erst zu einer wirklich *wertschöpfungswirksamen Belastung* für die Branchen.

4.5.2. Grad des internationalen Wettbewerbs in den Branchen

Um zu ermitteln, welche Branchen mit Blick auf eine *wertschöpfungswirksame Belastung* besonders exponiert sind, folgen wir empirisch dem oben beschriebenen Ansatz im Zusammenhang mit dem »*Carbon Leakage*«. Betrachtet wird dabei nur die Problematik infolge des internationalen Wettbewerbs und nicht die aufgrund einer unter Umständen hohen Nachfrageelastizität.

Als Indikator für den Grad der internationalen Wettbewerbsfähigkeit dient die *Handelsintensität*, die im Detail unterschiedlich konstruiert werden kann.[102] Wir knüpfen an die Konstruktion im Zusammenhang mit dem »Carbon Leakage« an. Nach EU-Kommission (2009, Ziff. (5), L1/10) wird sie dort bestimmt »als das Verhältnis des Gesamtwertes der Ausfuhren [...] zuzüglich des Wertes der Einfuhren [...] zur Gesamtgröße des Binnenmarktes (jährlicher Umsatz plus Gesamteinfuhren).«

Im Kontext des ETS galt als regionale Abgrenzung für die bei der Berechnung der Handelsintensität anzuwendenden Branchenwerte die Ebene der EU, da dieser Wirtschaftsraum einseitig dem Kostendruck durch den CO_2-*Zertifikatehandel* ausgesetzt wird. Abweichend davon bietet es sich vor dem Hintergrund der national ausgerichteten Energiewende nun an, die Berechnung nur für das *deutsche Wirtschaftsgebiet* abzugrenzen.[103] Es fließen daher branchenweise Exporte von Deutschland in den Rest der Welt (auch in die EU), Importe aus derselben Gütergruppe von ausländischen Anbietern nach Deutschland (D) sowie die Umsätze der Branche in Deutschland in die Bestimmung des Indikators ein. Formal wird hier die Handelsintensität für eine Branche i wie folgt als Prozentsatz berechnet:

---

102 Beispielsweise kann für die Konstruktion eines solchen Indikators im Prinzip der Außenhandel mit den Gütern der Branche in Relation gesetzt werden zum nationalen Produktionswert zuzüglich der Importe. Statt des Produktionswertes (inklusive der Vorratsänderungen) kann auch nur der gesamte Umsatz der betrachteten Branche inklusive der Exporte oder nur der Branchenumsatz am Inlandsmarkt erfasst werden.

103 Vor diesem Hintergrund ist bei Untersuchungen zur wirksamen Belastung der deutschen Energiewende ein Rückgriff auf Befunde aus früheren ETS-Analysen unzulässig, wenn diese nicht den deutschen Wirtschaftsraum als Abgrenzung gewählt haben. Angesichts der Tatsache, dass es zum großen Teil gerade die Konkurrenten aus der EU sind, die von einer Wettbewerbsverzerrung profitieren könnten, wäre das Ausblenden der innergemeinschaftlichen Handelsintensität geradezu irreführend.

$$HI_i = \frac{\overbrace{\text{Exporte von i + Importe aus Gütergruppe von i nach D}}^{\text{Außenwirtschaftstransaktionen mit Gütern der Branche}}}{\underbrace{\text{Umsatz von i in D + Exporte von i + Importe aus Gütergruppe von i nach D}}_{\text{Umsatz am deutschen Markt (inkl. Exporte)}}} \cdot 100$$

Demnach wird die internationale Handelsintensität einer Branche als Anteil der außenwirtschaftlichen Transaktionen mit den Gütern einer Branche am gesamten Umsatz mit diesen Gütern am deutschen Markt (inklusive der von dort ausgehenden Exporte) gemessen.[104] Der Indikator ist so konstruiert, dass er – je nach Außenhandelsbedeutung – zwischen 0 v. H. und 100 v. H. liegt: Kommt es in dem einen Extremfall zu keinem Außenhandel bei den Gütern einer Branche, beläuft sich der Zähler auf 0 und damit die ausgewiesene Handelsintensität auf 0 v. H.. Werden hierzulande produzierte Güter im anderen Extremfall gar nicht an deutsche Nachfrager, sondern ausschließlich im Ausland verkauft, ist im Nenner der Posten »Umsatz von i in D« 0, so dass der Indikator den Wert 100 v. H. annimmt. Je höher also der Wert ausfällt, umso bedeutender sind bei gegebener Größe des Binnenmarktes die außenwirtschaftlichen Aktivitäten im import- und/oder im exportseitigen Wettbewerb.

Knapp die Hälfte aller deutschen Branchen weist nach der obigen Definition eine Handelsintensität von über 21 v. H. auf (vgl. Abb. 16). Im Durchschnitt über alle Wirtschaftszweige gilt, dass jeweils 100 EUR an Binnenmarktumsatz 31 EUR an Außenwirtschaftsverkehr mit Gütern dieses Wirtschaftszweiges gegenüberstehen. In der oberen Hälfte der am stärksten dem *internationalen Wettbewerb* ausgesetzten Sektoren befinden sich 23 aus dem Produzierenden Gewerbe, 10 aus dem Sekundären und 2 aus dem Primären Sektor.

In der Darstellung nimmt die Ausgesetztheit gegenüber der internationalen Konkurrenz am oberen Datenrand stark zu. Die 20 handelsintensivsten Sektoren weisen Kennziffern von über 57 v. H. aus. Abgesehen von den sechs Zweigen »Forschungs- und Entwicklungsleistungen«, »Fische, Fischerei- und

---

104 Vgl. zu dieser Vorgehensweise z. B. auch Graichen u. a. (2009), Neuhoff u. a. (2013, S. 20) und Buttermann/Baten (2013, S. 21). In den beiden zuletzt genannten Quellen wird im Nenner an Stelle des Umsatzes (national zuzüglich der Exporte) der Produktionswert eingesetzt. Dort werden also Vorratsänderungen mit erfasst. In unserer Rechnung gehen die Daten zur Wahrung der Einheitlichkeit zu Herstellungskosten ein. Die Daten für die Umsätze müssen aus den verfügbaren Informationen der Input-Output-Rechnung herausgerechnet werden. Dazu wurden die Bruttoproduktionswerte durch Abzug des Lageraufbaus, des Postens »Gütersteuern minus Gütersubventionen« und der »Firmeninternen Leistungen und Lieferungen« bereinigt. Die Daten zu den Importen von Gütern, die auch in der jeweiligen heimischen Branche erzeugt werden, wurden aus der Importmatrix der Input-Output-Rechnung auf cif-Basis ermittelt. Erneut wurden für jede Branche die Durchschnittswerte aus den Jahren 2008 und 2009 bestimmt.

Aquakultur«, »Kohle«, »Erze, Steine, Erden pp.«, »Schifffahrtsleistungen« sowie «Erdöl und Erdgas» rangieren unter diesen 20 handelsintensivsten Branchen nur Wirtschaftszweige aus dem *»Verarbeitenden Gewerbe«*, das in der unteren Beobachtungshälfte hingegen kaum vertreten ist. Der zum Produzierenden Gewerbe zählende Bereich der Wasserversorgung, der kostenseitig noch relativ hohe Belastungen aufwies, kann sich offenbar dem internationalen Wettbewerb entziehen. Das gilt weitgehend auch für viele Dienstleistungen, die in der Regel stark standortgebunden ausgerichtet sind.

4.6. Branchenspezifische Verteilungswirkungen erhöhter Strompreise

4.6.1. Zusammenhang zwischen Handelsintensität und Prognosequalität der Kostenwirkung

Das Ausmaß der Betroffenheit einzelner Wirtschaftszweige von Kostensteigerungen der Energiewende wird in besonderem Maße durch die Kombination von Kostenbelastung und Exponiertheit im internationalen Wettbewerb bestimmt. Vorrangig aus diesem Zusammenspiel bestimmt sich die *wertschöpfungs- und damit für die Unternehmen verteilungswirksame Kostenbelastung.*

Bei der Notwendigkeit, diese beiden Merkmale nun zusammenführen zu müssen, stößt unser Input-Output-Preismodell hinsichtlich der *indirekten Effekte* (nicht aber hinsichtlich der direkten Effekte) an seine methodischen Grenzen: Denn sollte sich eine Branche im starken internationalen Wettbewerb befinden, ist letztlich kaum eine Kostenwälzung möglich. Dann fehlt aber eine wichtige Grundannahme für die Berechnung der indirekten Effekte in der Preis- und Kostenbetrachtung, wobei sich dieses Problem systemisch in der Rechnung fortpflanzt, weil im Vorleistungsgeflecht alle Branchen indirekt mit allen anderen verbunden sind.

Branchenseitig betrachtet und damit herausgelöst aus dem Systemzusammenhang lassen sich die von uns prognostizierten Folgeeffekte für eine im Wettbewerb exponierte Branche *ohne Kostenwälzungsmöglichkeit* dann noch wie folgt lesen: wenn alle anderen nicht-brancheninternen Zulieferer in der Lage sind, ihren Kostenanstieg abzuwälzen, geht ein Strompreisanstieg in der betrachteten Branche eindeutig zu Lasten ihrer Wertschöpfung. Dann wird aus dem Kostenanstieg eine echte, verteilungswirksame Belastung. Aber in dem Fall werden die berechnete Größenordnung der Folgewirkung und damit die verteilungswirksame Belastung überschätzt. Denn die untersuchte Branche liefert sich selbst – und zwar normalerweise in großem Umfang – Vorleistungen zu. Für diese brancheninterne Vorleistungsverflechtung wurden die Folgewirkungen unter der dann nicht mehr haltbaren Annahme einer vollständigen eigendynamischen Fortpflanzung des Kostenimpulses über höhere Absatzpreise berechnet. Hinzu kommen indirekte Störungen der Modellrechnung: Dadurch, dass die betrachtete Branche wegen des internationalen Wettbewerbs ihre eigenen Preise nicht erhöht, entstehen in den anderen von ihr belieferten Wirtschaftszweigen keine indirekten, von der betrachteten Branche ausgehenden Kostenwirkungen. Dann fällt in den belieferten Sektoren die Preissteigerung geringer als prognostiziert aus, so dass die möglicherweise von dort ausgehenden verteilungswirksamen Rückwirkungen auf die Ausgangsbranche ebenfalls geringer als berechnet ausfallen. Auch dieser Aspekt läuft darauf hinaus, dass mit unserer Prognose der Folgeeffekte eine Überschätzung gerade für die im internationalen Wettbewerb stark exponierten Branchen erfolgt. Dieser Bias verschärft sich noch, je mehr unter den Zulieferern eines wettbewerbsintensiven Wirtschaftszweiges wiederum Branchen sind, die ihrerseits einer starken Auslandskonkurrenz ausgesetzt sind.

Die von uns prognostizierten Folgeeffekte sind damit jedoch nicht wertlos, sie verstehen sich aber als *maximale Grenzwerte*. Sie sind umso stärker überschätzt, je intensiver eine Branche selbst und/oder ihre Hauptzulieferer im internationalen Wettbewerb stehen.

Mit Blick auf die prognostizierten *Primäreffekte* bei den Vorleistungskosten und der Kostenwirkung auf Value-at-Stake-Basis allerdings stellt sich diese Problematik nicht. Diese Prognosen basieren nicht auf der Annahme einer Kostenwälzung. Sie sind damit weitaus zuverlässiger als die Projektionen für die Folgeeffekte.

Als Fazit dieser *selbstkritischen Auseinandersetzung* mit der gewählten Methodik lässt sich auf der einen Seite festhalten, dass – abgesehen vom Problem der hohen Nachfrageelastizität – besonders bei starker internationaler Wettbewerbsintensität verteilungswirksame Belastungen für eine Branche entstehen. Diese fallen höher als die vorhergesagten Primäreffekte aus, aber sie sind wegen der Überschätzungstendenz bei den Folgeeffekten in der Regel niedriger als die von uns ausgewiesenen Gesamteffekte. Zur Bestimmung, um wie viel sie in der Realität niedriger ausfallen, fehlt eine empirische Basis. Hierzu müsste letztlich das Input-Output-Modell gekoppelt werden mit einem empirisch fundierten Modell der Kostenwälzungsmöglichkeiten der Branchen. Es bedarf an dieser Stelle schlichtweg einer aus pragmatischen Gründen hier nicht zu leistenden Weiterentwicklung in der *Grundlagenforschung* der Input-Output-Theorie.

Auf der anderen Seite gilt, je geringer die globale Wettbewerbsintensität, umso realistischer sind auch unsere geschätzten Folgewirkungen, wenngleich auch sie eventuell indirekt beeinträchtigt werden durch Überschätzungen der Kostenwälzung von im Wettbewerb stehenden Zulieferern. Infolgedessen sind die Primärwirkungen auch hier recht zuverlässig geschätzt, die Gesamtwirkungen hingegen ebenfalls überschätzt, aber nicht in dem Ausmaß wie zuvor. Zugleich gilt aber für diese Branchen, dass die kostenseitigen Belastungswirkungen – ebenfalls abgesehen vom nicht näher untersuchten Problem einer hohen Nachfrageelastizität – keine oder allenfalls eine geringe wirksame Belastung in der Wertschöpfungsverteilung darstellen.

4.6.2. Empirische Befunde zur Verteilungswirkung erhöhter Strompreise

Werden die Merkmale *Handelsintensität* und *Kosteneffekte auf Value-at-Stake-Basis* zum Zweck der Beurteilung der branchenspezifischen Verteilungswirkung erhöhter Strompreise zusammengeführt, ergeben sich die in den Abb. 17 bis Abb. 19 gezeigten Ergebnisse. Da im Vorfeld keine objektiven kritischen Schwellenwerte für beide Merkmale festgelegt werden konnten, wird zur Fokussierung auf die besonders belasteten Branchen als Referenz der Durchschnitt beider Merkmale über alle Branchen hinweg gewählt.[105] Im ungewichteten Mittel weisen die Wirtschaftszweige im Beobachtungszeitraum 2008 und 2009 eine Handelsintensität von 31,0 v. H., eine primäre Kostenbelastung von 0,34 v. H. in Relation zur Wertschöpfung und eine Gesamtkostenbelastung von 0,75 v. H. in Relation zur Wertschöpfung auf. In den ersten beiden Abbildungen wurden nur solche Branchen herausgefiltert, die entweder eine überdurchschnittlich hohe Handelsintensität oder eine überdurchschnittliche Kostenbelastung oder beides haben. Die eingezeichneten roten Linien erfassen dabei zur Orientierung diese Referenzwerte.

Bezogen auf die noch recht zuverlässig abzuschätzende direkte Kostenwirkung auf Value-at-Stake-Basis verdeutlicht Abb. 17, dass erstens mit der *Wasser- und der Gasversorgungsbranche* zwei Sektoren existieren, die kostenseitig

---

[105] Genaugenommen wird bei beiden Merkmalen der ungewichtete arithmetische Mittelwert über die Durchschnittswerte für die Jahre 2008 und 2009 für alle Branchen gewählt. Es fließen dabei aus o. g. Gründen in die Mittelwertbildung nicht die Werte der Wirtschaftszweige »Elektrischer Strom, Dienstleistungen der Elektrizitäts-, Wärme- und Kälteversorgung« und »Waren und Dienstleistungen privater Haushalte ohne ausgeprägten Schwerpunkt« ein. Denkbar wären für die Bewertung sicherlich auch andere Referenzwerte, sie würden aber an der entscheidenden relativen Lage der einzelnen Branchen in den Diagrammen nichts ändern. Lediglich die roten Bezugslinien wären verschoben.

(in Relation zur Wertschöpfung) zwar überdurchschnittlich stark von einem Strompreisanstieg betroffen sind. Zugleich weisen sie aber auch eine ausgesprochen geringe Handelsintensität aus, wobei zumindest hinsichtlich der Wasserversorgung auch noch eine starke Regulierung vorliegt. Ohne dies mit Daten unterlegen zu können, ist bei beiden Branchen überdies von einer geringen Nachfrageelastizität auszugehen, handelt es sich doch bei den von ihnen bereitgestellten Gütern um Güter der Daseinsvorsorge. Insofern dürfte für diese beiden Branchen aus einem Strompreisanstieg keine ernsthafte Verteilungseinbuße zu erwarten sein, da Kostensteigerungen relativ verteilungsneutral in die Endpreise weitergewälzt werden können.[106] Auch *Gießereien* weisen eine vergleichsweise hohe Kostenbelastung auf, ohne in einem intensiven internationalen Wettbewerb zu stehen.

Zweitens befindet sich unter den kostenseitig überdurchschnittlich stark belasteten Sektoren zumindest mit dem Wirtschaftszweig *»Keramik, bearb. Steine u. Erden«* eine Einheit, die nur eine leicht überdurchschnittliche internationale Handelsintensität aufweist und erst dadurch in den Fokus rückt.

Drittens sehen sich gleich mehrere Wirtschaftszweige mit einer überdurchschnittlichen internationalen Wettbewerbsintensität konfrontiert, ohne jedoch unmittelbar von einer Strompreiserhöhung überdurchschnittlich betroffen zu sein. Dabei gilt in der Wertung, je höher die Handelsintensität, umso schmerzhafter ist eine gegebene Kostenwirkung. Das Argument trifft im Grenzbereich insbesondere die Hersteller von *»DV-Geräten, elektronischen Bauelementen pp.«*, aber auch die Anbieter in der Branche *»Erdöl und Erdgas«*.

Viertens befinden sich in dem rot unterlegten Rechteck *16 exponierte Branchen*, die, bezogen auf die unmittelbare Strompreiswirkung, überdurchschnittliche *Verteilungseinbußen* befürchten müssen, da sie einerseits mit überdurchschnittlichen Kostenwirkungen konfrontiert sind und andererseits die Lasten angesichts einer vergleichsweise hohen Wettbewerbsintensität kaum weiterreichen können. Es handelt sich dabei, abgesehen von *»Erze, Steine und Erden pp.«*, *»Kohle«, Landwirtschaft, Jagd und DL«*, um Branchen des *Verarbeitenden Gewerbes*. Je weiter im Diagramm eine Branche oben rechts positioniert ist, umso dramatischer verschlechtert sich ihre Verteilungsposition bei Strompreissteigerungen. Insofern stechen hier – solange man sich auf die unmittelbare Kostenwirkung

---

106 Dies bestätigt beispielsweise die jüngste Erhöhung der Wasserpreise durch das Unternehmen Gelsenwasser. Mit dem expliziten Verweis auf gestiegene Strompreise und Investitionsnotwendigkeiten konnte der Wasseranbieter vor der »Ständigen Schiedsstelle« im September 2013 eine ab Januar 2014 gültige, über 12-prozentige Erhöhung der Wasserpreise durchsetzen (vgl. Westfälische Nachrichten 17.09.2013).

einer Strompreiserhöhung konzentriert – als große *Verteilungsverlierer* die Branchen *»Erzeugung und erste Bearbeitung von Nichteisenmetallen«*, *»Roheisen, Stahl, pp.«*, *»Chemische Erzeugnisse«*, *»Kokerei und Mineralölerzeugnisse«* und *»Papier, Pappe und Waren«* heraus. Weniger exponiert, gleichwohl ebenfalls von Umverteilungen bedroht, sind die Branchen *»Textilien, Bekleidung pp.«*, *»Glas- und Glaswaren«* sowie *»Erze, Steine und Erden pp.«*. Mit Blick auf die primäre Kostenwirkung und die Handelsintensität scheint der Zweig *»Metallerzeugnisse«* unter den 16 herausstechenden Branchen noch am wenigsten belastet zu sein.

In Abb. 18 wurden zusätzlich zu den solide zu ermittelnden *Primärwirkungen* noch die von uns prognostizierten *Folgewirkungen beim Kosteneffekt* berücksichtigt. Dadurch wird die Kostenbelastung – nun als Gesamtkostenbelastung auf Value-at-Stake-Basis – ausgedrückt im Niveau gegenüber Abb. 17 heraufgesetzt. Die Niveaueffekte sind, wie schon zuvor erörtert, teilweise beachtlich, obwohl dies im Abbildungsvergleich durch die veränderte Skalierung kaum sichtbar wird. An der relativen Positionierung und der vorausgegangenen Bewertung ändert sich indessen wenig. Insbesondere sind mit Blick auf beide dargestellten Merkmale weiterhin die zuvor schon genannten 16 Branchen im rot unterlegten Bereich, der für überdurchschnittlich hohe Merkmalsausprägungen steht, beheimatet. Die Branche *»DV-Geräte, elektronische Bauelemente pp.«* bewegt sich weiterhin extern hart an der Grenze zu diesem Quadranten. Die Zweige *»Keramik, bearb. Steine und Erden«*, *»Metallerzeugnisse«*, *»Landwirtschaft, Jagd und DL«* sowie *»Kohle«* liegen zwar innerhalb des Fokus, aber dort auch nur knapp oberhalb der Eintrittsschwelle.

Abschließend soll in Abb. 19 auf die aus beiden Betrachtungen hervorgehenden identischen 16 Branchen, besonders die exponierten Branchen fokussiert werden, deren detailliertere Zusammensetzung der Tab. 10 entnommen werden kann. Hinsichtlich der Kostenwirkung auf Value-at-Stake-Basis liegen für jeden Sektor zwei Prognosewerte zu den Effekten eines 10-prozentigen Strompreisimpulses vor. Zum einen können wir mit den dunkel unterlegten linken Punkten vorhersagen, um wie viel EUR sich die Vorleistungskosten pro 100 EUR an eigener Wertschöpfung in direkter Reaktion auf die Strompreisanhebung erhöhen. Diese Prognosewerte sind vergleichsweise zuverlässig. Zum anderen liefern die hellen rechten Punkte einen Grenzwert zum maximalen Vorleistungskostenanstieg pro 100 EUR an Wertschöpfung, wenn man die indirekten Folgeeffekte mitberücksichtigt. Angesichts der methodischen Unsicherheit stellt die Spanne zwischen dem linken und rechten Punkt das maximal mögliche Belastungsspektrum für eine Branche dar. Für einzelne Branchen werden die mittelbaren Belastungswirkungen deutlich größer prognostiziert als die direkten Effekte durch höhere Strompreise. Im Durchschnitt resultiert bei den Werten zur Kostenbelastung in den 16 herausgehobenen Branchen etwas mehr als eine *Verdoppelung* gegenüber der reinen Primärwirkung. In der Branche *»Kraftwagen und -teile«* ergibt sich sogar eine Erhöhung mit dem Faktor 3,6, für *»Roheisen, Stahl, pp.«* beträgt er 3,3, für die *»Chemischen Erzeugnisse«* 2,6 und für *»Nahrung, Futtermittel, Getränke und Tabak«* liegt der Faktor bei 2,5.

In der Bewertung der Ergebnisse lässt sich die folgende Interpretation anhand des Beispiels der Hersteller von *»Nichteisen-Metallen und Halbzeug daraus (also Rohmaterialformen wie Bleche)«* machen: Steigen die Strompreise um 10 v. H., ergibt sich für diese Branche auf jeweils 100 EUR an eigener verteilbarer Wertschöpfung ein direkter Kostenanstieg von etwa 2 EUR. Hinzu kommen die indirekten Effekte, die daraus resultieren, dass sich auch die Produkte von Zulieferern der Branche erhöhen. Aufgrund methodischer Einschränkungen verstehen sich die Prognosen dieses Zusatzeffektes und damit der Gesamtwirkung aber nur als maximaler Grenzwert. Der Modellrechnung zufolge kämen zum berechneten direkten Kosteneffekt noch etwa maximal 1,90 EUR pro 100 EUR an eigener Wertschöpfung hinzu.

Alles in allem droht damit der Branche bei 10-Prozentpunkten an Strompreissteigerung der Verlust von mindestens 2, höchstens von rund 4 v. H. der eigenen Wertschöpfung, wenn es ihr nicht gelingt, den Kostenanstieg wertschöpfungsneutral auf die eigenen Abnehmer zu überwälzen.

Diese Überwälzung gestaltet sich umso schwerer, als die Branche im *starken internationalen Wettbewerb* steht. Sie weist eine Handelsintensität von gut 81 v. H. auf, d. h. das monetäre Volumen des Außenwirtschaftsverkehrs beläuft sich in dieser Branche auf weit über drei Viertel des hiesigen Umsatzes (inkl. des Umsatzes aus Exporten).

Die relativ zuverlässig zu ermittelnden *direkten Kosteneffekte* lassen sich nun in differenzierter Form für die zuvor beobachteten unterschiedlichen Preiskonstellationen hochrechnen (vgl. Kap. 2.2.5). So hatten wir zum Beispiel festgestellt, dass unsere *energieintensiven »Musterunternehmen«* im Jahr 2013 durch die Energiewende – je nach Stromsteuersituation und Gesamtverbrauch – einen Strompreisanstieg von 2 bis hin zu 40 v. H. zu bewältigen hatten. Dies bedeutet für ein Durchschnittsunternehmen der Branche *»Nichteisenmetalle und Halbzeug daraus«* einen *direkten Kosteneffekt* von 0,40 EUR bis hin zu 8,00 EUR pro 100 EUR an eigener Wertschöpfung. Das Ergebnis zeigt einerseits, wie sensibel die Rechnung auf die im Einzelfall tatsächlich zu verkraftenden Strompreiserhöhungen reagiert. Sie zeigt andererseits aber auch, dass *bisher* die direkte *Belastung energieintensiver Unternehmen* eher moderat ausfällt.

Ferner hatten wir für unsere energieintensiven Musterunternehmen gezeigt, dass durch ein Aufheben der »Besonderen Ausgleichsregelung« je nach Ausgangssituation Strompreissteigerungen von etwa 58 bis 86 v. H. drohen. Infolgedessen müsste in der Branche »*Nichteisenmetalle und Halbzeug daraus*« allein mit *direkten Kosteneffekten* von 11,60 bis hin zu 17,20 EUR je 100 EUR an Wertschöpfung gerechnet werden. Fielen alle *Privilegien weg*, drohten je 100 EUR an Wertschöpfung zusätzliche Belastungen von 12,60 bis hin zu 24,60 EUR. Hinzu kommen noch die *indirekten Effekte*.

Zwar reizt es nun, mit Hilfe unserer Prognose auch die *indirekte Wirkung* hochzurechnen. Dafür ist die Projektion jedoch nicht geeignet. Sie wurde aus dem gesamtwirtschaftlichen Input-Output-Verbund der Unternehmen unter der Annahme hergeleitet, dass *alle Unternehmen* mit demselben Preisanstieg konfrontiert werden. Das ist in den zuvor angestellten Betrachtungen von möglichen Strompreisveränderungen aber nicht der Fall: Wird die »Besondere Ausgleichsregelung« suspendiert, ändert das die Strompreise energieintensiver Unternehmen anders als die der zuvor schon nicht privilegierten Unternehmen. Insofern ist die Prognose der *indirekten Effekte* im Rahmen des Annahmekatalogs nur in der Lage aufzuzeigen, welche Branchen unter Berücksichtigung der indirekten Folgewirkungen am stärksten von einer allgemeinen, für alle prozentual gleichgroßen Strompreissteigerung betroffen wären, welche Branchen also relativ am sensibelsten auf höhere Strompreise reagieren.

Bei einem Abgleich der von uns als exponierte Branchen identifizierten Sektoren mit denen, die für 2014 einen Antrag auf Eingliederung in die »Besondere Ausgleichsregelung« gestellt haben (vgl. Tab. 11), fällt eine hohe Übereinstimmung auf. Explizit aufgeführt werden in der Tabelle die Hersteller von »*NE-Metallen*«, »*Roheisen, Stahl pp.*«, »*Chemischen Erzeugnissen*«, »*Papier*«, »*Zement*« (vertreten in der Branche »Keramik, bearbeitete Steine und Erden«), »*Holz*«, »*Ernährung*«, »*Textilien*«, »*Kunststoff und Gummi*«, »*Glas*« und die »*Metallerzeugung und Bearbeitung*«. Auf diese Branchen entfallen drei Viertel des privilegierten Gesamtverbrauchs. Nicht ausdrücklich aufgeführt sind in der Tabelle insbesondere »*Kokereien und Hersteller von Mineralölerzeugnissen*« sowie Produzenten von »*Kraftwagen und Kraftwagenteilen*«. Viele Anbieter aus diesen Branchen sind aber subsummiert unter »Sonstige«, wie ein Blick in die vom Bafa veröffentlichte Unternehmensliste für 2013 zeigt.[107] Die Antragsteller haben einen durchschnittlichen Jahresverbrauch pro Abnahmestelle von gut 34 GWh. Als

---

107 Interessanterweise befanden sich zumindest im Jahr 2013 die großen deutschen Automobilkonzerne nicht unter den privilegierten Unternehmen.

besonders stromintensiv erweisen sich die antragstellenden Unternehmen aus der »*Eisen- und Stahlproduktion*«, die »*Hersteller und Bearbeiter von Nichteisenmetallen*«, das »*Papiergewerbe*« und die »*Chemieindustrie*«. Ebenfalls stromintensiv sind die beantragenden Unternehmen aus dem Bereich des *Schienenbahnverkehrs*. Mit 167 GWh/a zählen sie zu den Einheiten mit dem zweithöchsten Strombezug pro Abnahmestelle. Gleichwohl gehören diese Unternehmen, die in der Wirtschaftszweiggliederung der Input-Output-Rechnung in die Branche »*Landverkehr und Transport in Rohrfernleitungen*« eingeordnet sind, nicht zu unseren exponierten Branchen, da sie dem *internationalen Wettbewerb* nicht überdurchschnittlich ausgesetzt sind.

Wenn die *exponierten Branchen* durch einen Wegfall bisheriger Entlastung oder durch neue allgemeine Strompreisbelastungen mit einer Verteuerung des Strombezugs konfrontiert werden, wären sie zweifellos im Unternehmenssektor große *Verlierer der Energiewende*. Bei ihnen machte sich die Kostenbelastung besonders stark bemerkbar und dies wäre umso problematischer, als die Unternehmen aufgrund des überdurchschnittlich hohen internationalen Wettbewerbsdrucks den Kostenanstieg kaum durch höhere Preise weiterreichen könnten. Nennenswerte *Einbußen bei der Wertschöpfung* wären die Folge. Konkret reduzierten sich durch die verringerte Verteilungsmasse die Gewinne, die Arbeitnehmerentgelte und die Abführungen an den Staat. Die Gefahr eines »Green Electricity Leakages« durch Verlagerung eines Teils der Produktion oder Produktionsverluste an das Ausland ist hier besonders hoch, so dass sich in der Tat eine besondere *Schutzwürdigkeit vor den Folgen der Energiewende* vermuten lässt.

4.7. Kritische Anmerkungen zu den Befunden

Bedenkenswert bei der vorausgehenden Identifikation der besonders schützenswerten Branchen sind allerdings folgende Aspekte:

Erstens fehlt es an einer objektiv »richtigen« Schwellenwertvorgabe für die beiden Merkmale. Es ist zwar objektiv richtig, dass die Branchen innerhalb des rot unterlegten Bereichs in Relation zu den anderen Wirtschaftszweigen bei beiden Merkmalen überdurchschnittlich stark betroffen sind. Ob mit dem Überschreiten beider Durchschnittswerte aber schon eine, *absolut gesehen, unhaltbare Situation* entsteht, kann nicht objektiv beurteilt werden. Es gilt lediglich die Feststellung, je weiter oben rechts eine Branche im Diagramm der Abb. 18 positioniert ist, umso problematischer ist ihre Lage infolge erhöhter Strompreise. Fraglich ist in diesem Zusammenhang auch, ob beide Indikatoren in der

Bewertung gleich wichtig sein sollten und ob der Indikator der Handelsintensität sich proportional zum internationalen Wettbewerbsdruck entwickelt. Möglicherweise wirkt sich ja eine steigende Handelsintensität exponentiell auf die Wettbewerbsintensität aus, so dass bereits aus einer leicht unterdurchschnittlichen Kostenwirkung eine inakzeptable wirksame Belastung wird. Diskutiert wird in der Literatur auch darüber, ob der vielfach angewandte Indikator der Handelsintensität wirklich geeignet ist, die internationale Wettbewerbsintensität von Branchen in einer Kennziffer widerzuspiegeln.[108]

Zweitens gilt die Einordnung nur unter den Vorbehalten der *Modellannahmen*. Dabei erweist sich die Problematik der Prognoseunsicherheit hinsichtlich der direkten Folgeeffekte bei der Ermittlung einer Belastungsrangordnung als nicht weniger virulent. Denn sowohl im Ranking nur nach dem Primäreffekt als auch im Ranking nach dem Gesamteffekt ergeben sich in der Lage der Branchen zueinander keine allzu großen Veränderungen; insbesondere befinden sich dieselben 16 Branchen innerhalb des jeweiligen roten, über dem Durchschnitt liegenden Problembereichs. Aber zu den Annahmen bei der Ermittlung beider Prognosewerte zählt auch, dass alle Unternehmen mit demselben *effektiven* Anstieg[109] des Strompreises infolge der Energiewende konfrontiert werden. Simuliert wird also eine Situation, in der alle Branchen *hinsichtlich weiterer Strompreissteigerungen gleichgestellt* wären und es keine spezifischen Vergünstigungen beim weiteren Anstieg gäbe.

Drittens zählt zu den Annahmen die Prämisse der *fehlenden Substitutionsmöglichkeit* von Inputs, da das Mengengerüst in den Input-Output-Verflechtungen als gegeben betrachtet wird. Tatsächlich werden Unternehmen aber versuchen, sich stark verteuernde Inputfaktoren zu ersetzen. Dies betrifft sowohl den Faktor Strom als auch solche Vorleistungen, die sich indirekt infolge des Strompreisanstiegs verteuern. Unternehmen haben also prinzipiell längerfristig die Möglichkeit, sich den hier berechneten Kostenwirkungen teilweise zu entziehen. Mit Blick auf den Strominput und die direkten Kosteneffekte setzt dies jedoch voraus, dass noch nicht alle Stromsparmaßnahmen ausgeschöpft wurden. Nach einer Untersuchung von Roland Berger verfügen Unternehmen, sogar selbst aus stromintensiven Branchen, noch über erhebliche Einsparpotenziale (Roland Berger, Strategy Consultants (2011)). Für die metallerzeugende Industrie wird von

---

108 Vgl. Neuhoff u. a. (2013) und Buttermann/Baten (2013).

109 Dabei geht es nur um den Anstieg. Weniger problematisch ist es, dass die Branchen unterschiedliche Niveaus bei den Strompreisen vorfinden. Dies ist in der Berechnung möglich und wird in der Ausgangssituation in den Inputkoeffizienten entsprechend berücksichtigt.

den Verfassern beispielsweise der aktuelle[110] Einsatz von Effizienztechnologien mit nur rund 50 v. H. beziffert. Für die Sparte der Grundstoffchemie wird ein Wert von rund 70 v. H., für die Papier- und Pappherstellung von ca. 52 v. H., bei der Verarbeitung von Erden und Steinen von 63 v. H. angegeben.

Vermutlich stellt der Chef des deutschen Textilunternehmens Trigema, Grupp (in DUH (2013, S. 29)), auf diesen Missstand ab, wenn er mit Blick auf das Wehklagen vieler Industrieller betont: »ein Unternehmen dürfe ›nicht so geführt werden, dass durch Mehrkosten aufgrund der EEG-Umlage Arbeitnehmer entlassen werden müssen‹ [...] Ein Unternehmer, der wegen des Strompreises Arbeitsplätze gefährde, ›müsse etwas falsch gemacht haben.‹«

In der politischen sinnvollen Reaktion auf hohe verteilungswirksame Belastungen ergibt sich an dieser Stelle der klassische Abwägungskonflikt bei der Gestaltung von Schutzmaßnahmen: wie weit sollte man die Kostenbelastung durchwirken lassen, damit über die dann angestoßenen Substitutions- und Einsparprozesse einerseits längerfristig die Ökologie profitiert und zugleich auch die Kostenbelastung wieder sinkt und andererseits kurzfristiger nicht die Gefahr des »Green Electricity Leakages« relevant wird.

Viertens wurde angesichts einer fehlenden empirischen Grundlage – Daten zur Höhe der Nachfrage liegen nicht vor, nur zum tatsächlichen Umsatz – die Problematik einer *hohen Nachfrageelastizität* nicht gewürdigt. Die theoretische Analyse hat jedoch gezeigt, dass Branchen selbst bei ausbleibendem internationalem Wettbewerb auch dann Verteilungsverluste erleiden, wenn sie bei Kostensteigerungen mit einer hohen Nachfrageelastizität konfrontiert sind.

Fünftens gelten die Befunde nur für den *Durchschnitt einer Branche*. Einzelne Unternehmen können ihr zwar angehören, aufgrund individueller Besonderheiten vom Branchenbefund aber abweichen. Neuhoff u. a. (2013, S. 20) kritisieren daher auch: »Die Strom- und Handelsintensitäten einzelner Unternehmen können sich vom Branchendurchschnitt stark unterscheiden.« Zur Betrachtung der wirklichen Belastung *eines Unternehmens* bedarf es mithin einer *Einzelfallprüfung*. Unsere Auswertung präsentiert insofern nur einen ersten Zugang zur Problematik in den Unternehmen.

Sechstens ist mit der Ermittlung von verteilungswirksamen Belastungen noch nichts über die Ursache des vorgegebenen *Strompreisimpulses* gesagt. Unsere Argumentation gilt generell für Strompreiserhöhungen, gleichgültig ob sie das Ergebnis der Energiewende sind oder vorrangig aus Oligopol-(Markt)macht der Unternehmen resultieren.

---

110 Die Angaben stammen aus dem Jahr 2011.

5. Energiewendeeinfluss auf die Energieversorger

Die Energiewende wirkt sich nicht nur direkt und indirekt auf die Unternehmen und privaten Haushalte als Stromnachfrager aus, sondern auch auf die *Energieversorgungsunternehmen (EVUs)* bzw. die *Elektrizitätsbranche* als Ganzes. In der Öffentlichkeit werden dabei insbesondere die EVUs für die Strompreiserhöhungen verantwortlich gemacht. Wie von uns im Kap. 2 aufgezeigt wurde, haben die EVUs aber nur etwa zur Hälfte den Strompreis und seine Veränderungen zu verantworten. Die andere Hälfte wird vom *Staat* administrativ festgelegt. So auch die viel gescholtene *EEG-Umlage*, die letztlich von den privaten Haushalten und den durch die Energiewende nicht-privilegierten Unternehmen zu tragen ist und deren Nutzen durch eine Subventionierung den *Ökokraftwerksbetreibern* von Solar-, Windkraft- und Biogasanlagen zufällt.

Überdies hat die differenzierte Untersuchung der Strompreisbelastung von privaten Haushalten gezeigt, dass die unmittelbaren Mehrausgaben für Strom auf Grund der Energiewende zumindest für einen Drei-Personen-Haushalt mit Durchschnittsverdienst nicht dramatisch sind (vgl. Kap. 3.2.4) bzw. die Belastungsgrenze (Elektrizitätsarmut) erst bei Niedriglohnhaushalten einsetzt, die aber oftmals auch ohne Energiewende als relativ arm einzustufen sind. In Anbetracht des nur geringen Anteils der Stromausgaben am Warenkorb eines privaten Haushalts in Höhe von 2,3 v.H. und einem durch die Energiewende verursachten Anstieg des Strompreises von 1998 bis 2013 um 47 v.H. konnte weiter gezeigt werden, dass die tatsächliche Mehrbelastung bei nur 1,1 v.H. (0,47 * 0,023 * 100) der Gesamtausgaben lag. Auch unter Berücksichtigung der *indirekten Preiseffekte* ist es durch die Energiewende nur zu einer maximalen Verteuerung des Warenkorbes von höchstens 3 v.H. bei den privaten Haushalten gekommen. Dies kann man kaum als dramatisch einstufen. Ebenso halten sich die differenziert zu betrachtenden Belastungen im stromnachfragenden Unternehmenssektor, wie ebenfalls zuvor ausführlich dargelegt, in verkraftbaren Größenordnungen.

Im Gegensatz dazu haben aber die *Liberalisierung der Elektrizitätsmärkte* ab 1998 und die danach erfolgten Nachregulierungen im Energiewirtschaftsgesetz von 2005 in der *Strombranche* selbst zu vielfältigen und nachhaltigen Veränderungsprozessen geführt. Über einen tiefgreifenden *Fusionsprozess* und eine *europäische Internationalisierungsstrategie* versuchten die großen am deutschen Markt agierenden EVUs, die sogenannten *Big-4 (E.ON, RWE, EnBW und Vattenfall)* von Anfang an, einen kurzzeitig aufkeimenden Wettbewerb zu verhindern.[111] Außerdem haben die »kleine« und die »beschleunigte« *Energiewende*, insbesondere mit dem jetzt endgültigen AKW-Ausstieg und dem in Folge sofortigen Abschalten von acht Atommeilern sowie dem seit 2009 forcierten Ausbau von Ökokraftwerken, gerade den Big-4 mächtig zugesetzt. Auch hier ist es insgesamt zu kräftigen *Umverteilungen* gekommen.

Bevor hierauf ausführlich eingegangen werden soll, sei aber zunächst noch, zum besseren Verständnis des Ganzen, auf *Grundsätzliches bei der Preisbestimmung* hingewiesen. Der (Netto-)Preis (P) einer jeden Ware, so auch beim Strom, setzt sich immer aus den *Stückkosten* (K/x) der Produktion i. w. S. sowie den *Stückgewinnen* ((G + Z + GR)/x) zusammen. Je höher hier die Auslastung und Produktivität ausfallen, umso niedriger sind die Stückkosten. Dabei werden die Stückkosten von den *Vorleistungskosten* (Materialaufwendungen, Abschreibungen auf den Kapitalstock, Energiekosten und sonstige Fremdleistungsaufwendungen) sowie den *Arbeitskosten* (Arbeitnehmereinkommen) gespeist. Im Stückgewinn (exakter dem Mehrwert je verkauftem Stück) sind hier nicht nur der *Gewinn i. e. S. (G)*, sondern auch die *Zinsen (Z)* für aufgenommenes Fremdkapital und die *Grundrenten* (GR) für Vermieter und Verpächter enthalten.

$$(1)\ P = \frac{K}{x} + \frac{G + Z + GR}{x} \ldots$$

$$(2)\ P = \frac{\textit{Vorleistungskosten} + \textit{Arbeitskosten}}{x} + \frac{G + Z + GR}{x}$$

---

111 Vgl. dazu ausführlich Bontrup/Marquardt (2011).

Somit kann, wie jeder andere Preis auch, der Strompreis bei abgesenkten Stückkosten und gleichzeitig unverändertem Stückgewinn zugunsten der Verbraucher sinken. Hierzu müssen dann aber, bei gleichbleibend unterstellter Auslastung der Kapazitäten und Produktivität, die *Vorleistungskosten* der Lieferanten und/oder die *Einkommen der Beschäftigten* (Arbeitskosten) gesenkt werden. In dem Fall wären die *Financiers der Strompreissenkungen* die *Lieferanten* und die *Beschäftigten*. Entweder begleichen sie dabei die Rechnung über Zugeständnisse bei den Entgelten und/oder pro Outputeinheit fallen die Kosten durch eine höhere Produktivität. Die *Kapitaleigner* (Besitzeinkommensempfänger) müssten sich nicht beteiligen.

Genauso gut könnten aber bei abgesenkten Strompreisen die *Stückgewinne* bei unveränderten Stückkosten sinken. Dann müssten jedoch die *Kapitaleigner* mit ihren Besitzeinkünften die Absenkung der Strompreise finanzieren: entweder die Eigner des eingesetzten Eigenkapitals (die Shareholder) mit weniger Gewinn und/oder die Fremdkapitalgeber sowie die Vermieter und Verpächter mit weniger Zins- sowie Miet- und Pachteinnahmen.

Die am Ende wirksamen Brutto-Preise und die absetzbaren Mengen von Unternehmen werden aber auch durch *staatliche Steuern und Abgaben* beeinflusst. Auch hier stellt sich die Frage, ob die Anbieter diese Belastungen jeweils über ihre Absatzpreise in den Markt bringen (abstoßen) können oder nicht. Ist dies nicht der Fall, geht das Nichtabwälzen der Steuern und Abgaben zu Lasten ihrer generierten Wertschöpfung, wobei sich dann auch hier sofort die Frage stellt, zu Lasten welcher Wertschöpfungsart?

Dieser gesamte grundsätzliche Preiskontext ist bei dem 1998 eingeleiteten *Liberalisierungsprozess* in der Elektrizitätsbranche von der Politik nie offen diskutiert worden. Man hat zwar mit Blick auf die Strompreise argumentiert, diese seien im internationalen Vergleich viel zu hoch und müssten deshalb durch *Wettbewerb* zum Vorteil der Stromnachfrager (insbesondere für die im internationalen Wettbewerb stehenden Unternehmen) gesenkt werden. Wer aber die Strompreissenkungen durch *Verteilungseinbußen* letztlich finanzieren soll, hat man politisch nicht auszusprechen gewagt.

Dabei ist es realiter aber nicht, wie von der Politik großspurig versprochen, zu Preissenkungen, sondern im Gegenteil zu insbesondere *staatlich administrierten* Strompreiserhöhungen gekommen. Die von den *EVUs zu verantwortenden Preissteigerungen* bei den privaten Haushalten hielten sich dagegen in Grenzen. Wie im Kap. 2 ausführlich aufgezeigt wurde, stiegen hier die *Herstellerpreise* beim Strom von 1998 bis 2013 um 10,9 v. H. und für Unternehmen mit mittlerer Stromintensität gingen im selben Zeitraum die Herstellungspreise für Strom um 16,8 v. H. zurück. Große Stromnachfrager bzw. *stromintensive Unternehmen* konnten dabei in der Vergangenheit am meisten von der Liberalisierung und der Energiewende profitieren, und zwar einerseits durch stark gefallene Großhandelspreise an der Strombörse und andererseits durch massive Entlastungen bei den unterschiedlichen ökologisch intendierten administrierten Preiskomponenten sowie außerdem bei den Netzentgelten und den Konzessionsabgaben.

Wie hat sich aber diese gesamte Entwicklung auf die *EVUs* ausgewirkt und zu welchen *Verteilungswirkungen* ist es hier gekommen? Um dies herauszufinden, ist die nachfolgende empirische Analyse erforderlich, die für die Elektrizitätsbranche als Ganzes und speziell, im Vergleich untereinander, für die Big-4 aufgezeigt werden soll. Dabei soll die Untersuchung der Branchensituation in der *»Elektrizitätswirtschaft«* auch vorab *mit der in der Gesamtwirtschaft* verglichen werden. Ziel ist es hier herauszufinden, ob die Strombranche als Ganzes gegenüber der Gesamtwirtschaft als wirtschaftlich privilegiert einzustufen ist und signifikant bessere Ergebnisse erzielt hat.

5.1. Wirtschaftliche Entwicklung in der Elektrizitätsbranche

Von der empirischen Seite ist hier zunächst einmal zu konstatieren, dass für die gesamte *Elektrizitätsbranche* vom Statistischen Bundesamt vergleichende wirtschaftliche Daten von 1998 bis 2011 vorliegen. Für die Jahre 2012 und 2013 ist dies leider noch nicht der Fall.[112] Bei der Interpretation der Zahlenangaben sind aber einige *methodische Restriktionen* zu berücksichtigen. Die Erhebungen des Statistischen Bundesamtes erstrecken sich auf alle Unternehmen in der Elektrizitäts-, Gas-, Fernwärme- und Wasserversorgung (über 200.000 m³). Von uns wurden dabei die Daten der Unternehmen mit dem Schwerpunkt *»Elektrizitätsversorgung«* ausgewertet. Dabei weist das Statistische Bundesamt ausdrücklich darauf hin, dass bei einem Teil der (Elektrizitäts-) Unternehmen (nicht bei allen!) Korrekturen vorgenommen wurden; und zwar dahingehend, dass die fachlichen Betriebsteile »Gas«, »Fernwärme« und »Wasser« anderen Versorgungsbereichen zugeordnet sind. Zudem werden Geschäftsaktivitäten mit erfasst, die nicht der Energie- oder Wasserversorgung dienen. Unberücksichtigt bleiben hingegen Zweigniederlassungen oder

---

112 Das Statistische Bundesamt veröffentlicht die Daten mit einem zweijährigen Time-lag. Die Daten für 2012 erschienen erst im Oktober 2014 und konnten deshalb hier bei Drucklegung des Buches nicht mehr berücksichtigt werden.

fachliche Unternehmensteile im Ausland. Mit anderen Worten: Da in der offiziellen Statistik Informationen zu Unternehmen mit *Schwerpunkt Elektrizitätsversorgung* – und somit teilweise das Nichtkerngeschäft – berücksichtigt werden, sind in unserer Analyse punktuelle Verzerrungen nicht ausgeschlossen.

Generell bleibt außerdem zu beachten, dass die über den Beobachtungszeitraum nachgezeichnete Branchenentwicklung nicht nur das Ergebnis der *Liberalisierung und der Energiewende* ist. Schließlich überlagern sich in den Daten mehrere Faktoren in ihrer Wirkung. Dazu zählen insbesondere *konjunkturelle Einflüsse, strukturelle Effekte* und deren langfristige Folgewirkungen in der Umgestaltung der Energiewirtschaft Ostdeutschlands sowie *technologische Entwicklungen*. Gleichzeitigkeit von Trends und Kausalität sind bekanntermaßen nicht dasselbe. Darüber hinaus machte sich die Liberalisierung oftmals schon in den Daten vor 1998 bemerkbar, da die Unternehmen die Marktöffnung teilweise antizipiert haben und dem Management bei der *Umstrukturierung der EVUs* als »Begründungsmaske« gegenüber der Politik und besonders gegenüber den Beschäftigten und ihren Mitbestimmungsvertretern dienten.

Die vergleichende Wirtschaftlichkeitsanalyse mit der Gesamtwirtschaft erfolgt auf Basis von Daten, welche die Deutsche Bundesbank im Rahmen ihrer auf mehr als 130.000 Bilanz-Einzelabschlüssen basierenden und repräsentativ hochgerechneten Unternehmensabschlussstatistik veröffentlicht. Die Daten ermöglichen einen Gesamteinblick in die *Vermögens-, Finanz- und Ertragsverhältnisse der Unternehmen*. Leider ist dabei aber wegen eines Strukturbruchs in der methodischen Erfassung[113] nur ein Zeitvergleich von 2006 bis 2011 möglich, während Daten für die Elektrizitätswirtschaft, wie oben bereits erwähnt, von 1998 bis 2011 vorliegen. Im Hinblick auf die Gewinnentwicklung aller Unternehmen decken sich hier die Befunde mit einer jüngst vorgelegten Untersuchung des Deutschen Instituts für Wirtschaftsforschung (DIW).[114]

Der für die *Gesamtwirtschaft* von 2006 bis 2011 ausgewiesene *Umsatz* der Unternehmen zeigt insgesamt zunächst einmal eine Steigerungsrate von 20,0 v. H. Mit 20,4 v. H. stieg die *Gesamtleistung*, der Bruttoproduktionswert, unter Berücksichtigung von Bestandsveränderungen und aktivierten Eigenleistungen in etwa gleich stark an.

---

113 Vgl. dazu ausführlich den Monatsbericht 12/2011 der Deutschen Bundesbank, S. 34-35.

114 Vgl. Buslei (2014).

Hierbei sind die *übrigen Unternehmenserträge*[115] als außerordentliches Ergebnis im Bruttoproduktionswert als unternehmerisch veranlasste Geschäfte verrechnet worden. Der *Materialaufwand* stieg im Beobachtungszeitraum mit 25,0 v. H. stärker als die Gesamtleistung, so dass der *Rohertrag* nur um 13,3 v. H. zulegte und die *Rohertragsquote* (Rohertrag bezogen auf die Gesamtleistung) um 2,3 Prozentpunkte abnahm. Werden vom Rohertrag die sonstigen Aufwendungen[116] abgezogen, so erhält man die *Bruttowertschöpfung*, die von 2006 bis 2011 in den Unternehmen um 11,5 v. H. zulegte. Unter Berücksichtigung der *Abschreibungen* auf Sachanlagen und immaterielle Vermögensgegenstände des Anlagevermögens sowie steuerlich begünstigter Sonderabschreibungen und Absetzungen für außerplanmäßige Abschreibungen stieg in der Gesamtwirtschaft die *Nettowertschöpfung* um 12,7 v. H. Dennoch ging die *Nettowertschöpfungsquote* (Nettowertschöpfung zu Bruttoproduktionswert) um 1,4 Prozentpunkte zurück.

Die Zunahme des *Personalaufwands*[117] als größte Wertschöpfungsart fiel mit 11,4 v. H. etwas geringer als der Anstieg der Nettowertschöpfung aus, was den leichten Rückgang der *Lohnquote* von 69,9 auf 69,1 v. H., um 0,8 Prozentpunkte

---

115 Dazu zählen die Zinserträge sowie die Erträge aus Beteiligungen, aus der Auflösung von Rückstellungen und des Sonderpostens mit Rücklageanteil sowie aus Abgängen und Zuschreibungen beim Anlagevermögen. Darüber hinaus sind in dieser Position Erträge aus der Stilllegung von Betriebsteilen sowie aus dem Verkauf bedeutender Grundstücke und Beteiligungen enthalten. Erträge aus Gewinnübernahmen und Aufwendungen aus Verlustübernahmen von Muttergesellschaften sowie Verlust- und Gewinnabführungen von Tochtergesellschaften werden in die übrigen Erträge beziehungsweise in die übrigen Aufwendungen nicht eingerechnet. Damit werden die für die Analyse störenden Einflüsse aus Ergebnisverrechnungen zwischen Konzernteilen bei der Ermittlung des Jahresergebnisses ausgeblendet.

116 In den sonstigen Aufwendungen werden alle Vorleistungen verbucht, die nicht im Aufwand für Material und Abschreibungen enthalten sind. Auch werden hier Verluste aus dem Abgang des Anlage- und Umlaufvermögens und aus Einstellungen in den Sonderposten mit Rücklagenanteil sowie Mieten, Pachten, Werbe-, Reise- und Forschungsaufwendungen erfasst. Aufwendungen aus Verlustübernahmen und Gewinnabführungen sind in dieser GuV-Position nicht enthalten.

117 Zum Personalaufwand werden neben den Löhnen und Gehältern inkl. der gesetzlichen Sozialversicherungsbeiträge sowie freiwillig gewährten Sozialleistungen auch die Zuführungen zu Pensionsrückstellungen gerechnet. Ebenso erfolgt hier eine Verbuchung der Personalaufwendungen für die angestellten Vorstände und Geschäftsführer in Kapitalgesellschaften und Genossenschaften, während der Personalaufwand bei Personengesellschaften und Einzelkaufleuten, soweit diese von den Inhabern oder Gesellschaftern selbst geführt werden, keinen Aufwand darstellt, sondern als kalkulatorischer Unternehmerlohn im Jahresergebnis (Gewinn) enthalten ist.

erklärt. Dafür stieg die *Mehrwertquote* um 1,5 Prozentpunkte, wovon 0,8 Prozentpunkte auf die *Gewinnquote* und 0,7 Prozentpunkte auf die *Zinsquote* entfielen. In der Mehrwertquote können leider nicht die *Miet- und Pachtaufwendungen* als Wertschöpfung gezeigt werden. Hier erfolgt kein expliziter statistischer Ausweis in den sonstigen Aufwendungen. Mieten und Pachten implizieren auf Grund ihres Doppelcharakters, wie Zinsen und Personalaufwendungen, sowohl Kosten als auch Erträge. Die Wertschöpfung wird daher hier auf Basis der vorliegenden Daten der Deutschen Bundesbank in Höhe der Miet- und Pachtaufwendungen zu niedrig ausgewiesen. Dadurch kommt es in Folge auch zu einem leicht verfälschten Ausweis der Mehrwertquoten.

Auch zur Wertschöpfung werden aus den *Ertragssteuern auf Gewinn* die dem Staat zufließenden *Betriebssteuern* (wie Verbrauchs-, Kraftfahrzeug-, Grund- und Grunderwerbsteuer) gerechnet. Die in den Unternehmen zum Einsatz kommenden und mit Verbrauchssteuern (wie z. B. beim Heizöl oder Benzin) belasteten Betriebsstoffe sind dagegen im verrechneten Materialaufwand und damit in den Vorleistungen enthalten. Die *Staatsquote* (Betriebssteuern zu Nettowertschöpfung) vor Ertragssteuern auf Gewinn ging in diesem Kontext um 0,6 Prozentpunkte von 2006 bis 2011 zurück.

Neben den absoluten und relativen Wertschöpfungswerten weisen die *Rentabilitätskennziffern* in der Gesamtwirtschaft von 2006 bis 2011 die folgenden Werte aus: Bei einem starken Rückgang des *Eigenkapitalumschlags* (Umsatz zu Eigenkapital) von der Relation 8,5 auf 5,6 ging auf Grund eines nur marginalen Rückgangs der *Umsatzrendite* (Gewinn zu Umsatz) die *Eigenkapitalrentabilität* (Gewinn zum eingesetzten Eigenkapital) stark von 38,4 auf 24,7 v. H. zurück.[118] Dabei war die Verringerung des Eigenkapitalumschlags einem Anstieg des Eigenkapitals um fast 83 v. H. und einem nur wesentlich geringeren Anstieg des Umsatzes um 20 v. H. geschuldet. Der vermehrte Eigenkapitaleinsatz führte in Relation zum zusätzlichen Fremdkapitaleinsatz (55,9 v. H.) auch zu einem Anstieg der *Eigenkapitalquote* (Eigenkapital zu Gesamtkapital) von 24,3 auf 27,4 v. H. Bezieht man den realisierten Gewinn und den Zinsaufwand auf den gesamten Kapitaleinsatz, so zeigt auch die *Gesamtkapitalrendite* im Beobachtungszeitraum von 2006 bis 2011 einen Rückgang von 11,7 um 3,1 Prozentpunkte auf 8,6 v. H.

---

118 Bei den in der Gesamtwirtschaft vorliegenden hohen Eigenkapitalrenditen zeigt sich übrigens die häufig anzutreffende Naivität, Forderungen nach Eigenkapitalrenditen in Höhe von 25 v. H., wie beispielsweise vom ehemaligen Vorstandssprecher der Deutschen Bank, Ackermann, erhoben, seien ökonomisch völlig unrealistisch und außerdem moralisch verwerflich.

Vergleicht man die Daten mit den *Branchenwerten der Elektrizitätsversorgung bzw. der Elektrizitätswirtschaft*, so muss schon an dieser Stelle darauf hingewiesen werden, dass im Vergleich *Rentabilitätskennziffern* nicht ermittelt werden können, weil das Statistische Bundesamt keine branchenbezogenen *Eigen- und Fremdkapitaldaten* ausweist. Die einzige errechenbare Rentabilitätsgröße ist hier die *Umsatzrendite*. Dafür können aber bei der branchenbezogenen Betrachtung der Elektrizitätswirtschaft im Folgenden die *Arbeitsproduktivität* und auch die *Lohnstückkostenentwicklung* berechnet und dargelegt werden, was mit den Daten der Deutschen Bundesbank für die Gesamtwirtschaft wiederum wegen nicht ausgewiesener Beschäftigungszahlen und Arbeitszeiten nicht möglich ist.

Zunächst einmal zeigen die Daten des Statistischen Bundesamtes, bezogen auf die Elektrizitätswirtschaft, dass sich die Zahl der EVUs ab 1998, dem Jahr der einsetzenden *Liberalisierung*, von 1.229 auf 919 EVUs im Jahre 2001 stark verringerte. Dies erklärt sich überwiegend aus einem *Abbau von Überkapazitäten*, verbunden mit Betriebsschließungen, und aus dem *Fusionsprozess* der großen Verbundmonopolisten sowie aus vielen Fusionen von Stadtwerken. Danach kam es sukzessive wieder zu einem Zuwachs; bis 2011 auf 1.240 EVUs. Man kann also, was die Unternehmenszahl anbelangt, von einer *Stagnation* über den gesamten Liberalisierungsprozess und die bis heute vollzogenen Energiewende sprechen. Dass es dabei ab 2002 wieder zu mehr Unternehmen am Elektrizitätsmarkt gekommen ist, dürfte erstens an den vielen *Stromvertriebsgesellschaften* und Stromhändlern liegen, die sich seitdem am Markt etablierten, und zweitens auch auf das *»Legal Unbundling«* zurückzuführen sein. Außerdem hat es seit 2005 im Rahmen einer *Rekommunalisierung* 72 Stadtwerke-Neugründungen gegeben.[119]

Stagnierte die Anzahl der EVUs, so ging aber die *Zahl der Beschäftigten* von 1998 bis 2011 von 251.709 auf 196.303 drastisch um 22 v. H. zurück. Fast jeder *vierte Arbeitsplatz* wurde demnach in der Elektrizitätswirtschaft abgebaut. Dadurch sank auch die durchschnittliche Zahl der Beschäftigten in einem EVU von 205 auf 158 Beschäftigte, um 22,7 v. H. Die durchschnittlich nur geringe Zahl der Beschäftigten in einem Unternehmen zeigt dabei die insgesamt *kleinteilige, aber zugleich auch recht heterogene Angebotsstruktur der Energiewirtschaft*, die von den »Big-4« über große und kleine Stadtwerke mit und ohne eigene Kraftwerke (viele Stadtwerke haben dabei weniger als 20 Beschäftigte) bis zu kleinsten reinen Stromhändlern als Elektrizitätsunternehmen reicht.

---

119 Vgl. Wuppertal Institut für Klima, Umwelt, Energie, Stadtwerke-Neugründungen und Rekommunalisierungen, Energieversorgung in kommunaler Verantwortung, Wuppertal 2013.

Zur Bestimmung der *personellen Kapazität* ist aber eine reine Analyse der *Beschäftigtenzahlen* nicht ausreichend, sondern auch die *Arbeitszeit* spielt hier eine entscheidende Rolle. So bemisst sich das Arbeitsvolumen (AV) aus der Zahl der Beschäftigten (B) multipliziert mit der durchschnittlichen Arbeitszeit je Beschäftigtem (AZ_B).

$$AV = B * AZ_B$$

Fast deckungsgleich zu den Beschäftigtenzahlen ging dabei von 1998 bis 2011 auch das *Arbeitsvolumen* in der Elektrizitätsbranche von 389,7 auf 298,1 Mio. Stunden, um 23,5 v. H., zurück, so dass sich die durchschnittliche Jahresarbeitszeit je Beschäftigtem nur leicht um 1,9 v. H. (von 1.548 auf 1.519 Stunden) verringerte. Bei unterstellten 44 Arbeitswochen im Jahr betrug somit die durchschnittliche Wochenarbeitszeit gut 35 Stunden.

Durch den starken Rückgang der Beschäftigung und des Arbeitsvolumens sowie den gleichzeitigen Anstieg der Gesamtleistung konnte die *Arbeitsproduktivität* in der Strombranche von 1998 bis 2011 gigantisch gesteigert werden. Bezogen auf die erbrachte *Gesamtleistung*, den Bruttoproduktionswert, hat sich im Beobachtungszeitraum die Produktivität im Hinblick auf die Beschäftigtenzahl um 482,2 v. H. und je geleisteter Arbeitsstunde um 493,4 v. H. erhöht. Selbst bezogen auf die *Branchenwertschöpfung* und das erbrachte Arbeitsvolumen, also unter Herausfiltern aller Vorleistungsarbeiten, stieg die Arbeitsproduktivität in der Elektrizitätswirtschaft um 110,6 v. H.

Um die Zahl der Beschäftigten von 1998 zu halten und nicht, wie geschehen, die Beschäftigung abzubauen, wäre vor dem Hintergrund der Produktivitätsentwicklung eine *kollektive Arbeitszeitverkürzung* auf 1.185 Jahresstunden pro Beschäftigtem notwendig gewesen. Dies hätte einer 27-Stunden-Woche und damit einer Arbeitszeitverkürzung um 8-Wochen-Stunden oder um 22,9 v. H. entsprochen. Eine solche Arbeitszeitverkürzung wäre zur *Beschäftigungssicherung*, vor dem Hintergrund der reichlich vorhandenen Gewinnmasse, ohne Probleme möglich gewesen. Keiner in der Elektrizitätswirtschaft hätte seinen Arbeitsplatz verlieren müssen. Die dazu notwendige *Arbeitszeitverkürzung bei vollem Lohnausgleich* in Höhe von 8 Stunden pro Woche multipliziert mit der Jahreszahl von 44 Arbeitswochen ergibt eine zu bezahlende Ausfallzeit je Beschäftigtem von 352 Stunden im Jahr. Bei einem Stundensatz von 48,85 EUR (Arbeitnehmerentgelt inkl. Arbeitgeberanteil zur Sozialversicherung), bezogen auf das Jahr 2011, hätte sich hier maximal ein zusätzlicher Personalaufwand in Höhe von knapp 4,3 Mrd. EUR ergeben. Da der Branchengewinn 2011 bei fast

13 Mrd. EUR lag, wäre die Arbeitszeitverkürzung bei vollem Lohnausgleich ohne weiteres aus den Gewinnen zu finanzieren gewesen. Die *Gewinnquote* hätte sich ceteris paribus von 37,9 auf 25,1 v. H. verringert, eine immer noch mehr als komfortable Gewinnausbeute, bezogen auf die Wertschöpfung (siehe dazu weiter unten).

Auf Grund der enormen *Produktivitätserhöhungen* von 1998 bis 2011 wäre in der Elektrizitätswirtschaft auch ein überproportional großer *Preissenkungsspielraum* möglich gewesen. Die Preise sind aber, wie im Kap. 2.2.1 aufgezeigt, von 1998 bis 2011 entgegen jeglicher (idealtypischer) *Wettbewerbslogik* nicht gesunken, sondern gestiegen; und zwar für private Haushalte um 67,9 v. H. und für Unternehmen mit mittlerer Stromintensität um 59,2 v. H. Hierbei ist jedoch, wie auch aufgezeigt wurde, zu beachten, dass der *Stromherstellungspreis*, und nur dieser ist von den EVUs zu verantworten, bei den Endpreisen für private Haushalte von 1998 bis 2011 lediglich um 10,9 v. H. gestiegen und für Unternehmen mit mittlerer Stromintensität die Stromherstellungspreise um 16,8 v. H. gesunken ist. Dieser Rückgang liegt aber weit unterhalb der *realisierten Produktivitätssteigerungen*.

Im Ergebnis bedeutet dieser Tatbestand, dass bis 2011 trotz mit der Liberalisierung angekündigter Wettbewerbseffekte *keine wirkliche Wettbewerbssituation in der Strombranche* gegeben war. Die erzielten Preise und realisierten Strommengen erlaubten zumindest bis dahin *große Gewinnvolumina*, selbst wenn das Volumen im Jahr 2011 zum Vorjahr (21,6 Mrd. EUR) auf »nur« noch gut 12,8 Mrd. EUR gesunken ist. Im Jahr 1998, zu Beginn der Liberalisierung, lagen die Gewinne noch bei 4,5 Mrd. EUR. Bis 2011 kam es demnach unter zyklischen Schwankungen, trotz Liberalisierung und Energiewende, zu einem *Gewinnanstieg um 184 v. H.*

Betrachtet man die *Marktseite*, so stieg in der Elektrizitätswirtschaft von 1998 bis 2011 der *Umsatz* (Preise mal Strommengen) von 91,2 auf 416,1 Mrd. EUR, um 356,2 v. H. Dieser enorme Zuwachs zeigt sich auch in der *Gesamtleistung* unter Berücksichtigung von Bestandsveränderungen und aktivierten Eigenleistungen in einer fast gleichen Größenordnung von 354,0 v. H. Diese extreme Marktexpansion hat ihre Ursachen zum einen in der *Internationalisierungsstrategie der »Big-4.«* Gerade E.ON und RWE haben sich in der EU im Zuge des intendierten *Europäischen Energiebinnenmarktes* zusätzliche Märkte und Marktanteile gekauft. Hinzu kommen zum anderen als Erklärung noch das Erschließen neuer Absatzmärkte bei Energiedienstleistungen und Preissteigerungen. Auffallend vor dem Hintergrund der Umsatzsteigerung ist dabei allerdings auch der noch wesentlich höhere *Materialeinsatz*, der um 615,3 v. H. zulegte.

5. ENERGIEWENDEEINFLUSS AUF DIE ENERGIEVERSORGER

Diese überaus starke Disproportion zwischen Umsatz und Materialaufwendungen ist überwiegend auf *gestiegene Brennstoffpreise* für Kohle und Gas zurückzuführen. Jedenfalls stieg der Anteil des Materialeinsatzes an der Gesamtleistung von 49,4 v. H. (in 1998) auf 77,8 v. H. (in 2011) und damit um 28,4 Prozentpunkte.

Damit konnten die EVUs die Verteuerung und den Mengeneinsatz an Brennstoffen, bei wesentlich erhöhter *Materialintensität* (Materialaufwand zu Gesamtleistung), offensichtlich nicht voll über die Stromherstellungspreise abwälzen.

Der *Rohertrag* als die erste grobe Erfolgsgröße der EVUs stieg deshalb in Relation zur Gesamtleistung und im Vergleich zum Umsatzzuwachs auch »nur« um 99,3 v. H. Die *Rohertragsquote* ging in Folge stark von 50,6 auf 22,2 v. H., um 28,4 Prozentpunkte, in Höhe des Anstiegs der Materialintensität zurück.

Im Gegensatz zum Materialaufwand und Umsatz legten die sonstigen von Lieferanten bezogenen *Vorleistungen* von 1998 bis 2011 nicht so stark zu. Trotzdem war das Wachstum auch hier mit 266,5 v. H. sehr hoch. Dafür gingen als Vorleistungskostenart aber die *Abschreibungen* im Untersuchungszeitraum um 23,5 v. H. zurück. Auch die *Abschreibungsquote*, die Ausdruck einer kapitalintensiven Produktion ist, verfiel stark von 9,1 v. H. (1998) auf nur noch 1,5 v. H. in 2011. Dies ist eindeutig einer nur *geringen Investitionsbereitschaft* der EVUs in Kraftwerke und Netze geschuldet. In Summe kam es so in der Elektrizitätsbranche von 1998 bis 2011 zu einem fast kontinuierlichen Anstieg der *Vorleistungsquote* von 77,1 v. H. um 14,8 Prozentpunkte auf beträchtliche 91,9 v. H.

Zieht man von der Gesamtleistung die Vorleistungen in der Elektrizitätswirtschaft ab, so erhält man die für jedes Unternehmen im Verteilungsprozess entscheidende *Wertschöpfung*, die Ausdruck der jeweiligen *Leistungskraft eines Unternehmens* ist. Sie zeigt auch die *Betriebsgröße* aus Fertigungstiefe und Fertigungsbreite an.

Betriebsgröße = Fertigungstiefe * Fertigungsbreite oder
Betriebsgröße = Wertschöpfungsquote * Gesamtleistung

Zwischen 1998 und 2011 ist es dabei in der Strombranche zu einem *Anstieg der Betriebsgröße* um 61,1 v. H. gekommen. Die *Wertschöpfungsquote* ging aber fast kontinuierlich und extrem um 14,8 Prozentpunkte, von 22,9 auf nur noch 8,1 v. H. zurück. Das heißt im Umkehrschluss, wie schon oben aufgezeigt, die *Vorleistungsquote* stieg entsprechend und der Anstieg der Wertschöpfung (61,1 v. H.) hielt bei weitem nicht mit dem Anstieg der Gesamtleistung (354,0 v. H.) mit.

Der Grund liegt in der zum Umsatzwachstum (356,2 v. H.) fast doppelt so großen Zunahme des Materialeinsatzes (615,3 v. H.). Der *Verteilungsspielraum* in der Elektrizitätswirtschaft bzw. die relative Wertschöpfung ist dadurch von 1998 bis 2011 wesentlich enger geworden, was sich auch durch den *Rückgang der Wertschöpfungsquote* um 14,8 Prozentpunkte manifestiert.

Von der Nettowertschöpfung entfielen dabei im Jahr 1998 auf die *Besitzeinkommen* (Gewinn, Zins, Miete/Pacht) mit einer *Mehrwertquote* 32,8 v. H. und 2011 waren es 57,0 v. H. Dies ist ein Anstieg um 24,2 Prozentpunkte. Der seit der Liberalisierung und mit der Energiewende ausgebrochene *Verteilungskampf zwischen Kapital und Arbeit* ist dabei eindeutig zu Gunsten des Kapitals entschieden worden. So legte der gesamte *Personalaufwand* in Anbetracht des Beschäftigtenabbaus und nominaler *Tarifabschlüsse weit unterhalb des verteilungsneutralen Spielraums* aus Produktivitäts- und Preissteigerungsrate im Beobachtungszeitraum von 1998 bis 2011 nur um 3 v. H. zu. Gleichzeitig stiegen allerdings die Arbeitsentgelte der verbliebenen Beschäftigten um 32,1 v. H. und die Arbeitskosten je Arbeitsstunde um 34,7 v. H. Aber auch hier wurde nicht im Geringsten an der realisierten *Produktivitätssteigerung* gekratzt. Beim Vergleich der Entwicklung von Personalaufwand und Arbeitsproduktivität sind deshalb drei Befunde gegeben:

- Erstens sanken die wirtschaftlich entscheidenden *Lohnstückkosten* in der Strombranche um 77,3 v. H.
- Zweitens ging die *Personalintensität* von 15,4 auf 3,5 v. H., um 11,9 Prozentpunkte zurück.
- Und drittens kam es in der Elektrizitätswirtschaft zu einer extremen *Umverteilung* der erzielten Wertschöpfungen zum *Nachteil der Arbeitseinkommen* und zu Gunsten der Besitzeinkommen (Gewinn, Zinsen, Miete und Pacht). Die Verteilung war hier nicht annähernd produktivitätsneutral. So verringerte sich in Folge die *Lohnquote* auf Basis der Nettowertschöpfung zwischen 1998 und 2011 von 67,2 auf 43,0 v. H., um 24,2 Prozentpunkte.

Die *Fremdkapitalgeber* legten mit ihren Zinseinnahmen, bezogen auf die Nettowertschöpfung, nur leicht von 7,0 auf 7,4 v. H. zu. Die Belastung mit Zinsaufwand hat damit trotz eines höheren (vermuteten) *Verschuldungsgrades* in der Branche, bei aber niedrigen Markt-Zinssätzen, nicht wesentlich zugenommen. Heftig gestiegen ist dagegen die *Miet- und Pachtquote* von 4,4 auf 11,8 v. H., um 7,4 Prozentpunkte. Der Hintergrund ist hier eine starke Zunahme an *geleasten Investitionsgütern* und auch ein Anstieg des *Sell-and-lease-back-Verfahrens* bei bereits aktiviertem Sachanlagevermögen zur Verbesserung der Unternehmensliquidität.

Auch der *Staat* ist an der Wertschöpfung der Elektrizitätswirtschaft mit entsprechenden Staatsabgaben weit überproportional beteiligt. Hier kommt es mit der *Konzessionsabgabe* im Vergleich zu anderen Branchen zu einer Besonderheit. Die *Staatsquote* vor Ertragssteuern an der Wertschöpfung lag deshalb 1998 bei 20,3 v. H. Sie ist aber bis 2011 auf 15,9 v. H. zurückgegangen. Allein die verteilungsseitig als Wertschöpfungsbestandteil einzustufenden *Konzessionsabgaben* machten 1998 dabei 14,5 Prozentpunkte an der Staatsquote aus. Im Jahr 2011 waren es 12,4 v. H.

In Anbetracht nicht vorliegender Daten im Hinblick auf den *Kapitaleinsatz* in der gesamten Elektrizitätsbranche, weder bezogen auf das eingesetzte *Eigen-* noch bezogen auf das *Fremdkapital,* können, wie bereits erwähnt, *keine branchenbezogenen Rentabilitätsrechnungen* vorgenommen werden. Eine Ausnahme bildet hier nur die *Umsatzrendite,* die den je Euro Umsatz verbleibenden Gewinnbeitrag für die Eigenkapitalgeber (Shareholder) bemisst, also den Gewinn in Relation zum realisierten Umsatz.

Dabei fällt die Umsatzrendite erstaunlicherweise im Vergleich zur Gesamtwirtschaft nicht signifikant höher aus. Sie schwankte in der Elektrizitätswirtschaft zwischen 2,7 v. H. (Minimum) im Jahr 2000 bis zu 7,2 v. H. (Maximum) im Jahr 2008. Aber auch 2009, im schlimmsten Krisenjahr der Bundesrepublik Deutschland, mit einem Rückgang des realen Bruttoinlandsproduktes um 5,1 v. H., lag die Umsatzrendite in der Strombranche noch bei 6,2 v. H. (im Vorjahr bei 7,2 v. H.). In der Gesamtwirtschaft betrug der Wert im Vergleich 2008: 4,3 v. H. und im Jahr 2009: 3,4 v. H.

Zusammenfassend kann als *Zwischenergebnis* festgehalten werden, dass in der *Elektrizitätswirtschaft* seit der Marktliberalisierung 1998 ein u. a. durch *internationale Expansion* der »Big-4«, durch das Erschließen neuer Energiedienstleistungen und durch mögliche Preissteigerungen ausgelöstes beträchtliches Umsatzwachstum zu verzeichnen war. In Folge einer aber noch höheren Wachstumsrate bei den branchenbezogenen Vorleistungen verblieb die Expansion jedoch »nur« bedingt als entscheidende (verteilbare) *Wertschöpfung* in der Strombranche. Die Vorleistungssteigerungen, in erster Linie zurückzuführen auf den *Brennstoffeinsatz* und die dabei gestiegenen Beschaffungsmarktpreise, konnten nicht voll an den Absatzmärkten der EVUs über die *Stromherstellungspreise* erlöst werden. Die dargelegte Entwicklung der Strompreise unterstützt dies ebenso wie die nicht außergewöhnlich hoch ausfallende *Branchen-Umsatzrendite.* Man kann hier vermuten, dass die seit 1998 verloren gegangene Monopolstellung der Energieversorger und auch die nicht mehr staatlich garantierte komfortable Kostenverrechnungsmöglichkeit hierfür verantwortlich sind. Dies impliziert aber auf der anderen Seite dennoch *nicht eine wirklich scharfe Wettbewerbssituation* in der Elektrizitätsbranche. Dies zeigen überdeutlich die hohen, aber nicht in den Strompreisen weitergereichten *Produktivitätssteigerungen*. Diese haben sich die Shareholder der EVUs mehr oder weniger voll einverleibt.

Auffällig ist aber dennoch der tiefe Einbruch der *Wertschöpfung* und insbesondere des *Gewinns* im Jahr 2011, wobei letzterer von 21,6 auf 12,8 Mrd. EUR und die *Umsatzrendite* von 5,9 auf 3,1 v. H. sank. Es ist aber hier noch zu früh, um dies als einen neuen Trend zu identifizieren, der auf die *Energiewende,* die damit verbundene Abschaltung der acht Atommeiler und das Verdrängen der fossilen Kraftwerke durch Erneuerbare Energien zurückzuführen ist. Hier können die leider heute noch nicht vorliegenden empirischen Daten für die Jahre ab 2012 mehr Aufschluss geben.

Eindeutig fest steht dagegen aber bereits heute, dass die *Beschäftigten* im *unternehmensinternen Verteilungskampf* um die realisierten Wertschöpfungen die ganz klaren Verlierer sind. Während die Gewinne um 184,3 v. H. stiegen, legten die Einkommen der in der Branche verbliebenen Beschäftigten nur um 32,1 v. H. zu. Dieser Trend dürfte sich auch in Zukunft bei immer enger werdenden Verteilungsspielräumen fortsetzen. Hier sind die *Gewerkschaften* aufgefordert, dem endlich konzeptionell etwas entgegenzusetzen.

Neben der immanenten Betrachtung der Strombranche zeigt ein *Vergleich der Elektrizitätsbranche mit der Gesamtwirtschaft* im hier – wegen schon erwähnter fehlender Daten – nur möglichen Vergleichszeitraum von 2006 bis 2011 den folgenden Befund: Stieg der *Umsatz* in der Gesamtwirtschaft um 20,0 v. H., so legte der Umsatz in der Strombranche im gleichen Zeitraum von 2006 bis 2011 um 117,0 v. H. zu. Auch die *Gesamtleistung,* der Bruttoproduktionswert, erhöhte sich in der Elektrizitätswirtschaft mit 116,8 v. H. wesentlich mehr als in der Gesamtwirtschaft mit nur 20,4 v. H.

Während die *Materialintensität* für alle Unternehmen aber lediglich um 2,3 Prozentpunkte stieg, nahm sie in den EVUs um 14,7 Prozentpunkte zu. Die *Rohertragsquote* als ein erstes unternehmerisches Ergebnis ging in Folge in der Gesamtwirtschaft auch nur um 2,3 Prozentpunkte zurück, in der Elektrizitätsbranche aber um 14,7 Prozentpunkte. Im Ergebnis zeigt dies, dass die Unternehmen außerhalb der Strombranche wesentlich weniger Probleme mit der Materialkostenweitergabe in den Absatzpreisen hatten. Auch die gesamte *Vorleistungsquote* stieg in der Gesamtwirtschaft von 2006 bis 2011 nur um 1,8 Prozentpunkte, während der Zuwachs in der Elektrizitätswirtschaft bei 7,8 Prozentpunkten lag.

Dagegen liegen die Steigerungsraten bei der *Bruttowertschöpfung* mit 11,5 v. H. (Gesamtwirtschaft) und 10,7 v. H. (Strombranche) nicht weit auseinander. Dafür fällt aber die *Nettowertschöpfungsquote* in der Elektrizitätswirtschaft wesentlich niedriger aus als in der Gesamtwirtschaft und auch der Rückgang von 2006 bis 2011 ist in der Strombranche mit 7,8 Prozentpunkten weit größer als bei allen Unternehmen mit 1,4 Prozentpunkten.

Während in der Gesamtwirtschaft der *Personalaufwand* um 11,4 v. H. zulegte und die *Personalintensität* (Personalaufwand zu Gesamtleistung) von 16,4 auf 15,2 v. H. zurückging, verringerten sich die Personalaufwendungen in den EVUs um 5,4 v. H. Außerdem ist hier die Personalintensität nur halb so groß wie in der Gesamtwirtschaft. Der Quotient lag 2006 bei lediglich 8,0 v. H. und verringerte sich bis 2011 auf nur noch 3,5 v. H., ging also um 4,5 Prozentpunkte zurück.

Die in der Strombranche von den Endkunden einkassierte und an den Staat weitergeleitete *Konzessionsabgabe*, zu sehen als eine besondere »Betriebssteuer« mit Wertschöpfungswirkung, erhöht in Relation zur Gesamtwirtschaft die *Staatsquote vor Ertragssteuern*. Sie ist von 2006 bis 2011 leicht um 0,7 Prozentpunkte von 16,0 auf 15,3 v. H. gesunken. Die darin enthaltene *Konzessionsquote* stieg um einen Prozentpunkt von 10,9 auf 11,9 Prozentpunkte.

Durch die hohe Staatsquote an der Wertschöpfung fallen in Relation die Lohn- und Mehrwertquote in der Elektrizitätswirtschaft geringer aus. Dabei ist die *Lohnquote* auch im Vergleich zur Gesamtwirtschaft in Anbetracht der geringeren Personalintensität wesentlich niedriger. Außerdem ging die Lohnquote in der Strombranche von 2006 bis 2011 um 8,0 Prozentpunkte von 49,3 auf 41,3 v. H. zurück. Dies zeigt noch einmal den enorm hohen *Umverteilungsprozess* von den Arbeits- zu den Besitzeinkommen. In der Gesamtwirtschaft belief sich dagegen der Rückgang der Lohnquote im hier untersuchten Beobachtungszeitraum auf nur 0,8 Prozentpunkte von 69,9 auf 69,1 v. H.

Die *Mehrwertquote* in der Elektrizitätswirtschaft fällt daher auch wesentlich höher aus als in der Gesamtwirtschaft aus. Sie stieg hier von 34,7 auf 43,4 v. H. um 8,7 Prozentpunkte. Zum Vergleich erhöhten sich die Werte in der Gesamtwirtschaft bei einem Anstieg von nur 1,5 Prozentpunkten lediglich von 24,0 auf 25,5 v. H. Auch die *Gewinnquote* weist in den EVUs ein im Vergleich zur Gesamtwirtschaft höheres Niveau auf. Besonders in den Jahren 2008 bis 2010 wurden hier Quotenwerte größer als 40 v. H. erzielt. Erst 2011 kam es mit der Gewinnhalbierung zu einem Rückgang der Gewinnquote auf das Niveau der Gesamtwirtschaft, das aber immer noch mit einem Wert von 25 v. H. mit 5 Prozentpunkten oberhalb des Niveaus aller Unternehmen in der Wirtschaft lag.

Zusammenfassend ergibt sich aus dem *Vergleich zwischen der Gesamtwirtschaft und der Elektrizitätsbranche* von 2006 bis 2011, dass die untersuchten Kennziffern in der Elektrizitätsbranche wesentlich höhere Wachstumsraten beim Umsatz und der Gesamtleistung sowie, wenn auch hier nur geringfügig, bei der Wertschöpfung ausweisen. Die *Wertschöpfungsquote* ging allerdings in der Strombranche um 6,4 Prozentpunkte spürbarer zurück als in der Gesamtwirtschaft. Dies zeigt in der Relation zu allen Unternehmen den hier vorzufindenden wesentlich stärkeren *Rückgang der Verteilungsmasse*. Dennoch standen 2011 die Shareholder in der Elektrizitätswirtschaft mit einer höheren *Gewinnquote* besser da als die Eigenkapitaleigner in der Gesamtwirtschaft. Ohne hier die *Kapitalrentabilitäten* in der Strombranche messen zu können, waren die *Gewinne* aber dennoch mehr als auskömmlich und auch die *Umsatzrendite* fiel im Vergleich zur Gesamtwirtschaft nicht schlechter aus.

Dies alles legt den Befund nahe, dass bis zum Erhebungszeitpunkt 2011 das »Stöhnen« der EVUs noch auf einem *hohen Gewinnniveau* stattfand und dass bis dahin weder die *Liberalisierung* und die staatliche Nachregulierung 2005 noch die »kleine« und »beschleunigte« *Energiewende* bei den Unternehmen aus der Elektrizitätswirtschaft existenzbedrohende Veränderungen bewirkt haben. Dabei ist aber als schwerwiegend zu berücksichtigen, dass dies einseitig auf dem Rücken der *Beschäftigten* ausgetragen wurde. Sie haben fast die ganze Last der Liberalisierung und auch der bisherigen Energiewende tragen müssen. Dies geschah einerseits durch den Verlust ihres Arbeitsplatzes, wenn auch dies bis heute ohne betriebsbedingte Kündigungen sozialverträglich abgewickelt wurde, und andererseits durch eine weit hinter der Produktivität zurückbleibende Entwicklung bei den Löhnen und Gehältern bei gleichzeitiger Arbeitsverdichtung.

5.2 Wirtschaftliche Entwicklung bei den Big-4

Gibt es diesbezüglich auf einzelwirtschaftlicher (unternehmerischer) Ebene, wie in der Elektrizitätsbranche insgesamt, eine ähnliche *Umverteilungsentwicklung* bei den *Big-4*, also bei den marktmächtigen EVUs (E.ON, RWE, EnBW und Vattenfall)? Diese Frage kann hier schon vorab mit ja beantwortet werden. Dennoch liegen bei den Big-4 aber auch markante betriebswirtschaftliche Unterschiede in der ökonomischen Entwicklung vor.

Zunächst ist allgemein festzustellen, dass 2011 der *Umsatzanteil* der gesamten Elektrizitätsbranche an der Gesamtwirtschaft bei 7,6 v. H. lag und der Anteil *der Big-4* an der Gesamtwirtschaft auf 3,5 v. H. kam. Die Umsatzerlöse stiegen in der Strombranche von 2002 bis 2011 um 272,0 v. H. Bei den Big-4 lagen mit Ausnahme von E.ON die *Umsatzsteigerungen weit darunter.* Während E.ON Umsatzzuwächse von 239,0 v. H. verbuchen konnte, stieg der Umsatz bei RWE lediglich um 18,2 v. H. EnBW legte beim Umsatz mit 137,2 v. H. auch kräftig zu und Vattenfall Europe schaffte ein Umsatzplus von 34,9 v. H. Vergleicht man die Umsatzentwicklung der Big-4 mit der gesamten Elektrizitätswirtschaft, so gingen die *Marktanteile der Big-4* von 86,8 v. H. im Jahr 2002 auf 46,4 v. H. im Jahr 2011 gravierend um 40,4 Prozentpunkte zurück.

Befund 1: Die Big-4 verzeichnen extrem hohe Marktanteilsverluste
Auch die *Rohertragsquote* (Rohertrag in Relation zur Gesamtleistung) differiert zwischen den Big-4 und hat von 2002 bis 2013 (2011) bei allen vier Unternehmen stark abgenommen. Dieser Rückgang korreliert mit einem Anstieg der Materialintensität. Der Anstieg der Brennstoffkosten war höher als der bei der Gesamtleistung, die im Markt verkauft werden konnte. Die Big-4 konnten demnach die steigenden Vorleistungskosten nicht voll über ihre Strom- und Gaspreise an ihren Absatzmärkten abwälzen. So verringerte sich bei E.ON die Rohertragsquote von 54,9 v. H. (2002) auf 19,1 v. H. (2013) um 35,8 Prozentpunkte besonders stark, bei RWE um 16,7 Prozentpunkte und bei EnBW waren es 24,8 Prozentpunkte sowie bei Vattenfall Europe 11,2 Prozentpunkte (von 2002 bis 2011). Von diesem heftigen Rückgang war, wie bereits aufgezeigt, die gesamte *Elektrizitätswirtschaft* betroffen. Auch hier ging insgesamt von 2006 bis 2011 die Rohertragsquote von 37,0 v. H. auf 22,2 v. H. um 14,8 Prozentpunkte zurück. In der *Gesamtwirtschaft* war dies dagegen nicht der Fall. Alle Big-4 erreichten dabei von 2006 bis 2011 auch nicht das höhere Niveau und damit das bessere Ergebnis der Gesamtwirtschaft bei der Rohertragsquote. Und auch der Rückgang der Quote war hier mit 2,4 Prozentpunkten im Vergleich nur sehr gering.

Befund 2: Es gibt starke Rückgänge der Rohertragsquote bei den Big-4, aber auch in der gesamten Elektrizitätswirtschaft. In der Gesamtwirtschaft kam es dagegen nur zu einem leichten Rückgang der Rohertragsquote.
Was blieb nun bei den Big-4 vom Rohertrag nach Abzug der Abschreibungen auf den Kapitalstock und den sonstigen Vorleistungsaufwendungen als *Wertschöpfung* und damit als Verteilungsmasse übrig? Dies zeigt die *Wertschöpfungsquote* (Wertschöpfung in Relation zur Gesamtleistung). Auch hier war, wie beim Rohertrag, bei allen Big-4 ein mehr oder weniger starker Rückgang von 2002

bis 2013 zu verzeichnen. So sank bei E.ON die Wertschöpfungsquote von 37,2 v.H. auf nur noch 7,6 v.H. um 29,6 Prozentpunkte. Bei RWE waren es 16,5 Prozentpunkte und bei EnBW 10,5 Prozentpunkte. Vattenfall Europe musste dagegen nur einen Rückgang von 4 Prozentpunkten im Zeitraum 2002 bis 2011 hinnehmen. Zur Erinnerung: Auch in der Elektrizitätswirtschaft insgesamt verringerte sich die Wertschöpfungsquote von 2006 bis 2011 um 7,7 Prozentpunkte. In der Gesamtwirtschaft war dies dagegen nicht der Fall. Hier betrug der Rückgang im selben Zeitraum nur 1,4 Prozentpunkte.

Befund 3: Auch bei der Wertschöpfungsquote mussten die Big-4 herbe Einbußen hinnehmen. Die Verteilungsmasse wurde von 2002 bis 2013 immer kleiner.

Wie verteilte sich dabei die Wertschöpfung zwischen Kapital und Arbeit? Dabei ist zunächst auffallend, dass die *Lohnquote*, also der Personalaufwand (die Arbeitsentgelte), in der Gesamtwirtschaft sowohl extrem über der der Elektrizitätswirtschaft als auch über der bei den Big-4 liegt. Außerdem ging bei den Big-4 in den Untersuchungszeiträumen die Lohnquote stark zurück, was auch für die gesamte Elektrizitätsbranche gilt. Das niedrigere Niveau der Lohnquote in der Elektrizitätswirtschaft zur Gesamtwirtschaft erklärt sich aus der *höheren Kapitalintensität* in der Elektrizitätsbranche und der starke Rückgang der Lohnquote aus dem *extremen Personalabbau* bei den Big-4, aber auch in der gesamten Branche. Ab 2010/2011 steigt die Lohnquote bei allen Big-4 aber wieder an. Dies ergibt sich aus einem verminderten Personalabbau und einem gleichzeitig auftretenden starken Rückgang der Wertschöpfungsquote in den Unternehmen.

Befund 4: Bei den Big-4 liegt eine extreme Umverteilung von den Arbeitseinkommen zu den Gewinneinkommen vor.

Im Gegensatz zur niedrigen Lohnquote bewegt sich bei den Big-4 und in der Elektrizitätswirtschaft die *Gewinnquote* weit über den Werten der Gesamtwirtschaft. Die Gewinnquote stieg dabei in der Gesamtwirtschaft von 2006 bis 2011 von 19,2 auf 20,0 v.H. In der Strombranche insgesamt kam es dagegen von 2006 bis 2010 zu einem extremen Anstieg von 23,2 auf 41,7 v.H. 2011 sackte die Gewinnquote dann aber stark auf 25,1 v.H. ab. Ähnlich verlief die Entwicklung bei den Big-4. Auch hier kam es bis 2010 zu einem hohen Anstieg der Gewinnquote und erst ab 2011 sind parallel zum Anstieg der Lohnquote mehr oder weniger hohe Einbrüche bei der Gewinnquote zu verzeichnen.

Befund 5: Die Gewinnquote bei den Big-4 ist durch die Umverteilung gestiegen und liegt weit über der der Gesamtwirtschaft, aber auch über den Branchenwerten. Seit 2010 sind aber in den Big-4 kräftige Rückgänge bei der Gewinnquote zu verzeichnen. Dennoch werden die Werte der Gesamtwirtschaft nicht unterschritten.

Die hohen Gewinnquoten bei den Big-4 dokumentieren sich auch in der *Umsatzrendite*. Hier fällt auf, dass die Umsatzrendite zwischen der Gesamt- und der Elektrizitätswirtschaft kaum divergiert, dass aber in den Big-4 die Umsatzrendite weit höher ausfällt, jedenfalls bis 2009.

Befund 6: Die Big-4 erzielten im Vergleich zur Gesamt- und Elektrizitätswirtschaft bis 2009 wesentlich höhere Umsatzrenditen. Erst ab 2010 wird das niedrigere Niveau der Gesamtwirtschaft erreicht.

Wichtig ist für Unternehmen die Ausstattung mit Eigenkapital in Relation zum Gesamtkapital. Dies zeigt die *Eigenkapitalquote*. Die mit Abstand höchste Quote weist hier Vattenfall Europe mit 41,3 v. H. (2011) auf. Die stark gestiegenen Eigenkapitalquoten von RWE und EnBW liegen dabei trotzdem unterhalb der Quoten in der Gesamtwirtschaft.

Befund 7: Alle Big-4 verfügen über eine auskömmliche Eigenkapitaldecke, die bei Vattenfall sogar überproportional ausfällt.

Entscheidend ist aus Sicht der Shareholder die *Eigenkapitalrentabilität*. Hier liegt die Rendite vor Ertragssteuern in der Gesamtwirtschaft mit einem Spitzenwert von 45,2 v. H. (2007) höher als bei den Big-4. Der höchste Wert unter den Big-4 wurde dabei mit 40,8 v. H. bei RWE im Jahr 2009 erzielt. In einzelnen Jahren fiel die Eigenkapitalrentabilität auf Grund von Verlusten auch negativ aus. Insgesamt hat die Eigenkapitalrendite bei den Big-4 seit 2011 stark abgebaut.

Befund 8: Wenn auch die Eigenkapitalrentabilität vor Ertragssteuern bei den Big-4 niedriger als in der Gesamtwirtschaft ausfällt, so wurden dennoch bei den Big-4 völlig hinreichende Renditen erzielt. Diese sind aber seit 2011 stark rückläufig.

Die zukünftige Entwicklung wird hier zu beobachten sein. Gesamtgesellschaftlich ist dabei ein weiterer Rückgang der Mehrwertquote insgesamt wünschenswert. Es ist allerdings zu befürchten, dass dies die Shareholder der Big-4 nicht akzeptieren werden und somit der *Umverteilungsprozess zu Lasten der Beschäftigten* weitergeht. Die Politik ist hier gefordert, dem ein Ende zu setzen. In der Preisgleichung für Elektrizität als ein volkswirtschaftliches Basisgut sollten vorrangig die Stückgewinne gesenkt werden und nicht die in den Stückkosten enthaltenen Arbeitseinkommen, weder durch Entlassungen noch durch Arbeitsentgelte, deren Steigerungen, wie aufgezeigt, bisher weit unterhalb der realisierten Produktivitätssteigerungen geblieben sind.

6.
Schlussfolgerungen

Die Energiewende ist nach wie vor ein *gesamtgesellschaftliches Projekt*, das vom großen Teil der Bürgerinnen und Bürger getragen wird. Auch als Resultat des erfolgreichen Ausbaus der EE nimmt die einzelwirtschaftliche Belastung aus der energiepolitischen Weichenstellung aber allmählich zu. Um den ursprünglichen Elan der »beschleunigten Energiewende« aufrecht zu erhalten und mithin die gesetzten ehrgeizigen politischen Ziele bei der Reduktion der Treibhausgasemissionen und beim Wechsel hin zu einer vorrangig regenerativen Energieversorgung zu bewältigen, bedarf es weiterhin eines großen Rückhaltes in der Bevölkerung. Hierfür ist eine *faire Kostenverteilung* eine notwendige Voraussetzung.

Auf der Suche nach Lösungen sollte dabei zunächst aber einmal der gesamtwirtschaftliche Kostenaspekt insgesamt mit weniger medial aufgeputschter Aufgeregtheit betrachtet werden. Zwar sind seit der Einführung des EEG bislang inklusive der Zinseffekte allein über die EEG-Förderung fast 90 Mrd. EUR an Differenzkosten aufgelaufen (vgl. Kap. 1). Auch müssen für die Energiewende noch umfangreiche Investitionen getätigt werden. Bis 2020 summieren sie sich nach einer Studie des DIW – inklusive der Netzinvestitionen – auf eine Größenordnung von knapp etwa 186 bis 200 Mrd. EUR[120]. Bis 2050 wird in verschiedenen anderen Studien allein für den Ausbau der EE-Anlagen mit 300 bis 500 Mrd. EUR gerechnet.[121]

In der Einschätzung dieser Milliardenbeträge ist jedoch *erstens* zu bedenken, dass auch ohne die Energiewende erhebliche Investitionen in die Energieinfrastruktur getätigt werden müssten. *Zweitens* sehen die Wirtschaftsforschungsinstitute für Deutschland ein Anhalten der enormen deutschen *Kapitalexporte*

---

120 Vgl. Blazejcziak u. a. (2013).
121 Vgl. acatech (2012).

voraus. *Allein für 2014* werden *200 Mrd. EUR* prognostiziert, weil die Summe der gesamtwirtschaftlichen Ersparnis mit gut 280 Mrd. EUR weit größer sein wird als die getätigten inländischen Nettoinvestitionen in Höhe von nur knapp 81 Mrd. EUR. Das heißt, gut 70 v. H. der deutschen Gesamtersparnis fließen ins Ausland und tragen dort zum Aufbau von – wie die Griechenlandkrise belegt – überaus ungesunden außenwirtschaftlichen Ungleichgewichten bei. Die hohen gesamtwirtschaftlichen Sparüberschüsse sind mithin mehr als ausreichend, um alternativ zum Kapitalabfluss hierzulande die EEG-Förderung, die notwendigen Investitionen in EE-Anlagen, in Lastenmanagement- und Speichertechnologien und in Stromnetze sowie im Bereich der energetischen Gebäudesanierung[122] zu finanzieren.

Drittens gilt es stets zu berücksichtigen, dass die Energiewende an verschiedenen Stellen einen *gesellschaftlichen Nutzen* erbringt, der einzelwirtschaftlich aber weniger unmittelbar ankommt. Hierbei handelt es sich um:

- den Merit-Order-Effekt und die Belebung des Wettbewerbs am Großhandelsmarkt,
- das Vermeiden externer Effekte (Vermeidung von CO_2-Emissionen in der Stromerzeugung, Rückführung des Risikos eines atomaren GAUs, Reduktion der Endlagerungsproblematik),
- Vorzüge aus wirtschaftsdemokratischeren Strukturen in der Stromerzeugungslandschaft durch mehr Dezentralität,
- positive Wertschöpfungs-, Wachstums- und Beschäftigungseffekte durch die Investitionen in eine neue Versorgungsinfrastruktur,
- eine verringerte Abhängigkeit von fossilen und nuklearen Rohstoffimporten,
- technologische Spill-Over-Effekte,
- geringere internationale Spannungen aufgrund knapper fossiler Energieträger und
- Verringerung des Risikos eines kriegerischen oder terroristischen Missbrauchs der Atomenergie.

Hinzu kommt *viertens*, dass langfristig bei erfolgreicher *Umstellung der Stromerzeugung auf EE* hauptsächlich die kostenlos zur Verfügung stehenden Energieträger Wind und Sonnenstrahlung eingesetzt werden können. Neben dem Einsparen von CO_2-Zertifikatepreisen (sofern das Emissionshandelssystem

---

122 Vgl. DIW-Wochenbericht (2014).

politisch überlebt) lassen sich dann auch fossile Brennstoffkosten vermeiden und die Stromproduktion zu niedrigeren Gestehungskosten organisieren. Alles in allem deuten dabei Simulationsstudien wie insbesondere die Leitstudie des BMU (vgl. Nitsch u. a. (2012)) darauf hin, dass sich in einer Perspektive von 15 bis 20 Jahren die Energiewende zwar noch nicht amortisieren wird. Aber danach könnte es gelingen, die bis dahin entstandenen Kosten mehr als abzutragen, weil dann der prognostizierten Verteuerung der fossilen Energieversorgung durch einen Wechsel hin zu immer günstigeren EE ausgewichen wird und weil zudem beträchtliche externe Kosten vermieden werden.

Auch gibt es – jenseits aller medialen Dramatisierung – für *den Durchschnitt* der privaten Haushalte, die am Ende der Produktionskette sowohl die unmittelbaren, als auch die weitergewälzten mittelbaren Kostensteigerungen der Energiewende letztlich zu tragen haben, objektiv gesehen bisher wenig Anlass, sich zu beklagen. Im Warenkorb eines durchschnittlichen privaten Haushaltes machen die Stromausgaben nur rund 2 v. H. aus. Durch die »kleine« und die »beschleunigte« Energiewende zusammengenommen sind die Strompreise für ihn um etwa 47 v. H. höher. Der Warenkorb hat sich bei diesem Impuls durch die Energiewende aber unmittelbar nur um 1,1 v. H. verteuert. Berücksichtigt man die mittelbaren Effekte aus der induzierten Verteuerung anderer Güter, deutet unsere Modellrechnung in Verbindung mit Bontrup/Marquardt (2014, S. 19, Fußnote 10) auf eine weitere Verteuerung um maximal 2 auf insgesamt 3 Prozentpunkte hin.

All dies bedeutet nicht, dass es auf dem Weg in das Zeitalter EE keine technologischen Herausforderungen (Fluktuationsproblem der Einspeisung inklusive Lastmanagement und Speicherung, Netzintegration, Back-up-Kapazitäten), keinen politischen Handlungsbedarf und keine Verteilungskonflikte gäbe.

So müsste zum einen das Problem der *zunehmenden Elektrizitätsarmut*, das sich jenseits der vorausgegangenen Durchschnittsbetrachtung von Haushalten am unteren Ende der Einkommensskala offenbart, angegangen werden. Oftmals verbirgt sich aber dahinter weniger die Energiewende als eine zunehmende Einkommensarmut in Deutschland. In diesem Kontext sind Einkommens-, Verteilungs- und Sozialpolitik gleichermaßen gefordert, um zukünftig eine noch zunehmende Einkommensarmut zu vermeiden.

Zudem gilt es *Ineffizienzen* abzubauen. Dies betrifft die bislang unzureichende politische Koordination zwischen EU, Bund, Ländern und Ministerien. Wenig effizient ist auch der *Systemwiderspruch* zwischen der EE-Förderung und dem ETS: Die durch die EE-Förderung eingesparten CO_2-Zertifikate führen zu niedrigeren Zertifikatepreisen, die bei gegebenem Angebot an Emissionsrechten mit einer reinen Nachfrageverlagerung hin zu anderen Branchen einhergehen. Der EE-Ausbau spart zwar so CO_2-Verschmutzung in der Stromproduktion ein, insgesamt verbilligen sich dadurch aber nur die – in Summe dann unveränderten – Emissionen für andere Branchen.

Auch sollten – im Rahmen einer holistischen Systembetrachtung – verbliebene Ineffizienzen in der Förderpraxis abgebaut werden. Hierzu zählt beispielsweise die Problematik der *Überförderung* einzelner EE-Technologien. Bezogen auf die Höhe der umzulegenden *EE-Förderkosten* ist aber grundsätzlich auch festzuhalten, dass es bei unveränderter Ausbauplanung auf absehbare Zeit, also solange die EE-Anlagen noch nicht wirtschaftlicher sind als die konventionellen Kraftwerke, weiterhin *ausreichender Renditeanreize* bedarf. Die Investitionen in EE konnten ja nur deshalb so stark expandieren, weil der Staat sie unter einen *Wettbewerbsschutz* stellte und zusätzlich *finanzielle Anreize* für ihren forcierten Ausbau setzte. Das Argument trifft umso mehr zu, als ab Anfang der 2020er Jahre auch EE-Altanlagen ersetzt werden müssen. Mit anderen Worten, bei den EE sind nicht nur beträchtliche Neu-, sondern auch Ersatzinvestitionen notwendig.

Hinsichtlich der Verteilungsfrage spielen aber auch die von uns dargelegten zentralen *Privilegien für die energieintensiven, im internationalen Wettbewerb stehenden Industriezweige* eine wichtige Rolle: Je stärker diese Branchen privilegiert sind, umso mehr müssen dabei alle anderen die Lasten tragen. Gleichwohl hat die Privilegierung vor dem Hintergrund des »Green-Electricity-Leakages« einen sehr pragmatischen Grund. Unsere Befunde verdeutlichen, dass die Belastungen bei einem Strompreisanstieg und die Möglichkeiten der Weiterwälzung über die Branchen enorm heterogen verteilt sind. Die Ausnahmen sorgen in der Tat dafür, dass diejenigen, die aufgrund ihrer Energieintensität in der Produktion einem politisch initiierten Strompreisanstieg besonders ausgesetzt wären, derzeit durch die Energiewende selbst eher moderat belastet werden. Ein Wegfall der Privilegien hätte jedoch – je nach Ausgangskonstellation – beträchtliche Folgen für die Wertschöpfung. Verlagert sich daraufhin die Produktion ins Ausland, weil betroffene Unternehmen sie selbst dorthin verlegen oder weil die internationalen Konkurrenten aufgrund eines Preisvorteils Marktanteile gewinnen, wäre *umweltpolitisch* nichts erreicht, realwirtschaftlich hätte unsere Volkswirtschaft jedoch beim Wachstum und der Beschäftigung Einbußen zu verkraften.

Vor diesem Hintergrund *machen die Ausnahmen im Prinzip Sinn*. Selbst die jetzige grüne Vorsitzende im Ausschuss für Umwelt, Naturschutz, Bau und Reaktorsicherheit im Deutschen Bundestag, Bärbel Höhn (2013), verwies in diesem Zusammenhang darauf, dass im Beihilfeverfahren der EU-Kommission die Gefahr bestehe, die Gestaltungshoheit zu verlieren. Aber, so Höhn (2013), »wenn man nicht an diese überbordenden Ausnahmen herangeht, dann droht natürlich von Brüssel, dass alle Ausnahmen gekippt werden und das würde richtig Arbeitsplätze vernichten. [...] Gerade Unternehmen wie Alu oder Stahl brauchen die Ausnahmen«.

Insofern bedarf es wesentlich strikterer Kriterien bei der *Genehmigung von Privilegien*. Entscheidend für den Umverteilungsprozess im Unternehmenssektor – dies zeigt unsere Analyse – ist dabei kurzfristig das Zusammenspiel von direkter und indirekter Kostenbelastung, der Ausgesetztheit im internationalen Wettbewerb und der Nachfrageelastizität. Mittel- bis längerfristig ist darüber hinaus stärker als bisher das *unausgeschöpfte Einsparpotenzial* zu berücksichtigen. Bei allen operationalen Einschränkungen, d. h., bei der Anwendung dieser Kriterien, liegt damit aber ein Kriterienbündel vor, das zumindest konzeptionell eine Entscheidungsgrundlage für das politisch zugestandene Ausmaß angemessener Branchenentlastungen darstellen sollte. Insofern weisen die diesbezüglichen Neuregelungen im Zuge der EEG-Reform 2014 zumindest in die richtige Richtung.

In diesem Zusammenhang ist aber insbesondere auch die *Privilegierung von Schienenbahnunternehmen* zu überdenken. Hier hat die Inanspruchnahme der »Besonderen Ausgleichsregelung« in den letzten Jahren stark zugelegt, obwohl die Unternehmen in keinem ernsthaften internationalen Wettbewerb stehen. Sie könnten eine Verteuerung der Strompreise, insbesondere im Nahverkehr, angesichts eines geringen intermodalen Wettbewerbs sicherlich weitergeben, ohne dass Kunden scharenweise auf das Auto ausweichen. Auch scheint es bei der *Prüfung*, inwieweit Unternehmen überhaupt dem *internationalen Wettbewerb* ausgesetzt sind, noch Verbesserungspotenzial zu geben. Zu bedenken ist in diesem Kontext ferner, dass ein Abbau der Privilegien zwar Wirkungen auf die EEG-Umlage hätte. Die Hauptwirkung beim Anstieg der EEG-Umlage kommt aber eben nicht von den Privilegien, sondern von den *Differenzkosten* (vgl. Kap. 1).

Problematisch sind die Auswirkungen der Liberalisierung und der Energiewende in den EVUs. Hier ist es bisher zu einer gigantischen *Umverteilung zu Lasten der Beschäftigten* gekommen. Die Gewinne der etablierten Stromanbieter fangen erst jetzt langsam an zu bröckeln. Dies werden die Shareholder der EVUs aber nicht hinnehmen, sodass hier zu befürchten ist, dass der Verteilungskampf zukünftig heftigere Züge annehmen wird.

Darüber hinaus sollte die Thematik der *Generationengerechtigkeit* vertieft werden. Gerade die Erwartung einer stark zeitverzögerten Amortisation der Investitionen in EE spricht dafür, die Kosten des Systemwechsels auf der Zeitschiene gerechter zu verteilen. Demnach sollten auch diejenigen zur Finanzierung der neu aufzubauenden Infrastruktur beitragen, die am meisten davon profitieren werden, und das sind die *jüngeren Generationen*. Ein kreditfinanzierter Fonds, wie er von der bayerischen Wirtschafts- und Energieministerin Ilse Aigner vorgeschlagen wurde, wäre dazu ein adäquates Mittel. Damit könnte bereits heute ein großer Teil der aus der Energiewende resultierenden *Verteilungsproblematik* gemildert werden, denn die Energiewende ist, wie Ulrich Bartosch, Peter Hennicke und Hubert Weiger als Herausgeber ihres Werkes »Gemeinschaftsprojekt Energiewende. Der Fahrplan zum Erfolg« (2014) schreiben, »das wichtigste Gemeinschaftswerk der deutschen Nachkriegsgeschichte. Und sie bietet ein einmaliges kollektives Lernfeld dafür, wie die sozial-ökologische Transformation in die Praxis umgesetzt werden kann. Wenn die Energiewende in einem Industrieland wie Deutschland gelingt, können viele andere Länder diesem Beispiel folgen.«

Literaturverzeichnis

acatech (2012): Die Energiewende finanzierbar gestalten, September 2012, Berlin.
Arbeitsgruppe Alternative Wirtschaftspolitik (1999): Memorandum 1999: Mehr Konsequenz beim Kurswechsel – Vorrang für Beschäftigung, Umwelt und Gerechtigkeit, Köln.
Arbeitsgruppe Alternative Wirtschaftspolitik (2013): Memorandum 2013: Umverteilen – Alternativen der Wirtschaftspolitik, Köln.
Bäcker, G./Bispink, R./Hofemann, K./Naegele, G. (2000): Sozialpolitik und soziale Lage in Deutschland, Bd. 1, 3. Aufl., Wiesbaden.
Bafa (2013a): Merkblatt für Unternehmen des produzierenden Gewerbes zu den gesetzlichen Regelungen nach §§ 40 ff. Erneuerbare-Energien-Gesetz 2012 einschließlich der Regelungen zur Zertifizierung des Energieverbrauchs und der Energieverbrauchsminderungspotenziale, Eschborn.
Bafa (2013b): Merkblatt Schienenbahnunternehmen: Darlegung der gesetzlichen Regelungen nach §§ 40 ff. Erneuerbare-Energien-Gesetz 2012, Eschborn.
Bartosch, U./Hennicke, P./Weiger, H. (Hrsg.) (2014): Gemeinschaftsprojekt Energiewende. Der Fahrplan zum Erfolg, München.
BDEW (2012): Wettbewerb 2012: Wo steht der deutsche Energiemarkt?, Berlin.
BDEW (2013): Strompreisanalyse Mai 2013, http://www.bdew.de/internet.nsf/id/123176ABDD9ECE5DC1257AA20040E368/$file/13%2005%2027%20BDEW_Strompreisanalyse_Mai%202013.pdf.
BDEW (2013): Strompreisanalyse Mai 2013, http://www.bdew.de/internet.nsf/id/123176ABDD9ECE5DC1257AA20040E368/$file/13%2005%2027%20BDEW_Strompreisanalyse_Mai%202013.pdf.
BDEW (2013b): Erneuerbare Energien und das EEG: Zahlen, Fakten, Grafiken 2013, Berlin.
Becker, I./Hauser, R. (2002): Zur Entwicklung von Armut und Wohlstand in der Bundesrepublik Deutschland – eine Bestandsaufnahme, in: Butterwegge, C./Klundt, M. (Hrsg.), Kinderarmut und Generationengerechtigkeit, Opladen.
Blazejcziak, J./Diekmann, J./Edler, D./Kemfert, C./Neuhoff, K./Schill, W-P. (2013): Energiewende erfordert hohe Investitionen, in: DIW Wochenbericht Nr. 26.
Bleses, P. (2012): Stand und Vorhaben der Input-Output-Rechnung im Statistischen Bundesamt, in: IW Halle (Hg.), Neuere Anwendungsfelder der Input-Output-Analyse, Tagungsband – Beiträge zum Halleschen Input-Output-Workshop 2010.
BMU (2012): Zeitreihen zur Entwicklung der Kosten des EEG, Juli 2012.
BMU/Bafa (2013): Hintergrundinformationen zur Besonderen Ausgleichsregelung: Antragsverfahren 2013 auf Begrenzung der EEG-Umlage 2014, http://www.bafa.de/bafa/de/energie/besondere_ausgleichsregelung_eeg/publikationen/bmu/eeg_hintergrundpapier_2013.pdf, zuletzt abgerufen 28.12.2013.

BMU/BMWi (2012): Erster Monitoringbericht »Energie der Zukunft«, Berlin.

BMU/BMWi (2013): Energiewende sichern – Kosten begrenzen: Gemeinsamer Vorschlag zur Dämpfung der Kosten des Ausbaus der Erneuerbaren Energien, 13.2.2013, http://www.bmwi.de/BMWi/Redaktion/PDF/E/energiewende-sichern-kosten-begrenzen,property=pdf,bereich=bmwi2012,sprache=de,rwb=true.pdf, zuletzt abgerufen 11.10.2013.

BMWi (2014): EEG-Reform, http://www.bmwi.de/DE/Themen/Energie/Erneuerbare-Energien/eeg-reform.htm, zuletzt abgerufen 2.7.2014.1

BMWi (2014b): Entwurf eines Gesetzes zur Reform der Besonderen Ausgleichsregelung für stromkosten- und handelsintensive Unternehmen, http://www.bmwi.de/BMWi/Redaktion/PDF/E/entwurf-eines-gesetzes-zur-reform-der-besonderen-ausgleichsregelung,property=pdf,bereich=bmwi2012,sprache=de,rwb=true.pdf, zuletzt abgerufen 2.7.2014.

Boardman, B. (1991): Fuel poverty. From cold homes to affordable warmth, London, New York.

Bontrup, H.-J./Marquardt, R.-M. (2008): Nachfragemacht in Deutschland. Ursachen, Auswirkungen und wirtschaftspolitische Handlungsoptionen, Münster.

Bontrup, H.-J./Marquardt, R.-M. (2011): Kritisches Handbuch der deutschen Elektrizitätswirtschaft: Branchenentwicklung, Unternehmensstrategien, Arbeitsbeziehungen, 2. Auflage, Berlin.

Bontrup, H.-J./Marquardt, R.-M. (2012): Chancen und Risiken der Energiewende, Hrsg. v. Hans-Böckler-Stiftung, Arbeitspapier 252.

Bontrup, H.-J./Marquardt, R.-M. (2014): Verteilungskonflikte infolge der Energiewende: Elektrizitätsarmut, Hrsg. v. Initiativkreis Ruhr, http://www.i-r.de/downloads/region/Gutachten%20zur%20Elektrizit%C3%A4tsarmut.pdf, zuletzt abgerufen 14.3.2014.

Brenke, K. (2013): Allein tätige Selbständige: starkes Beschäftigungswachstum, oft nur geringe Einkommen, in: DIW-Wochenbericht Nr. 7.

Bundesagentur für Arbeit (2013): Sozialversicherungspflichtige Bruttoarbeitsentgelte – Entgeltstatistik, Stichtag 31.12.2012, Nürnberg.

Bundeskartellamt (2011): Sektoruntersuchung Stromerzeugung/Stromgroßhandel, Bonn.

Bundesnetzagentur/Bundeskartellamt (2013): Monitoringbericht 2012, 3. Aufl., Bonn.

Bundesnetzagentur/Bundeskartellamt (2013b): Datenanhang zum Monitoringbericht 2012, Bonn.

Bundesnetzagentur/Bundeskartellamt (2013c): Monitoringbericht 2013, Bonn.

Bundesregierung (2014): Bundesregierung der Bundesrepublik Deutschland, Energiewende: Kosten bremsen, Ausbau sichern, http://www.bundesregierung.de/Content/DE/Artikel/2014/01/2014-01-22-eckpunkte-eeg-reform.html;jsessionid=B8C14D909A33E3C71C19E8111E4E6446.s2t1, zuletzt abgerufen 26.1.2014.

Buslei, H. (2014): Entwicklung der Unternehmensgewinne: positiv, aber uneinheitlich, in: DIW-Wochenbericht Nr. 44/45.

Buttermann, H.-G./Baten, T. (2013): Wettbewerbsfähige Stromkosten – Voraussetzung für die Zementherstellung am Standort Deutschland – Studie im Auftrag des Vereins Deutscher Zementwerke e. V., Münster.

Butterwegge, C. (2012): Ursula von der Leyen oder: Die Wiederentdeckung der Altersarmut, in: Blätter für deutsche und internationale Politik, Heft 10.

CDU/CSU/SPD (2013): Deutschlands Zukunft gestalten: Koalitionsvertrag zwischen CDU, CSU und SPD, 18. Legislaturperiode, Berlin.

Cludius, J./Hermann, H./Matthes, F. (2013): The Merit Order Effect of Wind and Photovoltaic Electricity Generation in Germany 2008-2012, CEEM Working Paper 3-2013, Sydney.

Der Paritätische Gesamtverband (2013): Zwischen Wohlstand und Verarmung: Deutschland vor der Zerreißprobe. Bericht zur regionalen Armutsentwicklung in Deutschland 2013, Berlin.

Deutsche Bundesbank (2011): Monatsbericht Nr. 12.

Deutsche Bundesbank (2013): Sonderdruck, Hochgerechnete Angaben aus Jahresabschlüssen deutscher Unternehmen von 2006 bis 2012, Frankfurt a. M.

Deutscher Bundestag (2011): Entwurf eines Dreizehnten Gesetzes zur Änderung des Atomgesetzes, Gesetzentwurf der Fraktionen der CDU/CSU und FDP, Drucksache 17/6060 vom 6.6.2011.

Deutscher Bundestag (2014): Beschlussempfehlung und Bericht des Ausschusses für Wirtschaft und Energie – Entwurf eines Gesetzes zur grundlegenden Reform des Erneuerbare-Energien-Gesetzes und zur Änderung weiterer Bestimmungen des Energiewirtschaftsgesetzes, Drucksache 18/1891 vom 26.6.2014.

DIHK (2012): Faktenpapier Strompreise in Deutschland: Bestandteile, Entwicklungen und Strategien, Berlin.

DIW-Wochenbericht (2014): Energiewende erfordert Erneuerung des Gebäudebestands, Nr. 41.

DUH (2013): Die Energiewende und die Strompreise in Deutschland – Dichtung und Wahrheit, Berlin.

EU-Kommission (2009): Beschluss der Kommission vom 24. Dezember 2009 zur Festlegung eines Verzeichnis der Sektoren und Teilsektoren, von denen angenommen wird, dass sie einem erheblichen Risiko einer Verlagerung von CO_2-Emissionen ausgesetzt sind, Amtsblatt der Europäischen Union L1/10, vom 5.1.2010.

EWI (2012): Analyse der Stromkostenbelastung der energieintensiven Industrie, Köln, http://www.ewi.uni-koeln.de/fileadmin/user_upload/Publikationen/Studien/Politik_und_Gesellschaft/2012/2012-09_Stromkostenbelastung.pdf, zuletzt abgerufen 12.11.2013.

Forum Ökologisch-Soziale Marktwirtschaft/Greenpeace Energy eG, (2013): Was die Energiewende wirklich kostet, Berlin, Hamburg.

Fraunhofer ISE (2013): Stromgestehungskosten Erneuerbarer Energien, Version November 2013, Freiburg.

Fraunhofer ISI/DIW/GWS/IZES (2012): Monitoring der Kosten und Nutzenwirkungen des Ausbaus erneuerbarer Energien im Strom- und Wärmebereich im Jahr 2011, Karlsruhe u. a.

Frick, J./Grabka, M. (2009): Gestiegene Vermögensungleichheit in Deutschland, in: DIW-Wochenbericht Nr. 4.

Grabka, M./Goebel, J./Schupp, J. (2012): Höhepunkt der Einkommensungleichheit in Deutschland überschritten?, in: DIW-Wochenbericht Nr. 43/2012.

Graichen, V./Matthes, F./Mohr, L./Schuhmacher, K. (2009): Impacts of the EU ETS on industrial competitiveness in Germany, Conference on the International Dimension of Climate Policies, Bern.

Gstach, D. (2009): Einführung in die Input-Output-Analyse, Manuskript Wirtschafts-Universität Wien.

heute.de (2013): Union und SPD besiegeln Kürzungen bei Windkraft, http://www.heute.de/Union-und-SPD-besiegeln-K%C3%BCrzungen-bei-Windkraft-30583618.html?view=print, zuletzt abgerufen 11.11.2013.

Hockenos, P. (2012): The Energiewende, in: Zeit Online vom 15.12.2012, http://www.zeit.de/2012/47/Energiewende-Deutsche-Begriffe-Englisch, zuletzt abgerufen 14.11.2013.

Höhn, B. (2013): Interview in: Westpol, Ringen um die Energiewende, Sendung vom 10.11.2013, http://www.wdr.de/tv/westpol/sendungsbeitraege/2013/1110/eeg.jsp, zuletzt abgerufen 11.11.2013.

IEA (2010): How to make modern energy access universal, http://www.worldenergyoutlook.org/media/weowebsite/2010/weo2010_poverty.pdf, zuletzt abgerufen 6.1.2014.

IHS (2013): The Challenge to Germany's Global Competitiveness in a New Energy World, October 2013.

Institute for Advanced Sustainability Studies (2013): Beiträge zur sozialen Bilanzierung der Energiewende, Potsdam.

Judzikowski, S./Koberstein, H. (2013): Preistricks beim Strom – Wer für die Energiewende bezahlen muss, in: ZDF-Zoom, Fernsehbeitrag vom 18.9.2913.

Kopatz, M./Spitzer, M./Christanell, A. (2010): Energiearmut. Stand der Forschung, nationale Programme und regionale Modellprojekte in Deutschland, Österreich und Großbritannien, Wuppertal.

Kroh, M./Könnecke, C. (2013): Arm, arbeitslos und politisch inaktiv?, in: DIW-Wochenbericht Nr. 42.

Küchler, S./Horst, J. (2012): Strom- und Energiekosten der Industrie: Pauschale Vergünstigungen auf dem Prüfstand, Hrsg. v. Forum Ökologisch-Soziale Marktwirtschaft und Institut für ZukunftsEnergieSysteme.

Marquardt, R.-M. (2013): Germany's U-Turn in Energy Policy: How will it affect the Market?, Scientific Conference on Innovative Approaches to the Contemporary Economic Problems, DIEM 2013, 27th-29th September.

Marquardt, R.-M./Bontrup, H.-J. (2014): Verteilungskonflikte infolge der Energiewende: Branchenbetroffenheit. Hrsg. v. Initiativkreis Ruhr. http://www.w-hs.de/service/informationen-zur-person/person/marquardt/, zuletzt abgerufen 2.4.2014.

Martens, R. (2012): Die gesamtfiskalischen Kosten der Arbeitslosigkeit, Veröffentlichung des Paritätischen Gesamtverbands, Berlin.

Martens, R. (2012b): Entwicklung der Strompreise und der Stromkosten im Regelsatz, in: Soziale Sicherheit, Heft 6.

Matthes, F. C. (2013): Aktuelle Stromkosten für die energieintensiven Industrien in Deutschland, Hrsg. v. Öko-Institut, Freiburg, http://www.oeko.de/oekodoc/1796/2013-477-de.pdf, zuletzt abgerufen 13.11.2013.

Merkel, A. (2011): Regierungserklärung von Bundeskanzlerin Dr. Angela Merkel, Bulletin der Bundesregierung Nr. 59-1 vom 9. Juni 2011, http://www.bundesregierung.de/Content/DE/Bulletin/2011/06/Anlagen/59-1-bk.pdf?__blob=publicationFile&v=2, zuletzt abgerufen 25.10.2013.

Miller, E./Blair, P. (2012): Input-Output Analysis: Foundations and Extensions, 3rd. ed., New York.

Moosmüller, G. (2004): Methoden der empirischen Wirtschaftsforschung, München.

Neuhoff, K. u. a. (2013): Vorschlag für die zukünftige Ausgestaltung der Ausnahmen für die Industrie bei der EEG-Umlage, in: DIW Politikberatung kompakt 75, Berlin.

Neuhoff, K./Bach, S./Diekmann, J./Beznoska, M./El-Laboudy, T. (2012): Steigende EEG-Umlage: Unerwünschte Verteilungseffekte können vermindert werden, in: DIW-Wochenbericht 41/2012.

Nitsch, J. u. a. (2012): Langfristszenarien und Strategien für den Ausbau der erneuerbaren Energien in Deutschland bei Berücksichtigung der Entwicklung in Europa und global – Schlussbericht BMU – FKZ 03MAP146.

Öko-Institut (2013): Energiewende – Die Ursprünge, http://energiewende.de/index.php?id=5, zuletzt abgerufen 14.11.2013.

R2B (2012):, Endbericht: Jahresprognose zur deutschlandweiten Stromerzeugung aus EEG geförderten Kraftwerken für das Kalenderjahr 2013, Köln.

R2B (2013): Endbericht: Jahresprognose zur deutschlandweiten Stromerzeugung aus EEG geförderten Kraftwerken für das Kalenderjahr 2014, Köln.

Reuster, L./Küchler, S. (2013b): Die Kosten der Energiewende – Wie belastbar ist Altmaiers Billion?, in: Zeitschrift für Neues Energierecht, Heft 2.

Roland Berger Strategy Consultants (2011): Studie: Effizienzsteigerung in stromintensiven Industrien, Ausblick und Handlungsstrategien bis 2050, http://www.rolandberger.com/media/pdf/Roland_Berger_energieeffizienz_20110830.pdf

Statistisches Bundesamt (2008): Klassifikation der Wirtschaftszweige, Wiesbaden.

Statistisches Bundesamt (2010): Input-Output-Rechnung im Überblick, Wiesbaden.

Statistisches Bundesamt (2011): Datenreport 2011: Ein Sozialbericht für die Bundesrepublik Deutschland, Wiesbaden.

Statistisches Bundesamt (2011b): https://www.destatis.de/DE/Publikationen/thematisch/EinkommenKonsumLebensbedingungen/EinkommenVerbrauch/EVS-AufwendungprivaterHaushalte.html.

Statistisches Bundesamt (2012): Volkswirtschaftliche Gesamtrechnung – Input-Output-Rechnung 2008, Fachserie 18, Reihe 2, Wiesbaden.

Statistisches Bundesamt (2013): Volkswirtschaftliche Gesamtrechnung – Input-Output-Rechnung 2009, Fachserie 18, Reihe 2, Wiesbaden.

Statistisches Bundesamt (2013b): Preise: Daten zur Energiepreisentwicklung – Lange Reihen 2000 bis Juli 2013, Wiesbaden.

Statistisches Bundesamt (2013c): Wirtschaftsrechnungen, Fachserie 15 Heft 1, Wiesbaden.

Szent-Ivanyi, T. (2013): Immer mehr Rentner sind arm, in: Frankfurter Rundschau vom 23. Oktober.

Übertragungsnetzbetreiber (2012): Prognose der EEG-Umlage 2013 nach AusglMechV., http://www.eeg-kwk.net/de/EEG-Umlage.htm.

Übertragungsnetzbetreiber (2013): Informationsplattform der deutschen Übertragungsnetzbetreiber, http://www.eeg-kwk.net/de/EEG_Jahresabrechnungen.htm.

Übertragungsnetzbetreiber (2013b): Prognose der EEG-Umlage 2014 nach AusglMechV., http://www.eeg-kwk.net/de/EEG-Umlage.htm.

Übertragungsnetzbetreiber (2013c): Umlage nach § 19 Abs. 2 StromNEV für 2014, http://www.eeg-kwk.net/de/Paragraph-19-Umlage.htm, zuletzt abgerufen 3.11.2013.

Übertragungsnetzbetreiber (2013d): Offshore-Haftungsumlage für 2014 nach § 17f EnWG, http://www.eeg-kwk.net/de/Offshore-Haftungsumlage-2014.htm, zuletzt abgerufen 3.11.2013.

Urban, H.-J. (2011): Hartz-IV: Lohndumping mit System, in: Blätter für deutsche und internationale Politik, Heft 1.

Vassiliadis, M. (2013): Beispiellose Umverteilung, in: Handelsblatt vom 22.7.2013.

VCI (2013): Deutsche Chemie investiert verstärkt im Ausland, https://www.vci.de/Die-Branche/WirtschaftMarktinformationen/Zahlen-und-Fakten/Seiten/VCI-Datenerhebung-Deutsche-Chemie-investiert-verstaerkt-im-Ausland.aspx, zuletzt abgerufen 15.1.2014.

Verband der Netzbetreiber (2004): Verfahrensbeschreibung zur Umsetzung des Gesetzes für die Erhaltung, die Modernisierung und den Ausbau der Kraft-Wärme-Kopplung (Kraft-Wärme-Kopplungs-Gesetz) vom 1. April 2002 durch die Netzbetreiber, aktualisiert am 1.3.2004.

Verbraucherzentrale NRW (2008): Vorschlag der Verbraucherzentrale NRW zur Einführung eines Strom-Spartarifes für private Haushalte, Düsseldorf.

Verbraucherzentrale NRW (2013b): Energiearmut bekämpfen, Daseinsvorsorge sichern, April 2013.

VIK (2013): Stellungnahme zur Änderung der StromNEV, insbes. §19 Absatz 2 StromNEV, im Kontext des Kabinettsbeschlusses zur »Verordnung zur Änderung von Verordnungen auf dem Gebiet des Energiewirtschaftsgesetzes« vom 29. Mai 2013, Essen, 18.6.2013.

VIK (2013b): Netzentgeltreduzierung ist angemessene Gegenleistung für industrielle Leistungen – Bundesrat entscheidet am kommenden Freitag über Neufassung der Netzentgeltreduzierungen für große Stromkunden, Essen, 4.7.2013, http://vik.de/pressemitteilung/items/netzentgeltreduzierung-ist-angemessene-gegenleistung-fuer-industrielle-leistungen-bundesrat-entscheidet-am-kommenden-freitag-ueb.html, zuletzt abgerufen 3.11.2013.

Westfälische Nachrichten (17.09.2013): Wasserpreis steigt im südlichen Münsterland.

Wiener Stadtwerke (2013): Herausforderung Energiearmut und der Beitrag der Wiener Stadtwerke. Materialien der Wiener Stadtwerke zur nachhaltigen Entwicklung Nummer 8, Wien.

Zitzler, S. (2013): Reichweite und Grenzen einer Förderreform: Eine steuerungstheoretische Analyse der Photovoltaik-Novelle 1012, in: Korte, K.-R. (Hrsg.), Regierungsforschung. de, 11. Juli.

Anhang

Abbildungen und Tabellen

Abb. 1: Überblick: Energiewendebausteine

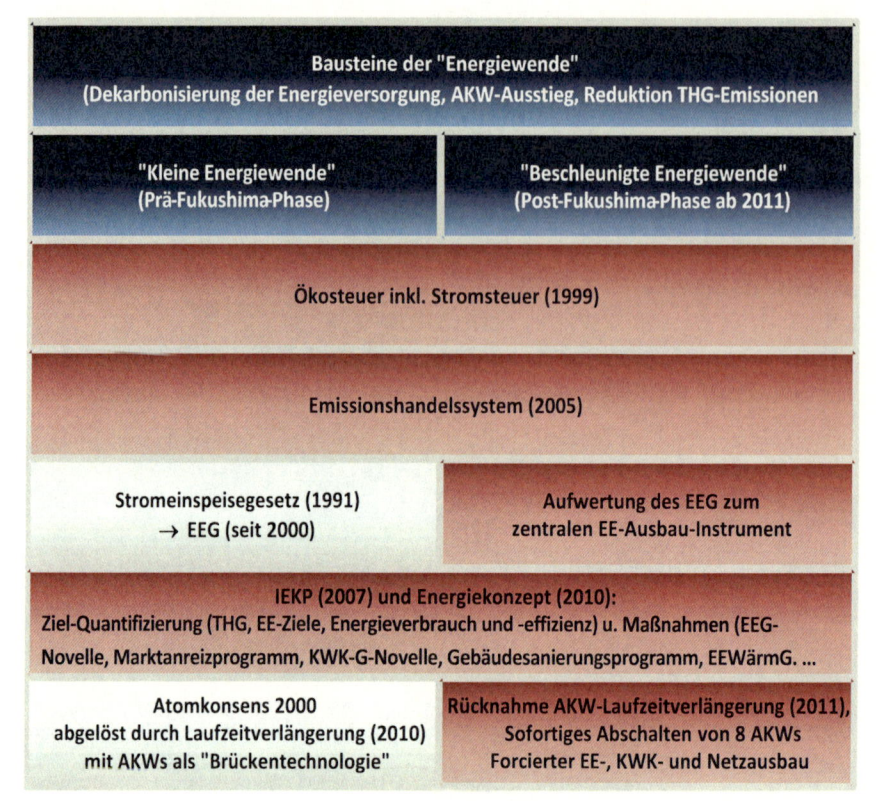

Bausteine der "Energiewende" (Dekarbonisierung der Energieversorgung, AKW-Ausstieg, Reduktion THG-Emissionen)	
"Kleine Energiewende" (Prä-Fukushima-Phase)	"Beschleunigte Energiewende" (Post-Fukushima-Phase ab 2011)
Ökosteuer inkl. Stromsteuer (1999)	
Emissionshandelssystem (2005)	
Stromeinspeisegesetz (1991) → EEG (seit 2000)	Aufwertung des EEG zum zentralen EE-Ausbau-Instrument
IEKP (2007) und Energiekonzept (2010): Ziel-Quantifizierung (THG, EE-Ziele, Energieverbrauch und -effizienz) u. Maßnahmen (EEG-Novelle, Marktanreizprogramm, KWK-G-Novelle, Gebäudesanierungsprogramm, EEWärmG. ...	
Atomkonsens 2000 abgelöst durch Laufzeitverlängerung (2010) mit AKWs als "Brückentechnologie"	Rücknahme AKW-Laufzeitverlängerung (2011), Sofortiges Abschalten von 8 AKWs Forcierter EE-, KWK- und Netzausbau

Eigene Darstellung

ANHANG: ABBILDUNGEN 151

Abb. 2: Strompreiszusammensetzung private Haushalte 2013

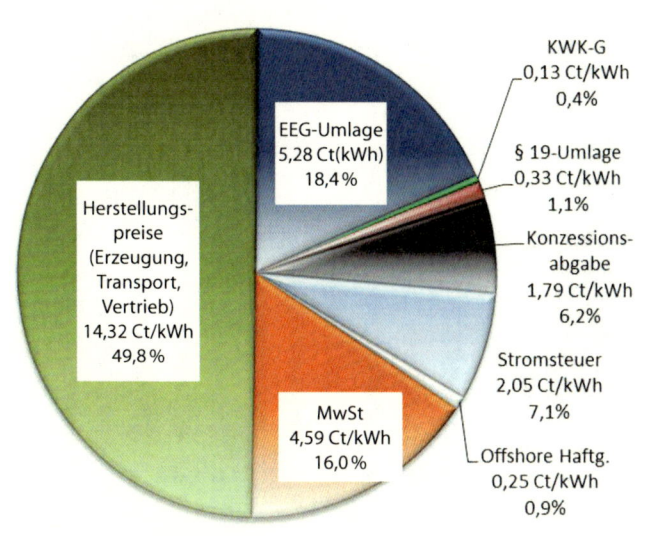

Pie chart:
- Herstellungspreise (Erzeugung, Transport, Vertrieb): 14,32 Ct/kWh — 49,8 %
- EEG-Umlage: 5,28 Ct/kWh — 18,4 %
- KWK-G: 0,13 Ct/kWh — 0,4 %
- § 19-Umlage: 0,33 Ct/kWh — 1,1 %
- Konzessionsabgabe: 1,79 Ct/kWh — 6,2 %
- Stromsteuer: 2,05 Ct/kWh — 7,1 %
- Offshore Haftg.: 0,25 Ct/kWh — 0,9 %
- MwSt: 4,59 Ct/kWh — 16,0 %

Durchschnittlicher Strompreis im Drei-Personen-Haushalt mit einem Verbrauch von 3.500 kWh/a, Quelle: **BDEW** (2013).

Abb. 3: EU-Strompreisvergleich für private Haushalte

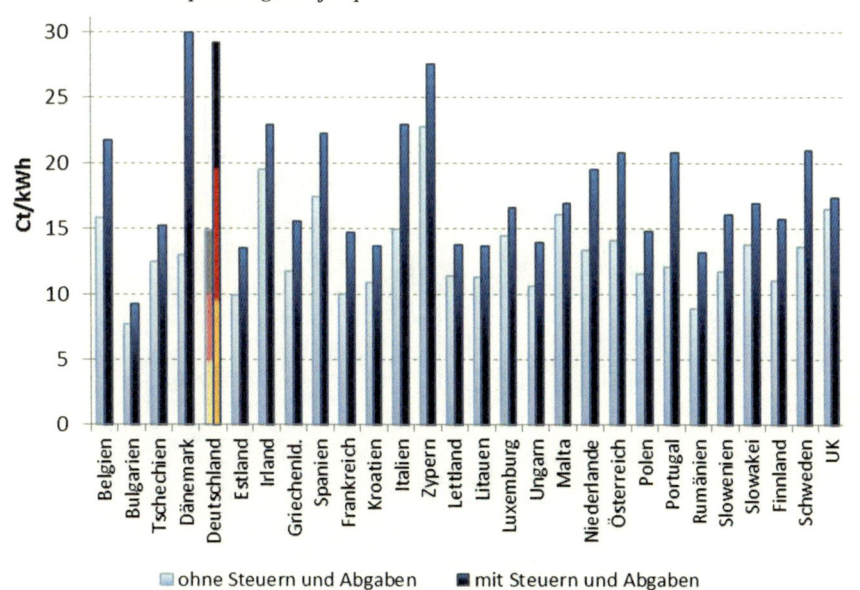

Bar chart (Ct/kWh) Länder: Belgien, Bulgarien, Tschechien, Dänemark, Deutschland, Estland, Irland, Griechenld., Spanien, Frankreich, Kroatien, Italien, Zypern, Lettland, Litauen, Luxemburg, Ungarn, Malta, Niederlanden, Österreich, Polen, Portugal, Rumänien, Slowakei, Slowenien, Finnland, Schweden, UK

□ ohne Steuern und Abgaben   ■ mit Steuern und Abgaben

1. Halbjahr 2013; Verbrauchsgruppe DC zwischen 2.500 kWh/a und 5.000 kWh/a
Quelle: Eurostat

Abb. 4: Strompreisentwicklung für private Haushalte

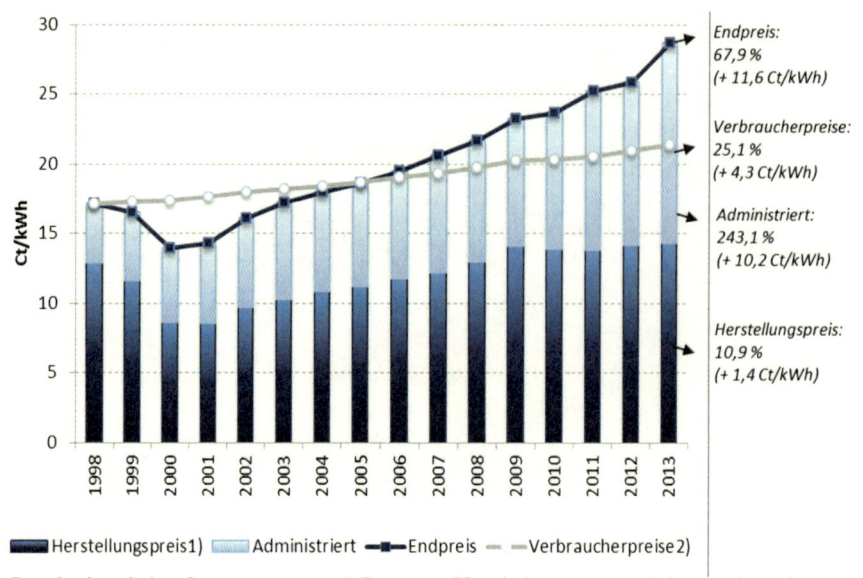

Durchschnittlicher Strompreis eines 3-Personen-Haushalts mit einem Jahresverbrauch von 3.500 kWh; Für 2013 Prognosewert zum Mai 2013; 1) Erzeugung, Transport und Vertrieb; 2) Strompreis von 1998 eskaliert mit dem Anstieg der Lebenshaltungskosten; Quellen: BDEW (2013), Deutsche Bundesbank und eigene Berechnungen.

Abb. 5: Strompreiszusammensetzung nicht-privilegierte Unternehmen 2013

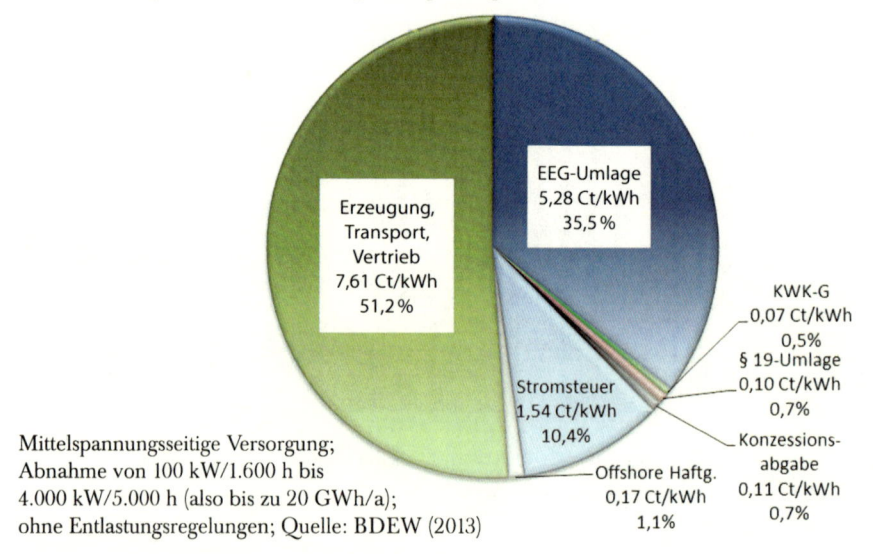

Mittelspannungsseitige Versorgung; Abnahme von 100 kW/1.600 h bis 4.000 kW/5.000 h (also bis zu 20 GWh/a); ohne Entlastungsregelungen; Quelle: BDEW (2013)

ANHANG: ABBILDUNGEN 153

Abb. 6: EU-Strompreisvergleich für Unternehmen mit mittlerer Stromintensität

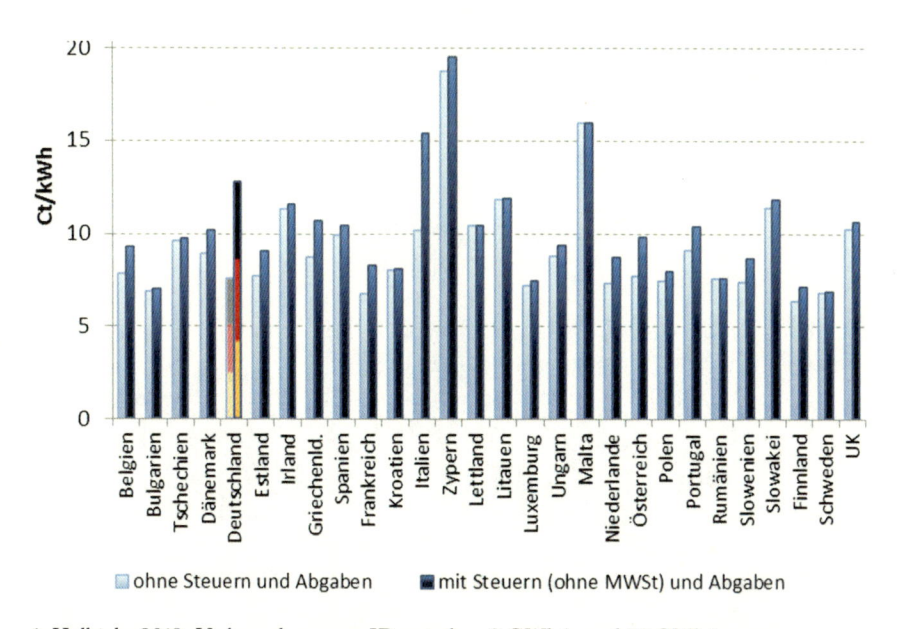

☐ ohne Steuern und Abgaben   ■ mit Steuern (ohne MWSt) und Abgaben

1. Halbjahr 2013; Verbrauchsgruppe ID zwischen 2 GWh/a und 20 GWh/a;
Quelle: Eurostat

Abb. 7: Strompreisentwicklung für Unternehmen mit mittlerer Stromintensität

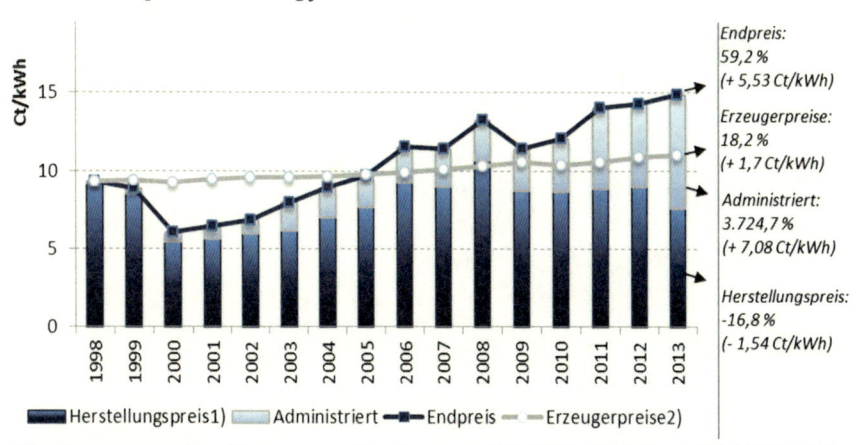

Endpreis:
59,2 %
(+ 5,53 Ct/kWh)

Erzeugerpreise:
18,2 %
(+ 1,7 Ct/kWh)

Administriert:
3.724,7 %
(+ 7,08 Ct/kWh)

Herstellungspreis:
-16,8 %
(- 1,54 Ct/kWh)

■ Herstellungspreis1)   ☐ Administriert —■— Endpreis   — — Erzeugerpreise2)

Mittelspannungsseitige Versorgung; Abnahme von 100 kW/1.600 h bis 4.000 kW/5.000 h
(also bis zu 20 GWh/a) ohne Entlastungsregelungen; für 2013 Prognosewert zum Mai 2013;
1) Erzeugung, Transport und Vertrieb; 2) Strompreis von 1998 eskaliert mit dem Anstieg
der Erzeugerpreise gewerblicher Produkte im Inlandsabsatz ohne MwSt. und ohne Energie.
Quellen: BDEW (2013), Deutsche Bundesbank und eigene Berechnungen.

Abb. 8: EU-Strompreisvergleich für Unternehmen mit hoher Stromintensität

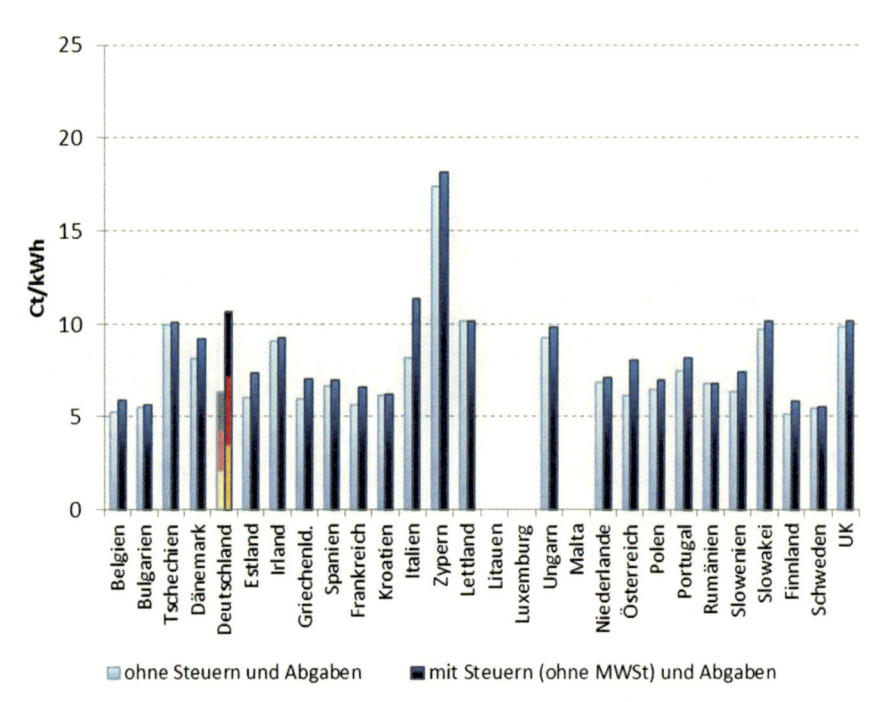

1. Halbjahr 2013; Verbrauchsgruppe IF zwischen 70 GWh/a und 150 GWh/a;
Für Litauen und Luxemburg wurden keine Angaben gemacht; für Malta wurde 0,00 EUR/MWh (sic!) angegeben; Quelle: Eurostat

ANHANG: ABBILDUNGEN 155

Abb. 9: Primärer Anstieg der Vorleistungskosten in v.H. nach Strompreisanstieg

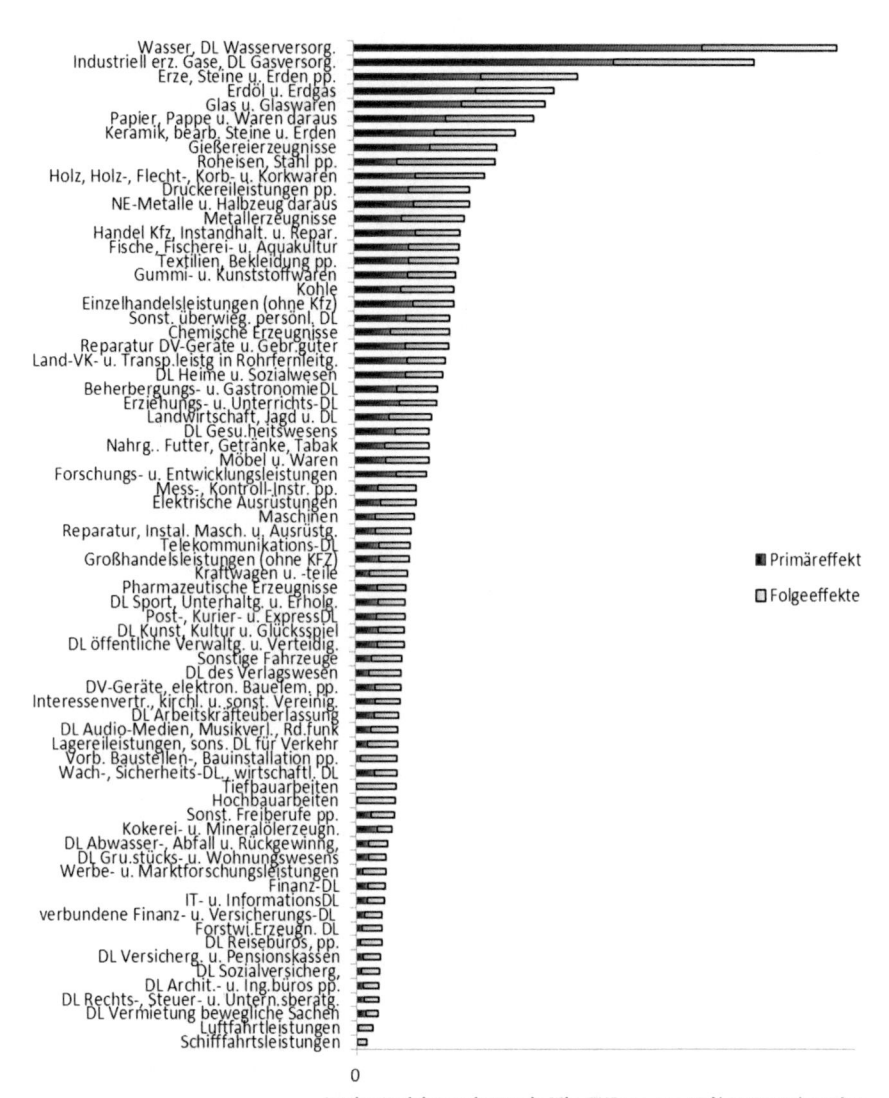

Anstieg Vorleistungskosten in Mio. EUR p.a. pro 10-%-Strompreisanstieg

■ Primäreffekt
☐ Folgeeffekte

Durchschnittswerte aus Input-Output-Daten von 2008 und 2009 nach 10-prozentigem Strompreisimpuls; Quelle: Eigene Berechnungen aus Daten des Statistischen Bundesamtes

Abb. 10: Primärer Kosteneffekt in v.H. nach Strompreisanstieg

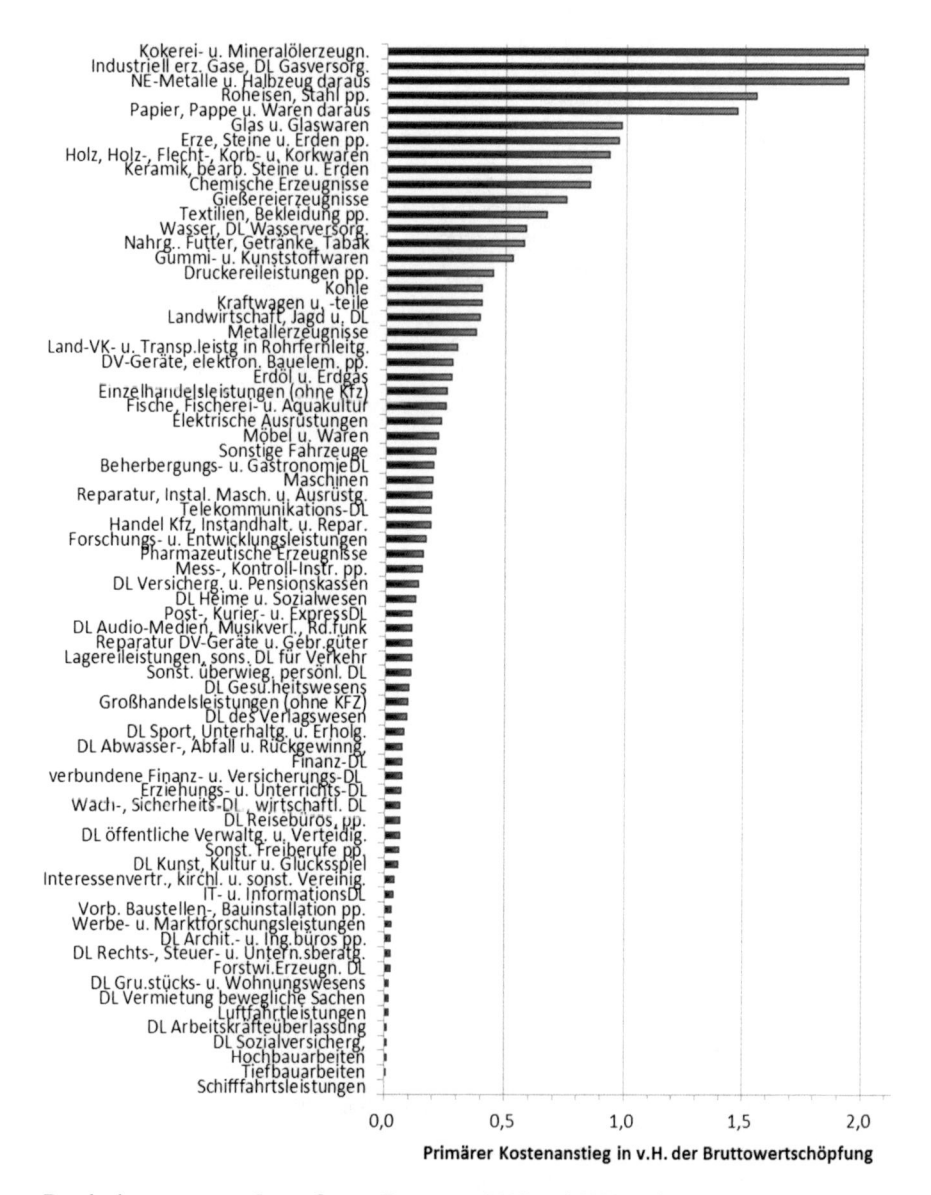

Primärer Kostenanstieg in v.H. der Bruttowertschöpfung

Durchschnittswerte aus Input-Output-Daten von 2008 und 2009 nach 10-prozentigem Strompreisimpuls; ein Verzehnfachen der Werte liefert den Wertschöpfungsanteil der Stromkosten; Quelle: Eigene Berechnungen aus Daten des Statistischen Bundesamtes

Abb. 11: Vorleistungskostenwirkung in v.H. nach Strompreisanstieg

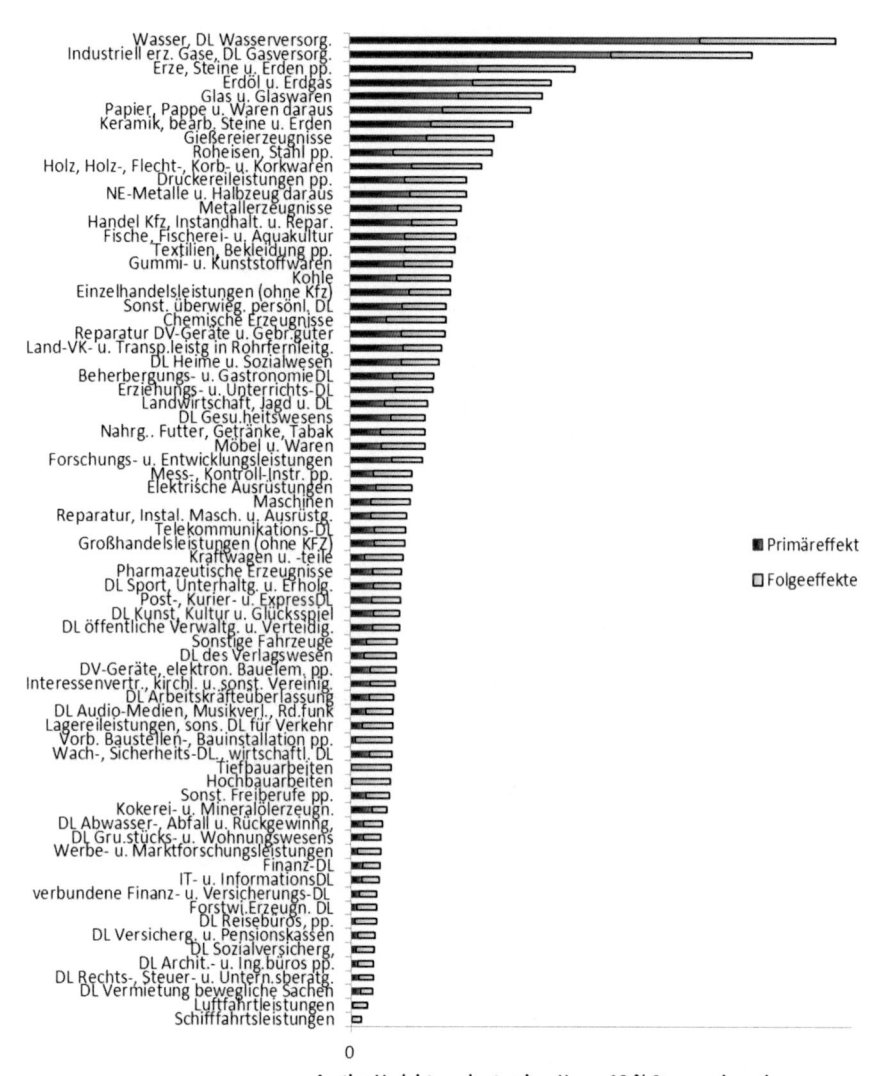

Wasser, DL Wasserversorg.	
Industriell erz. Gase, DL Gasversorg.	
Erze, Steine u. Erden pp.	
Erdöl u. Erdgas	
Glas u. Glaswaren	
Papier, Pappe u. Waren daraus	
Keramik, bearb. Steine u. Erden	
Gießereierzeugnisse	
Roheisen, Stahl pp.	
Holz, Holz-, Flecht-, Korb- u. Korkwaren	
Druckereileistungen pp.	
NE-Metalle u. Halbzeug daraus	
Metallerzeugnisse	
Handel Kfz, Instandhalt. u. Repar.	
Fische, Fischerei- u. Aquakultur	
Textilien, Bekleidung pp.	
Gummi- u. Kunststoffwaren	
Kohle	
Einzelhandelsleistungen (ohne Kfz)	
Sonst. überwieg. persönl. DL	
Chemische Erzeugnisse	
Reparatur DV-Geräte u. Gebr.güter	
Land-VK- u. Transp.leistg in Rohrfernleitg.	
DL Heime u. Sozialwesen	
Beherbergungs- u. Gastronomie DL	
Erziehungs- u. Unterrichts-DL	
Landwirtschaft, Jagd u. DL	
DL Gesu.heitswesens	
Nahrg.. Futter, Getränke, Tabak	
Möbel u. Waren	
Forschungs- u. Entwicklungsleistungen	
Mess-, Kontroll-Instr. pp.	
Elektrische Ausrüstungen	
Maschinen	
Reparatur, Instal. Masch. u. Ausrüstg.	
Telekommunikations-DL	
Großhandelsleistungen (ohne KFZ)	
Kraftwagen u. -teile	
Pharmazeutische Erzeugnisse	
DL Sport, Unterhaltg. u. Erholg.	
Post-, Kurier- u. ExpressDL	
DL Kunst, Kultur u. Glücksspiel	
DL öffentliche Verwaltg. u. Verteidig.	
Sonstige Fahrzeuge	
DL des Verlagswesen	
DV-Geräte, elektron. Bauelem. pp.	
Interessenvertr., kirchl. u. sonst. Vereinig.	
DL Arbeitskräfteüberlassung	
DL Audio-Medien, Musikverl., Rd.funk	
Lagereileistungen, sons. DL für Verkehr	
Vorb. Baustellen-, Bauinstallation pp.	
Wach-, Sicherheits-DL., wirtschaftl. DL	
Tiefbauarbeiten	
Hochbauarbeiten	
Sonst. Freiberufe pp.	
Kokerei- u. Mineralölerzeugn.	
DL Abwasser-, Abfall u. Rückgewinng.	
DL Gru.stücks- u. Wohnungsleistungen	
Werbe- u. Marktforschungsleistungen	
Finanz-DL	
IT- u. InformationsDL	
verbundene Finanz- u. Versicherungs-DL	
Forstwi.Erzeugn. DL	
DL Reisebüros, pp.	
DL Versicherg. u. Pensionskassen	
DL Sozialversicherg.	
DL Archit.- u. Ing.büros pp.	
DL Rechts-, Steuer- u. Untern.sberatg.	
DL Vermietung bewegliche Sachen	
Luftfahrtleistungen	
Schifffahrtsleistungen	

■ Primäreffekt
□ Folgeeffekte

Anstieg Vorleistungskosten in v.H. pro 10-%-Strompreisanstieg

Durchschnittswerte aus Input-Output-Daten von 2008 und 2009 nach 10-prozentigem Strompreisimpuls; Quelle: Eigene Berechnungen aus Daten des Statistischen Bundesamtes

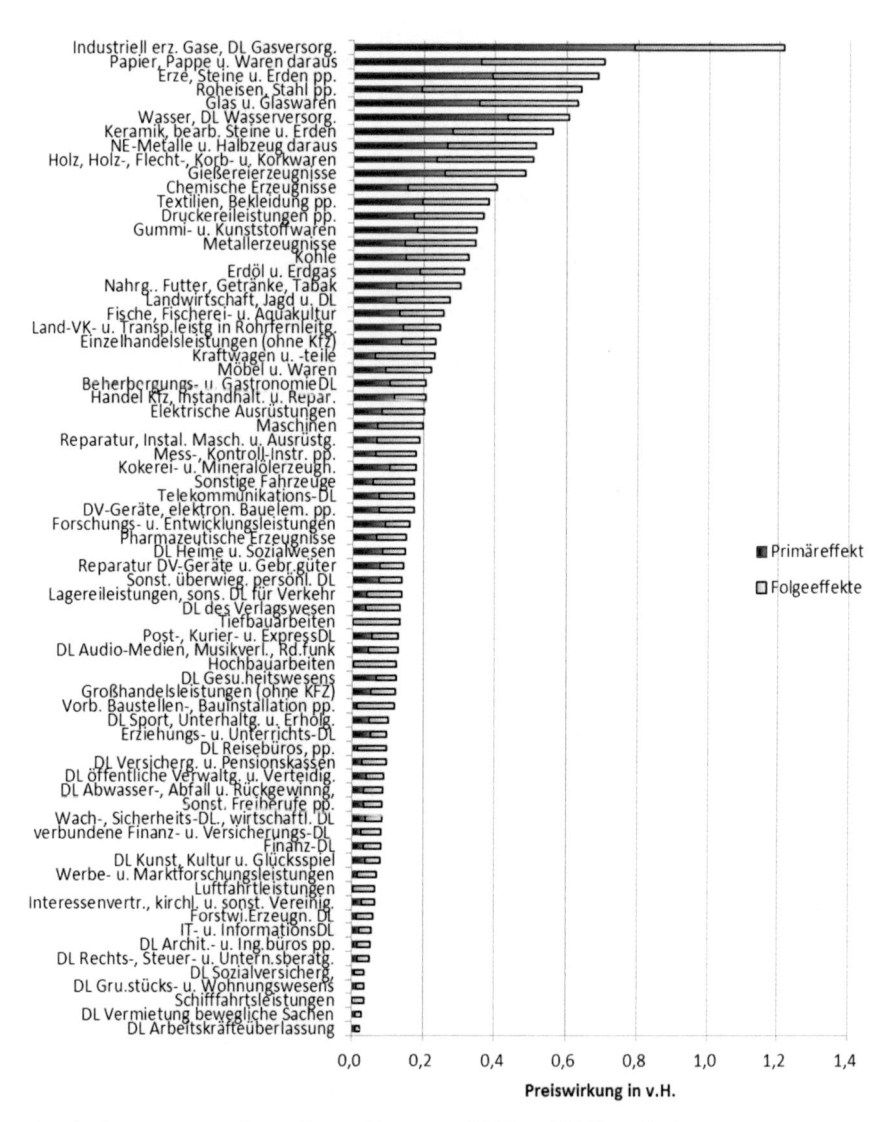

Abb. 12: Preiswirkung nach Strompreisanstieg

Durchschnittswerte aus Input-Output-Daten von 2008 und 2009 nach 10-prozentigem Strompreisimpuls; Quelle: Eigene Berechnungen aus Daten des Statistischen Bundesamtes

ANHANG: ABBILDUNGEN 159

Abb. 13: Kostenwirkung im Value-at-Stake-Ansatz in v. H. nach Strompreisanstieg

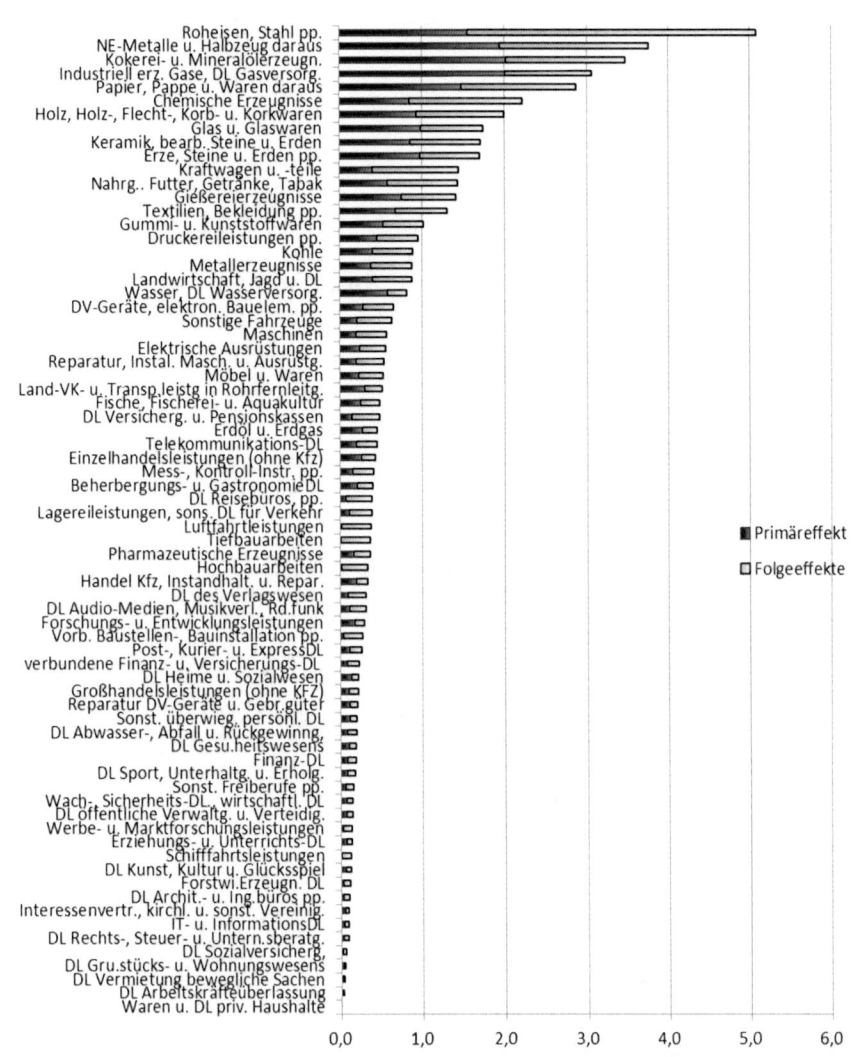

Durchschnittswerte aus Input-Output-Daten von 2008 und 2009 nach 10-prozentigem Strompreisimpuls; Quelle: Eigene Berechnungen aus Daten des Statistischen Bundesamtes

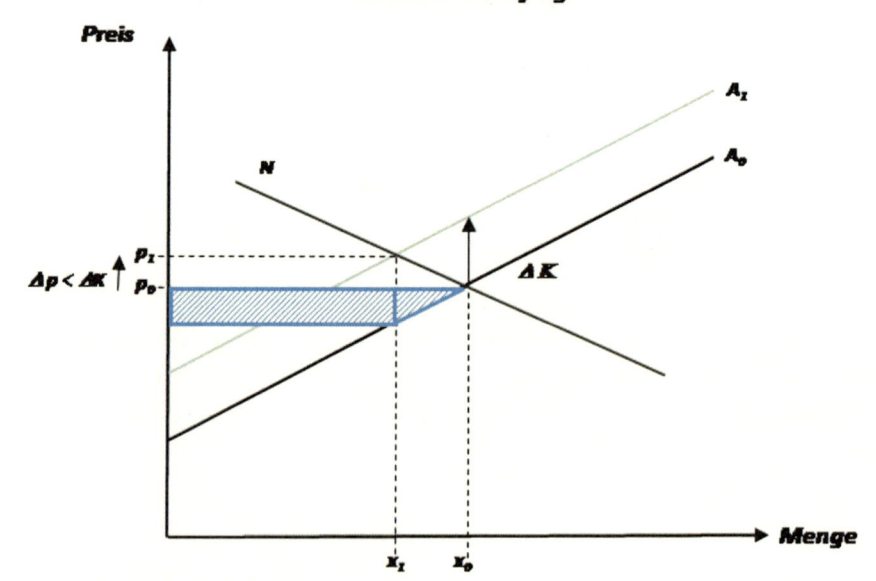

Abb. 14: Kostenwälzung ohne internationalen Wettbewerb

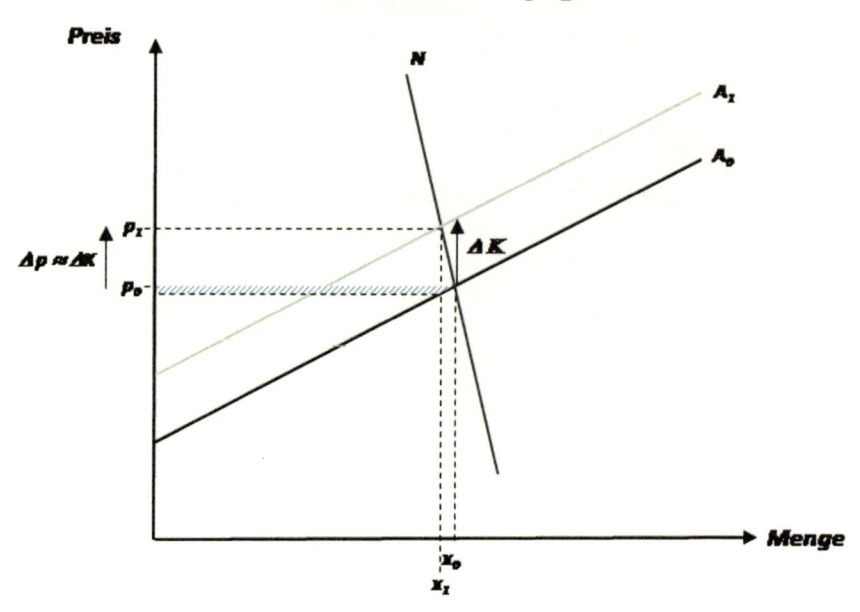

Unelastische Nachfrage

Elastische Nachfrage

ANHANG: ABBILDUNGEN 161

Abb. 15: Kostenwälzung mit internationalem Wettbewerb

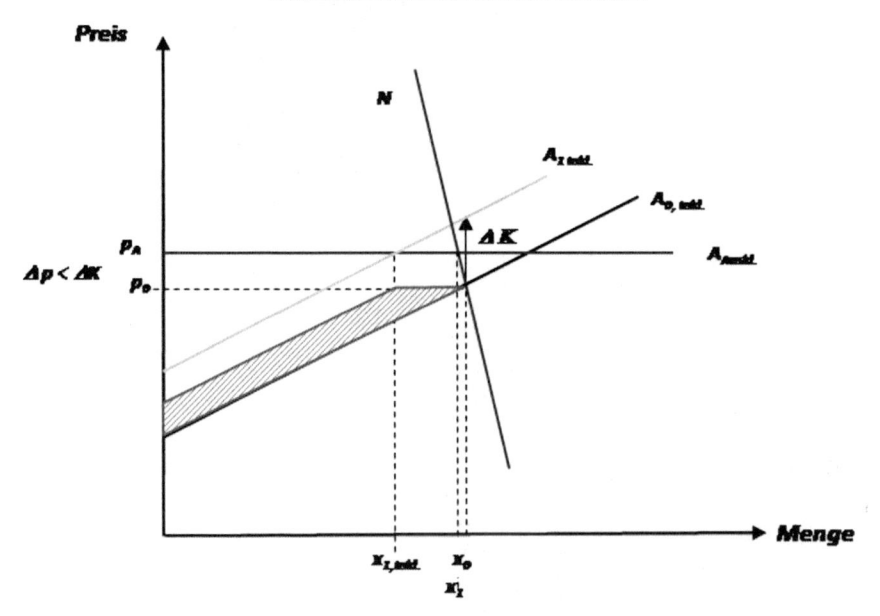

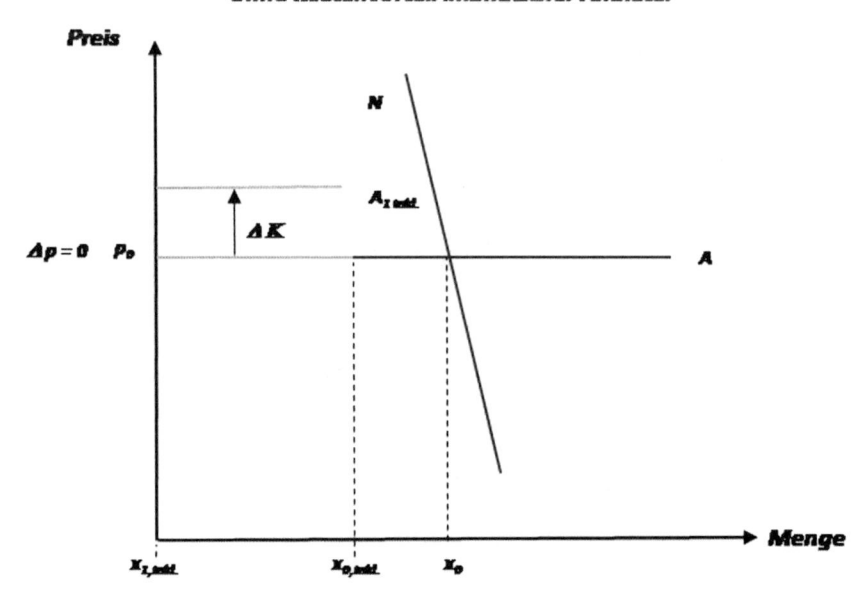

Abb. 16: Handelsintensitäten

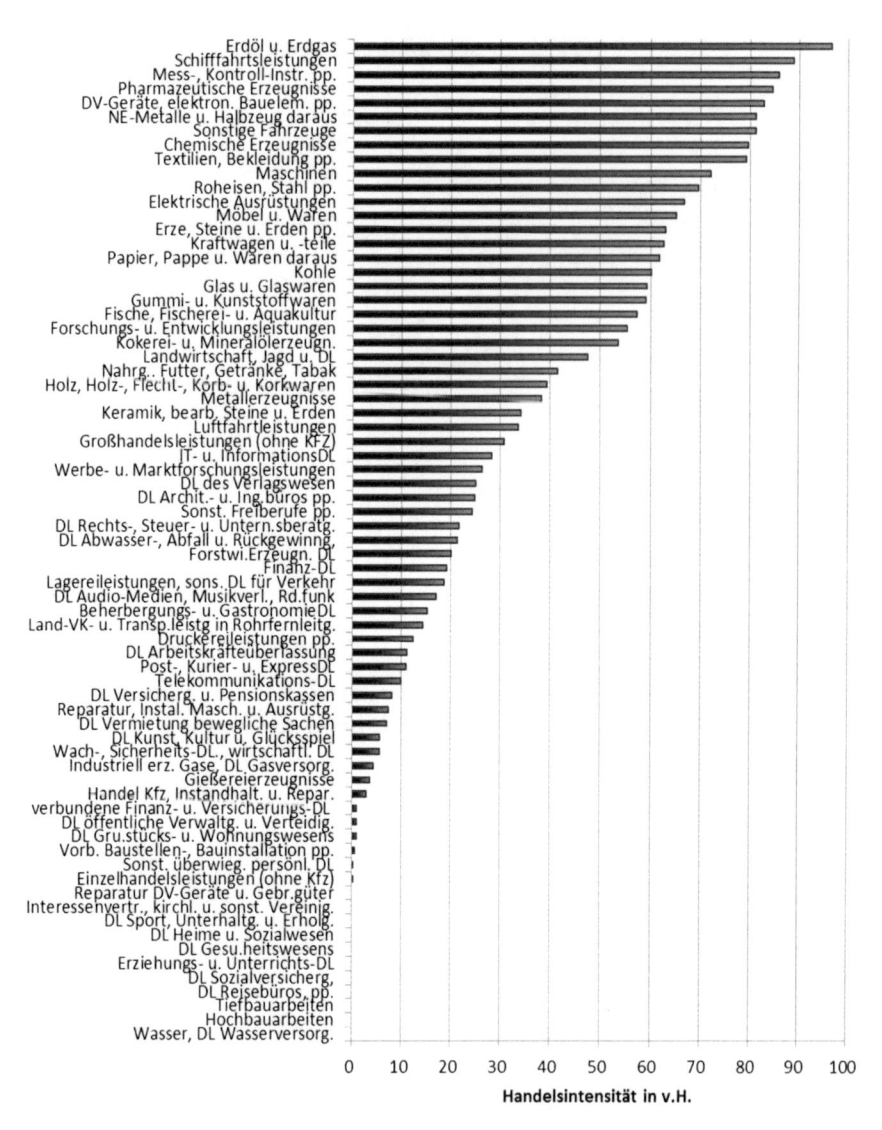

Durchschnittswerte aus Input-Output-Daten 2008 u. 2009; Quelle: Eigene Berechnungen aus Daten des Statistischen Bundesamtes

ANHANG: ABBILDUNGEN   163

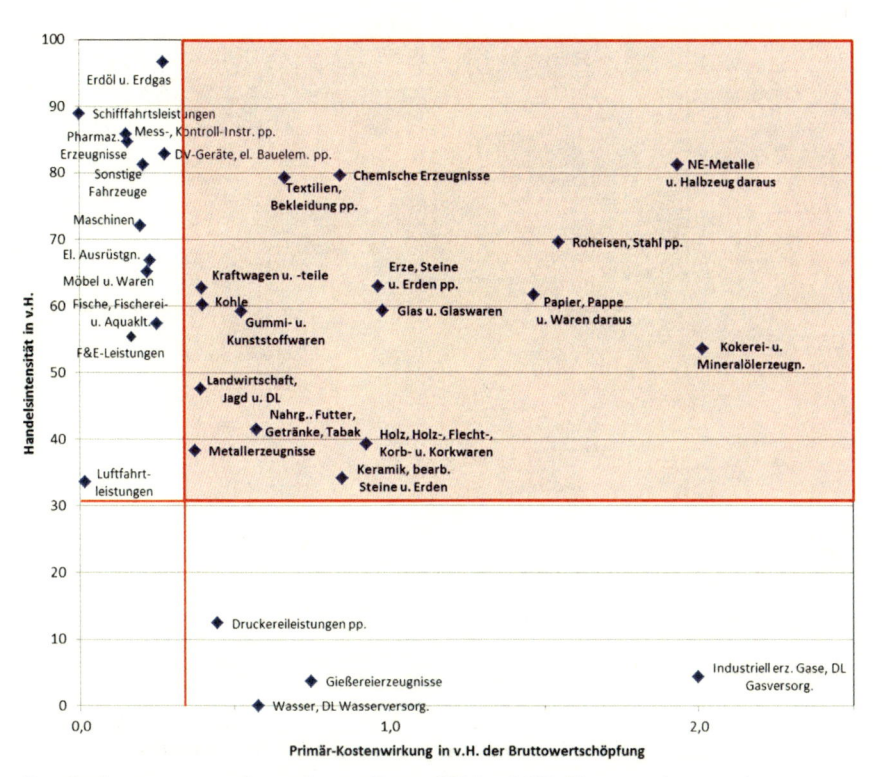

Abb. 17: Überdurchschnittlich exponierte Branchen – Primäre Kostenwirkung

Durchschnittswerte aus Input-Output-Daten 2008 u. 2009; Kostenwirkung nach 10-prozentigem Strompreisimpuls; Quelle: Eigene Berechnungen aus Daten des Statistischen Bundesamtes

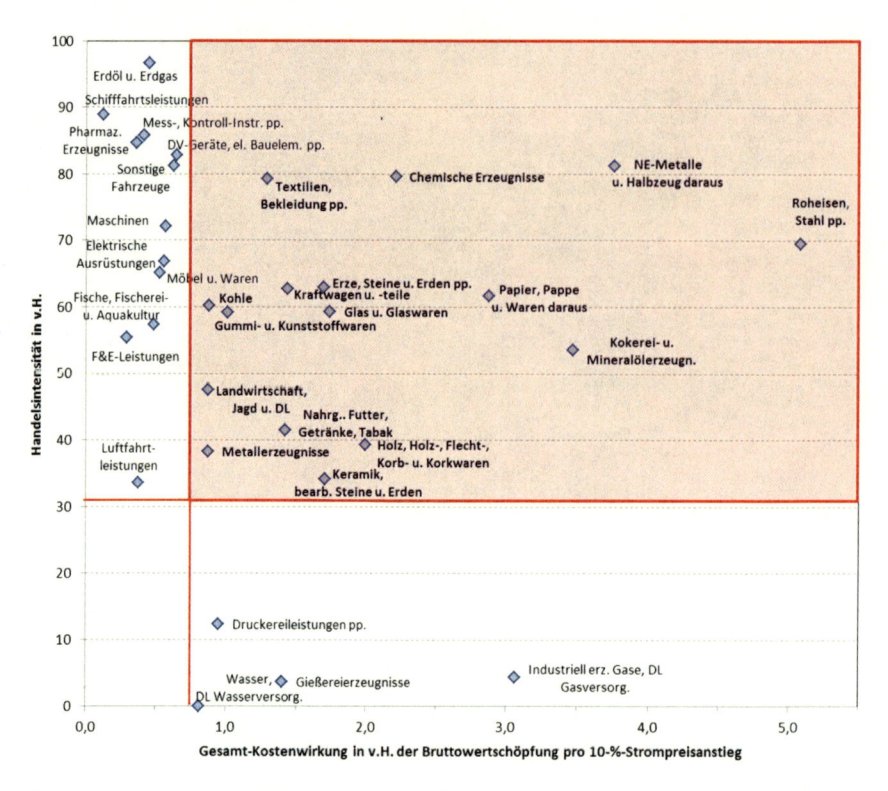

Abb. 18: Überdurchschnittlich exponierte Branchen - Gesamtkostenwirkung

Durchschnittswerte aus Input-Output-Daten 2008 u. 2009; Kostenwirkung nach 10-prozentigem Strompreisimpuls; Quelle: Eigene Berechnungen aus Daten des Statistischen Bundesamtes

ANHANG: ABBILDUNGEN

Abb. 19: Überdurchschnittlich exponierte Branchen – Prognosespektrum der Kostenwirkung

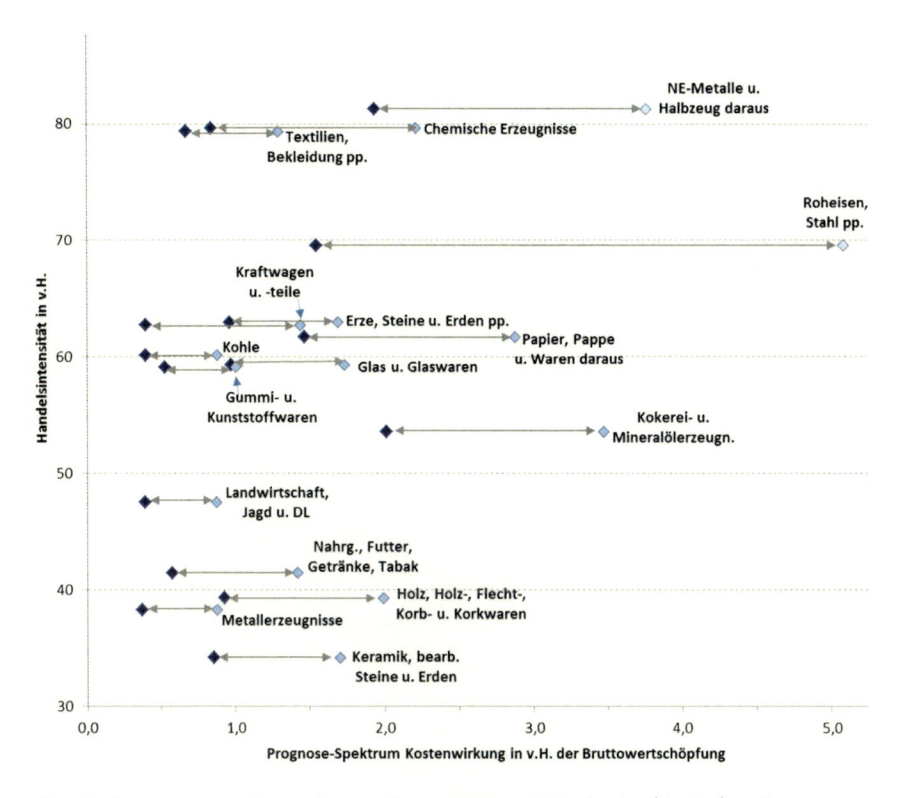

[Diagramm: Handelsintensität in v.H. (y-Achse, 30–80) gegen Prognose-Spektrum Kostenwirkung in v.H. der Bruttowertschöpfung (x-Achse, 0,0–5,0) für folgende Branchen:
- NE-Metalle u. Halbzeug daraus
- Textilien, Bekleidung pp.
- Chemische Erzeugnisse
- Roheisen, Stahl pp.
- Kraftwagen u. -teile
- Erze, Steine u. Erden pp.
- Kohle
- Papier, Pappe u. Waren daraus
- Glas u. Glaswaren
- Gummi- u. Kunststoffwaren
- Kokerei- u. Mineralölerzeugn.
- Landwirtschaft, Jagd u. DL
- Nahrg., Futter, Getränke, Tabak
- Metallerzeugnisse
- Holz, Holz-, Flecht-, Korb- u. Korkwaren
- Keramik, bearb. Steine u. Erden]

Durchschnittswerte aus Input-Output-Daten 2008 u. 2009; direkte (dunkel) und gesamte (hell) Kostenwirkung nach 10-prozentigem Strompreisimpuls; Quelle: Eigene Berechnungen aus Daten des Statistischen Bundesamtes

ANHANG: TABELLEN

Tab 1: Strompreisanstieg für private Haushalte durch die Energiewende

		1998	2000	2012	2013	Anstieg 2013 gg. 1998	Anstieg 2013 gg. 2000
EW-Komponenten	EEG	-	0,20	3,59	5,28	5,28	5,08
	+ Stromsteuer	-	1,28	2,05	2,05	2,05	0,77
	+ KWK-Umlage	0,08	0,13	0,00	0,13	0,05	0,00
	+ Offshore-Umlage	-	-	-	0,25	0,25	0,25
	+ MWSt auf EW-Kompon.	0,01	0,26	1,07	1,46	1,45	1,21
	= EW-Anteil	0,09	1,87	6,72	9,17	9,07	7,30
	+ §19-Umlage		-	0,15	0,33	0,33	0,33
	+ Konzessionsabg.	1,79	1,79	1,79	1,79	0,00	0,00
	+ sonst. MWSt.	2,32	1,66	3,06	3,13	0,81	1,46
	=Administriert Komponenten	4,20	5,32	11,71	14,41	10,21	9,09
	+ Herstellungspreis	12,91	8,62	14,17	14,32	1,41	5,70
	= Endpreis mit EW-Anteil	17,11	13,94	25,89	28,73	11,62	14,79
	Endpreis ohne EW-Anteil	17,02	12,07	19,17	19,57	2,55	7,49
	Verteuerung durch EW [v.H.]	0,55	15,47	35,03	46,85		
monatl. Stromausgaben in Musterhaushalten[1] [EUR]	Drei-Personen-Haushalte mit EW	49,90	40,66	75,50	83,80		
	Drei-Personen-Haushalte ohne EW	49,63	35,21	55,91	57,07		
	2-Personen-Haushalte mit EW	35,65	29,04	53,93	59,86		
	2-Personen-Haushalte ohne EW	35,45	25,15	39,94	40,76		
	1-Personen-Haushalte	23,03	18,76	34,84	38,67		
	1-Personen-Haushalte ohne EW	22,90	16,25	25,80	26,33		

Die Angaben zu den Preiskomponenten beziehen sich auf Drei-Personen-Haushalte. Alle Angaben in Ct/kWh, soweit nicht anders ausgewiesen; 1). Verbrauchsannahmen: Drei-Personen-Haushalt 3.500 kWh/a, Zwei-Personen-Haushalt 2.500 kWh/a und Ein-Personen-Haushalt 1615 kWh/a. Preisannahmen: ggü. Drei-Personen-Haushalten unveränderte Preisbestandteile bei Zwei- und Ein-Personen-Haushalten; Quellen: BDEW (2013) und eigene Berechnungen.

Tab 2: Strompreisanstieg für Unternehmen mit mittlerer Stromintensität durch die Energiewende

		1998	2000	2013	Anstieg 2013 ggü. 1998	Anstieg 2013 ggü. 2000
EW-Komponenten	EEG/StrEG	0,08	0,20	5,28	5,20	5,08
	+ Stromsteuer		0,26	1,54	1,54	1,28
	+ KWK-Umlage	-	0,13	0,07	0,07	-0,06
	+ Offshore-Umlage	-	-	0,17	0,17	0,17
	= EW-Anteil	0,08	0,59	7,06	7,06	6,47
	+ §19-Umlage	-	-	0,10	0,10	0,10
	+ Konzessionsabg.	0,11	0,00	0,11	0,00	0,11
	= Administrierte Komponenten	0,19	0,59	7,27	7,08	6,68
	+ Herstellungspreis	9,15	5,46	7,61	-1,54	2,15
	=Endpreis mit EW-Anteil	9,34	6,05	14,87	5,53	8,82
	Endpreis ohne EW-Anteil	9,26	5,46	7,81	-1,45	2,35
	Verteuerung durch EW [v.H.]	0,9	10,8	90,3		

Alle Angaben in Ct/kWh, soweit nicht anders ausgewiesen; Quellen: BDEW (2013) und eigene Berechnungen.

Tab. 3: Synopse Strompreisprivilegien

Preisbestandteil	Zielsetzung	Regelsatz	Privilegierungen
EEG-Umlage (Preisanteil in 2013 für Mittlere Industriebetriebe 35,5 v. H.)	Umlegen der Förderkosten des EE-Ausbaus auf Stromverbraucher nach Verursacherprinzip	aus Kostenumlage auf nicht privilegierten Verbrauch; 2013: **5,277 Ct/kW** 2014: **6,240 Ct/kWh**	• *Grünstromprivileg:* EVUs erheben für Grünstrom an Endkunden Reduktion **um 2 Ct/kWh**; Voraussetzung: mindestens 50 v. H. EE-Strom und mindestens 20 v. H. PV- oder Windstrom • *PV-Grünstromprivileg:* Bei Vermarktung von 100 v. H. PV-Strom ohne Einspeisung ins öffentliche Netz erhält Endkunde Reduktion **um 2 Ct/kWh** • *Eigenerzeugung* freigestellt von EEG-Umlage • *Besondere Ausgleichsregel für Produzierendes Gewerbe* (≥ 1 GWh/a; Stromkosten/ Bruttowertschöpfung ≥ 14 v.H.; u.U. Erhebung des Effizienzpotenzials); Staffelung: • 100 v.H. vom Regelsatz für 1 GWh • **10 v.H. vom Regelsatz** für den Verbrauch [1 - 10 GWh]

Tab. 3: Synopse Strompreisprivilegien (Fortsetzung)

Preisbestandteil	Zielsetzung	Regelsatz	Privilegierungen
			• **1 v.H. vom Regelsatz** für den Verbrauch [10 - 100 GWh] • **0,05 Ct/kWh** für den Verbrauch > 100 GWh • bei Stromverbrauch > 100 GWh u. Stromkosten/ Bruttowertschöpfung > 20 v.H. generell: **0,05 Ct/kWh** • *Besondere Ausgleichsregelung für Schienenbahnbetreiber* (≥ 1 GWh/a) mit Staffelung: • 100 v.H. vom Regelsatz für erste 10 v.H. des Verbrauchs • **0,05 Ct/kWh** darüber hinaus
Stromsteuer (Preisanteil in 2013 für Mittlere Industriebetriebe 10,4 v.H.)	Förderung des Stromsparens bei gleichzeitiger Entlastung der Rentenkassen	Regelsatz: **2,05 Ct/kWh**	• Ermäßigung für *Produzierendes Gewerbe, Land- und Forstwirtschaft (inkl. Teichwirtschaft) sowie für Behindertenwerkstätten* **auf 1,537 Ct/kWh** • Ermäßigung für den *Fahrbetrieb von Schienenbahnunternehmen und Oberleitungsomnibussen* **auf 1,142 Ct/kWh** • *Stromsteuerbefreiung* für • Stromentnahmen aus reinem *Ökostromnetz* • *Selbsterzeugung* mit Anlagen ≤ 2 MW und Verbrauch in unmittelbarer Nähe oder bei direkter Abgabe an Letztverbraucher • *Produktionsprozesse* mit ausgereiztem Effizienzpotenzial • *Spitzenausgleich* (Einführung Energie- und Umweltmanagement): Reduktion 90 v.H. der Differenz zwischen Stromsteuer und durch die Steuer eingespartem Sozialversicherungsanteil; **maximal** mögliche Reduktion auf **0,15 Ct/kWh**

Tab. 3: Synopse Strompreisprivilegien (Fortsetzung)

Preisbestandteil	Zielsetzung	Regelsatz		Privilegierungen
KWK-G-Umlage (Preisanteil in 2013 für Mittlere Industriebetriebe 0,5 v. H.)	Förderung von KWK-Anlagen, Neu- und Ausbau von Kälte- und Wärmenetzen sowie von Kälte- und Wärmespeichern durch gestaffelte Zuschläge	Umlage der Aufwendungen für die Zuschläge gedeckelt auf 750 Mio. EUR/a; Regelsatz **2013:** **0,126 Ct/kWh** **2014:** **0,178 Ct/kWh**		• *Entlastung für Großabnehmer* über 100 MWh/a für die darüber hinausgehende Menge auf **Umlage von** • **0,050 Ct/kWh** (zuzgl. evtl. Nachholungen) • **0,025 Ct/kWh** (zuzgl. evtl. Nachholungen) für Produzierendes Gewerbe oder Schienenverkehr sowie Eisenbahninfrastrukturunternehmen (sofern Stromkosten/Umsatz im Vorjahr > 4 v. H.)
Offshore-Haftungsumlage (Preisanteil in 2013 für Mittlere Industriebetriebe 1,1 v. H.)	Sozialisieren des Haftungsrisikos beim Anschluss von Windparks auf See	Umlage der Aufwendungen des Netzbetreibers durch Nichtabnahme von Offshore-Strom gedeckelt auf 650 Mio. EUR; Regelsatz **2013: 0,25 Ct/kWh** **2014: 0,25 Ct/kWh**		• *Entlastung für Großabnehmer* für die über ein 1 GWh hinausgehende Abnahmemenge auf **Umlage von**: • **0,050 Ct/kWh** • **0,025 Ct/kWh** für die darüber liegende Abnahme für Produzierendes Gewerbe oder Schienenverkehr (sofern Stromkosten/Umsatz im Vorjahr > 4 v.H.)
Umlage für abschaltbare Leistungen	Netzstabilisierung durch flexibles Abschalten stromverbrauchender Anlagen	**2013:** - **2014:** **0,009 Ct/kWh**		• Umlage *nur für die ersten 100 MWh* an Stromverbrauch

Tab. 3: Synopse Strompreisprivilegien (Fortsetzung)

Preisbestandteil	Zielsetzung	Regelsatz	Privilegierungen

§ 19 StromNEV-Umlage (Preisanteil in 2013 für Mittlere Industriebetriebe 0,7 v.H.)	Netzentgeltreduzierung als Belohnung für antizyklisches Abnahmeverhalten	Umlage der entgangenen Netzentgelte mit Regelsatz für Letztverbraucher von 0,187 Ct/kWh für die erste GWh	• *Netzentgeltentlastung* bei *Verlagerung* eigener Spitzenlast aus Höchstspannungsfenster; Reduktion des Netzentgeltes in Abhängigkeit von Verlagerungsvolumen; **Obergrenze Reduktion um 80 v.H.** vom Netzentgelt
			• *Netzentgeltentlastung* für *Großabnehmer* mit ≥ 10 GWh/a auf:
			  • **20 v.H. vom Netzentgelt** bei ≥ 7.000 h/a
			  • **15 v.H. vom Netzentgelt** bei ≥ 7.500 h/a
			  • **10 v.H. vom Netzentgelt** bei ≥ 8.000 h/a
			• Entlastung bei *Umlagezahlung* ab Abnahme von über 1 GWh:
			  • **0,050 Ct/kWh** für die darüber liegende Abnahme
			  • **0,025 Ct/kWh** für die darüber liegende Abnahme für Produzierendes Gewerbe oder Schienenverkehr (sofern Stromkosten/Umsatz im Vorjahr > 4 v.H.)

Konzessionsabgabe (Preisanteil in 2013 für Mittlere Industriebetriebe 0,7 v.H.)	Entgelt für kommunale Wegerechte als Finanzierungsform des Kommunalhaushaltes	Regelsatz für Tarifkunden je nach Größe der Kommune **zwischen 1,32 Ct/kWh und 2,39 Ct/kWh**	• Entlastung für *Sondervertragskunden* auf **0,11 Ct/kWh** • *Freistellung* von Sondervertragskunden, wenn sein Bezugspreis von Strom unter dem Grenzpreis liegt, der sich normalerweise aus dem Durchschnitt der Bezugspreise von Sondervertragskunden aus dem vorvergangenen Jahr bestimmt, aber durch die Kommunen oder EVUs auch höher angesetzt werden kann.

Tab. 4: Strompreisanstieg für stromintensive Unternehmen durch Energiewende

	Entgelt ohne individ. Privilegien [Ct/kWh]	Entgelt ohne Privilegien u. ohne BesAR [Ct/kWh]	"Musterunternehmen 1" (34,4 GWh/a)			"Musterunternehmen 2" (Stromkostenanteil an BWS > 20 v.H. und 100 GWh/a)		
			Ausgaben [Ct]	ohne Spitzenausgl. Entgelt [Ct/kWh]	maxim. Spitzenausgl. Entgelt [Ct/kWh]	Ausgaben [Ct]	maxim. Spitzenausgl. Entgelt [Ct/kWh]	Prozessbefreiung Entgelt [Ct/kWh]
Beschaffungskosten[1]	4,355	4,355		4,355	4,355		4,355	4,355
Netzentgelt[2]	0,410	0,410		0,410	0,410		0,410	0,410
Netzentgeltumlage § 19								
bis 1 GWh (0,187 Ct/kWh)			187.000			187.000		
über 1 GWh (0,025 Ct/kWh)			835.000			2.475.000		
Summe			1.022.000			2.662.000		
Umlage	0,0297	0,0297		0,0297	0,0297		0,0266	0,0266
EEG								
bis 1 GWh (5,277 Ct/kWh)			5.277.000					
1 bis 10 GWh (10 %)			4.749.300					
10 bis 100 GWh (1%)			1.287.588					
über 100 GWh (0,05 Ct/kWh)			0					
Summe			11.313.888					
Umlage	5,277	4,241		0,329	0,329		0,05	0,05
Stromsteuer	1,537	1,537		1,537	0,15		0,15	0,00
KWK-G-Umlage								
bis 0,1 GWh (0,126 Ct/kWh)			12.600			12.600		
über 0,1 GWh (0,025 Ct/kWh)			857.500			2.497.500		
Summe			870.100			2.510.100		
Umlage	0,1260	0,1260		0,0253	0,0253		0,0251	0,0251
Offshore-Haftung								
bis 1 GWh (0,25 Ct/kWh)			250.000			250.000		
über 1 GWh (0,025 Ct/kWh)			835.000			2.475.000		
Summe			1.085.000			2.725.000		
Umlage	0,2500	0,2500		0,0315	0,0315		0,0273	0,0273
Konzessionsabgaben	0,00	0,00		0,00	0,00		0,00	0,00
Strompreis mit EW [Ct/kWh]	11,98	10,95		6,72	5,33		5,05	4,90
Strompreis ohne EW[3] [Ct/kWh]	4,79	4,79		4,79	4,79		4,79	4,79
EW-Aufschlag [Ct/kWh]	7,19	6,15		1,92	0,54		0,25	0,10
Verteuerung durch EW [v.H.]	150,0	128,4		40,1	11,2		5,4	2,2
Aufschlag nach individ. Privil.-Wegfall [v.H.]	-	-		78,4	124,8		137,3	144,5
Aufschlag nach allg. Privilegien-Wegfall mit EEG-Effekt [v.H.]	-	-		63,0	105,4		116,7	123,4
Strompreis nach allg. Wegfall BesAR mit EEG-Effekt [Ct/kWh]				10,63	9,24		9,24	9,09
Aufschlag nach allg. Wegfall der BesAR [v.H.]				58,2	73,4		83,0	85,5

1) Mittelwert EEX-Spot-Kurs 2013 und Year-Future von 2012; 2) vgl. EWI (2012); 3) ohne: EEG-Umlage, Stromsteuer, KWK-G-Umlage und Offshore-Haftung; Quellen: Eigene Berechnungen.

Tab. 5: Vergünstigungen bei administrierten Preiskomponenten

			2005	2006	2007	2008	2009	2010	2011	2012
Umverteilung auf Strompreis über Umlage	EEG	Besondere Ausgleichsregelung	345	485	630	759	740	1.455	2.736	2.715
		Eigenstromprivileg	279	295	379	414	477	754	1.521	1.600
	KWK-G	Großverbraucher	267	235	172	118	107	63	8	4
		Energieintensive Industrie	103	92	76	60	52	40	18	20
	§ 19 StromNEV	atypische Nutzung	k.A.	k.A.	k.A.	k.A.	k.A.	137	163	140
		Netzentgelt (energieintens. Industr.)	k.A.	k.A.	34	26	27	33	220	300
	Summe Umlageentlastung		994	1.107	1.291	1.377	1.403	2.482	4.666	4.779
Umverteilung über Steuern u. Abgaben	Konzessionsabgaben 1)		3.500	3.500	3.500	3.500	3.500	3.500	3.600	3.600
	Stromsteuer	energieintensive Prozesse	0	16	300	300	367	393	530	580
		Prod. Gewerbes u. Land- u. Fortwirtschaft	1.850	1.850	2.100	2.100	2.200	2.200	830	1.100
		Spitzenausgleich	1.700	1.700	1.700	1.800	1.758	1.766	2.050	2.080
	Summe Steuer- u. Abgabenentlastung		7.050	7.066	7.600	7.700	7.825	7.859	7.010	7.360
Entlastungssumme Stromkosten			8.044	8.173	8.891	9.077	9.228	10.341	11.676	12.139

1) Zur Vergleichbarkeit wurde für die Datenlücken von 2005 bis 2009 der Wert von 2010 unterstellt; Alle Angaben in Mio. EUR; Quelle: DUH (2013) nach BMU/BMWi (2013) und eigene Berechnungen und Zusammenstellung.

Tab. 6: Stromkosten Drei-Personen-Beschäftigten-Musterhaushalte mit Durchschnittsverdienst

	1998	1999	2000	2002	2004	2006	2008	2010	2011	2012	2013
Stromkosten*											
ct/kWh	17,1	16,5	13,9	16,1	18	19,5	21,7	23,7	25,2	25,9	28,7
Veränderung ggü. VJ [v.H.]	-	-3,4	-15,7	15,6	11,5	8,4	11,3	9,4	6,5	2,6	11
im Monat [EUR]	49,9	48,2	40,7	47	52,4	56,8	63,2	69,1	73,6	75,5	83,8
im Jahr [EUR]	599	579	488	564	629	681	757	829	883	906	1.006
Nettoeinkommen [EUR]											
im Monat**	1.354	1.377	1.411	1.475	1.510	1.509	1.545	1.612	1.654	1.691	1.720
Kindergeld	112	128	138	154	154	154	154	184	184	184	184
400 EUR Job	400	400	400	400	400	400	400	400	400	400	450
verfügbares Nettoeinkommen***	1.866	1.905	1.949	2.029	2.064	2.063	2.129	2.196	2.238	2.275	2.354
Stromkostenanteil [v.H.]	2,7	2,5	2,1	2,4	2,5	2,8	3,0	3,1	3,3	3,3	3,6

* Bezogen auf einen Drei-Personen-Haushalt mit 3.500 kWh im Jahr. **Durchschnittliches Nettoeinkommen eines Vollzeit arbeitenden abhängig Beschäftigten. ***verfügbares Nettoeinkommen eines Drei-Personen-Haushalts unter Berücksichtigung von Kindergeld und einem 400/450 EUR Zuverdienst; Quelle: BDEW (2013), Statistisches Bundesamt und eigene Berechnungen.

Tab. 7: Stromkostenbelastung Muster-Rentnerhaushalte in 2012

		Anzahl	∅ monatl. Rentenzahlbetrag [EUR]	Haushalts-Einkommmen [EUR]			Alleinlebend		Rentner/in mit Partner ohne Rente		∅ Rentner + ∅ Rentnerin	
				Alleinlebend	Rentner/in mit Partner ohne Rente*	∅ (Rentner +Rentnerin)	Stromausg.-Anteil mit EW[1] [v.H.]	Stromausg.-Anteil ohne EW[2] [v.H.]	Stromausg.-Anteil mit EW[1] [v.H.]	Stromausg.-Anteil ohne EW[2] [v.H.]	Stromausg.-Anteil mit EW[1] [v.H.]	Stromausg.-Anteil ohne EW[2] [v.H.]
Einzelrentner	Männer	8.258.385	982	982	982	1.552	3,55	2,63	5,49	4,07	3,48	2,57
	Frauen	8.299.586	570	570	727		6,11	4,53	7,42	5,49		
Mehrfachrentner	Männer	478.243	1.276	1.276			2,73	2,02				
	Frauen	3.572.894	1.133	1.133			3,08	2,28				

* U.U. Aufstockung auf Hartz-IV-Niveau (382 EUR + 345 EUR = 727 EUR); 1) Bei Zwei-Personen-Haushalt mit Energiewende 53,93 EUR/Mon. und ohne 39,94 EUR/Mon.; bei Alleinstehenden mit Energiewende 34,84 EUR/Mon. und ohne 25,80 EUR/Mon.; 2) Strompreis ohne die Energiewendebestandteile; Quelle: Deutsche Rentenversicherung und eigene Berechnungen.

Tab. 8: Stromkostenbelastung private Haushalte 2013

monatl. HH-Nettoeinkommen			hochgerechnete HH [Tsd.]	Personen pro HH	Stromverbrauch[1] [kWh/a]	monatl. Stromausgaben mit EW [EUR]	Stromausg.-Anteil mit EW bezgl. Mittelwert [v.H.]	Eink.-Schwelle zur 5-%-Grenze mit EW [EUR]	monatl. Stromausgaben ohne EW [EUR]	Stromausg.-Anteil ohne EW[2] bezgl. Mittelwert [v.H.]	Eink.-Schwelle zur 5-%-Grenze ohne EW [EUR]	Personen in der Klasse [Tsd.]	von Elektr.-armut betroffen[3] mit EW [Tsd.]	von Elektr.-armut betroffen[3] ohne EW [Tsd.]
von	bis	Klassenmitte												
0	900	450	4.893	1,1	1709	40,9	9,1	818	27,9	6,2	557,5	5.382	4.895	3.334
900	1.300	1.100	5.634	1,3	1898	45,4	4,1	909	30,9	2,8	619,0	7.324	159	
1.300	1.500	1.400	3.051	1,5	2086	49,9	3,6	999	34,0	2,4	680,5	4.577		
1.500	2.000	1.750	6.571	1,7	2275	54,5	3,1	1089	37,1	2,1	741,8	11.171		
2.000	2.600	2.300	6.241	2,2	2706	65,7	2,9	1315	44,8	1,9	895,7	13.730		
2.600	3.600	3.100	6.577	2,6	3123	74,8	2,4	1495	50,9	1,6	1018,6	17.100		
3.600	5.000	4.300	4.276	2,9	3406	81,5	1,9	1631	55,5	1,3	1110,8	12.400		
5.000	8.000	6.500	2.599	3,1	3594	86,1	1,3	1721	58,6	0,9	1172,3	8.057		
8.000	...		190											
Summe			40.032									79.741	5.054	3.334

1) Für die erste Person wurde ein Verbrauch von 1.615 kWh/a unterstellt; für die weiteren Personen wurde der Zuwachs von 1.615 kWh/a (bei 1 Person) auf 3.500 kWh/a (bei 3 Personen) linear aufgeteilt; als Strompreise wurden dieselben wie für einen Drei-Personenhaushalt angenommen. 2) Strompreis ohne die Energiewendebestandteile vgl. Rechnung in Tab. 1; 3) zur Bestimmung wurde eine gleichmäßige, lineare Entwicklung der Personenzahl innerhalb der Klasse unterstellt; Quelle: Statistisches Bundesamt (2013c).

Tab. 9: Kosten- und Wertschöpfungsgerüst »Chemische Erzeugnisse«

	2008	2009
Inländ. Vorleistung Strom (Herst.preise)	2.300	2.207
Inländ. Vorleistung insgesamt (Herst. preise)	99.276	82.134
+ Vorleistungsimporte (Herst.preise)	32.042	24.992
+ Gütersteuern abzgl. Gütersubventionen	994	753
= Vorleistungen zu Anschaffungspreisen	132.312	107.879
Arbeitnehmerentgelte	16.127	14.978
+ Sonst. Produktionsabgaben - sonst Subv.	29	56
+ Bruttobetriebsüberschuss	12.690	9.704
= Bruttowertschöpfung zu Marktpreisen	28.846	24.738
Bruttoproduktionswert zu Marktpreisen	161.158	132.617

alle Angaben in Mio. EUR; Quelle: nach Angaben Statistisches Bundesamt (2012 und 2013)

Tab. 10: Wirtschaftszweige der exponierten Branchen

Exponiert Wirtschaftszweig	Nächste Gliederungsebene
Landwirtschaft, Jagd und Dienstleistungen (WZ 2008: 1)	· Anbau einjähriger und mehrjähriger Pflanzen · Betrieb von Baumschulen sowie Anbau von Pflanzen zu Vermehrungszwecken · Tierhaltung · Gemischte Landwirtschaft · Erbringung von landwirtschaftlichen Dienstleistungen · Jagd, Fallenstellerei und damit verbundene Tätigkeiten
Kohlenbergbau (WZ 2008: 5)	· Steinkohlenbergbau · Braunkohlenbergbau
Erze, Steine u. Erden, sonst. Bergbauerzeugnisse u. Dienstleistungen (WZ: 7-9)	· Eisenerzbergbau · NE-Metallerzbergbau · Gewinnung von Natursteinen (inkl. Kalkstein), Kies, Sand, Ton und Kaolin · Sonstiger Bergbau; Gewinnung von Steinen und Erden a. n. g. · Erbringung von Dienstleistungen für die Gewinnung von Erdöl und Erdgas · Erbringung von Dienstleistungen für den sonstigen Bergbau und die Gewinnung von Steinen und Erden

Tab. 10: Wirtschaftszweige der exponierten Branchen (Fortsetzung)

Exponiert Wirtschaftszweig	Nächste Gliederungsebene
Nahrungs- und Futtermittel, Getränke, Tabakerzeugnisse (WZ 2008: 10 bis 12)	• Schlachten und Fleischverarbeitung • Fischverarbeitung • Obst- und Gemüseverarbeitung • Herstellung von pflanzlichen und tierischen Ölen und Fetten • Milchverarbeitung • Mahl- und Schälmühlen, Herstellung von Stärke und Stärkeerzeugnissen • Herstellung von Back- und Teigwaren • Herstellung von sonstigen Nahrungsmitteln • Herstellung von Futtermitteln • Getränkeherstellung • Tabakverarbeitung
Textilien, Bekleidung, Leder- und Lederwaren (WZ 2008: 13 bis 15)	• Spinnstoffaufbereitung und Spinnerei • Weberei • Veredlung von Textilien und Bekleidung • Herstellung von sonstigen Textilwaren • Herstellung von Bekleidung (ohne Pelzbekleidung) • Herstellung von Pelzwaren • Herstellung von Bekleidung aus gewirktem und gestricktem Stoff • Herstellung von Leder und Lederwaren (ohne) • Lederbekleidung) • Herstellung von Schuhen
Holz, Holz-, Flecht-, Korb- und Korkwaren (ohne Möbel) (WZ 2008: 16)	• Säge-, Hobel- und Holzimprägnierwerke • Herstellung von sonstigen Holz-, Kork-, Flecht- und Korbwaren (ohne Möbel)
Papier, Pappe und Waren daraus (WZ 2008: 17)	• Herstellung von Holz- und Zellstoff, Papier, Karton und Pappe • Herstellung von Waren aus Papier, Karton und Pappe
Kokerei- und Mineralölerzeugnisse (WZ 2008: 19)	• Kokerei • Mineralölverarbeitung
Gummi- u. Kunststoffwaren (WZ 2008: 22)	• Herstellung von Gummiwaren • Herstellung von Kunststoffwaren
Glas und Glaswaren (WZ 2008: 23.1)	• Herstellung von Glas und Glaswaren
Chemische Erzeugnisse (WZ 2008: 20)	• Herstellung von chemischen Grundstoffen, Düngemitteln und Stickstoffverbindungen, Kunststoffen in Primärformen und synthetischem Kautschuk in Primärformen • Herstellung von Schädlingsbekämpfungs-, Pflanzenschutz- und Desinfektionsmitteln • Herstellung von Anstrichmitteln, Druckfarben und Kitten

Tab. 10: Wirtschaftszweige der exponierten Branchen (Fortsetzung)

Exponiert Wirtschaftszweig	Nächste Gliederungsebene
Fortsetzung: Chemische Erzeugnisse (WZ 2008: 20)	• Herstellung von Seifen, Wasch-, Reinigungs- und Körperpflegemitteln sowie von Duftstoffen • Herstellung von sonstigen chemischen Erzeugnissen • Herstellung von Chemiefasern
Keramik, bearbeitete Steine und Erden (WZ 2008: 23.2 bis 23.9)	• Herstellung von feuerfesten keramischen Werkstoffen und Waren • Herstellung von keramischen Baumaterialien • Herstellung von sonstigen Porzellan- und keramischen Erzeugnissen • Herstellung von Zement, Kalk und gebranntem Gips • Herstellung von Erzeugnissen aus Beton, Zement und Gips • Be- und Verarbeitung von Naturwerksteinen und Natursteinen a. n. g. • Herstellung von Schleifkörpern und Schleifmitteln auf Unterlage sowie sonstigen Erzeugnissen aus nichtmetallischen Mineralien a. n. g.
Roheisen, Stahl, Erzeugnisse der ersten Bearbeitung von Eisen und Stahl (WZ 2008: 24.1 bis 24.3)	• Erzeugung von Roheisen, Stahl und Ferrolegierungen • Herstellung von Stahlrohren, Rohrform-, Rohrverschluss- und Rohrverbindungsstücken aus Stahl • Sonstige erste Bearbeitung von Eisen und Stahl
NE-Metalle und Halbzeug daraus (WZ 2008: 24.4)	• Erzeugung und erste Bearbeitung von NE-Metallen (inklusive: Edelmetalle, Aluminium, Blei, Zink, Zinn, Kupfer und Kernbrennstoffaufbereitung)
Metallerzeugnisse (WZ 2008: 25)	• Stahl- und Leichtmetallbau • Herstellung von Metalltanks und -behältern; Herstellung von Heizkörpern und -kesseln für Zentralheizungen • Herstellung von Dampfkesseln (ohne Zentralheizungskessel) • Herstellung von Waffen und Munition • Herstellung von Schmiede-, Press-, Zieh- und Stanzteilen, gewalzten Ringen und pulvermetallurgischen Erzeugnissen • Oberflächenveredlung und Wärmebehandlung; Mechanik a. n. g. • Herstellung von Schneidwaren, Werkzeugen, Schlössern und Beschlägen aus unedlen Metallen • Herstellung von sonstigen Metallwaren
Kraftwagen und -teile (WZ 2008: 29)	• Herstellung von Kraftwagen und Kraftwagenmotoren • Herstellung von Karosserien, Aufbauten und Anhängern • Herstellung von Teilen und Zubehör für Kraftwagen

Quelle: Statistisches Bundesamt (2008)

Tab. 11: *Branchenstruktur: Anträge auf Besondere Ausgleichsregelung*

Branche	Abnahme-stellen [Anzahl]	Antrag Letztver-brauch [GWh]	Anteil am privil. Gesamt-Verbrauch [v.H.]	⌀ Verbrauch pro Ab-nahmestelle [GWh]
Herstellung chemische Erzeugnisse	323	27.938	23,4	86,5
Papiergewerbe	131	13.611	11,4	103,9
Erzeug. u. erste Bearbeitg NE-Metalle	66	10.452	8,7	158,4
Erzeug. Roheisen, Stahl u. Ferrolegierungen	51	12.212	10,2	239,5
Schienenbahnen	73	12.192	10,2	167,0
Herstellung von Zement	50	3.646	3,1	72,9
Holzgewerbe	141	3.079	2,6	21,8
Metallerzeugung und -bearbeitung	235	5.391	4,5	22,9
Ernährungsgewerbe	573	5.664	4,7	9,9
Textilgewerbe	87	854	0,7	9,8
Kunststoff / Gummi	449	4.609	3,9	10,3
Glas	123	3.479	2,9	28,3
Sonstige	1.178	16.412	13,7	13,9
Gesamt:	3.480	119.539	100,0	34,4

Anträge für 2014; Quelle: BMU/Bafa (2013) und eigene Berechnungen

Tab. 12: Erfolgsrechnung aller deutschen Unternehmen von 2006–2011

in Mrd. EUR	2006	2007	2008	2009	2010	2011	2006-11 in v.H. bzw. PPK
Umsatz	4.584,2	4.817,4	5.063,0	4.594,6	5.031,8	5501,9	20,0
Bestandsveränd./akt. Eigenleistg.	5,0	48,4	34,8	8,5	29,6	36,2	624,0
Übrige Erträge	233,3	278,2	286,5	254,0	263,6	270,5	15,9
Gesamtleistg. (Bruttoprod.wert)	4.822,5	5.144,0	5.384,3	4.857,1	5.325,0	5.808,6	20,4
Materialaufwand	2.938,8	3.141,5	3.331,6	2.950,5	3.276,1	3.674,1	25,0
Materialintensität in v.H.	60,9	61,1	61,9	60,7	61,5	63,3	2,3
Rohertrag	1.883,7	2.002,5	2.052,7	1.906,6	2.048,9	2.134,5	13,3
Rohertragsquote in v.H.	39,1	38,9	38,1	39,3	38,5	36,7	-2,3
sonstige Aufwendungen	657,1	684,6	744,8	699,1	742,9	767,2	16,8
Vorleistungsquote in v.H.	77,8	77,5	78,9	78,5	78,4	79,2	1,4
Bruttowertschöpfung	1.226,6	1.317,9	1.307,9	1.207,5	1.306,0	1.367,3	11,5
Abschreibungen	154,4	160,7	171,5	162,4	155,2	158,5	2,7
Abschreibungsquote in v.H.	3,2	3,1	3,2	3,3	2,9	2,7	-0,5
Nettowertschöpfung	1.072,2	1.157,2	1.136,4	1.045,1	1.150,8	1.208,8	12,7
Wertschöpfungsquote in v.H.	22,2	22,5	21,1	21,5	21,6	20,8	-1,4
Personalaufwand	749,9	773,9	793,4	771,5	799,1	835,4	11,4
Personalintensität in v.H.	16,4	16,1	15,7	16,8	15,9	15,2	-1,2
Gewinn	206,3	260,2	216,6	158,3	224,8	242,2	17,4
Zinsaufwand	51,1	58,1	62,2	53,5	62,0	65,6	28,4
Betriebs- und VerbrauchsSt.	64,9	65,0	64,2	61,8	64,9	65,6	1,1
Lohnquote in v.H.	69,9	66,9	69,8	73,8	69,4	69,1	-0,8
Mehrwertquote in v.H.	24,0	27,5	24,5	20,3	24,9	25,5	1,5
Zinsquote in v.H.	4,8	5,0	5,5	5,1	5,4	5,4	0,7
Gewinnquote in v.H.	19,2	22,5	19,1	15,1	19,5	20,0	0,8
Staatsquote vor ErtragsSt. in v.H.	6,1	5,6	5,6	5,9	5,6	5,4	-0,6
Umsatzrendite in v.H.	4,5	5,4	4,3	3,4	4,5	4,4	-0,1

Quelle: Deutsche Bundesbank, Sonderdruck, Hochgerechnete Angaben aus Jahresabschlüssen deutscher Unternehmen von 2006 bis 2012, Frankfurt a. M. 2013, eigene Berechnungen

Tab. 13: Entwicklung der deutschen Elektrizitätswirtschaft von 1998 – 2011 (1. Teil)

Alle EVUs	1998	1999	2000	2001	2002	2003	2004	2005	2006	2007	2008	2009	2010	2011	1998-2011 in v.H. bzw. PPK
Zahl der Unternehmen	1.229	986	925	919	927	931	960	979	994	1.055	1.122	1.173	1.205	1.240	0,9
Beschäftigte	251.709	239.852	219.637	205.863	207.467	198.804	209.716	207.700	207.522	204.061	195.207	196.574	194.108	196.303	-22,0
Beschäftigte/Unternehmen	205	243	237	224	224	214	218	212	209	193	174	168	161	158	-22,7
Arbeitsvolumen	389.726	371.287	343.021	314.633	313.351	303.929	323.137	321.198	318.936	312.630	299.681	302.074	295.859	298.172	-23,5
Arbeitsstd./Beschäftigen	1.548	1.548	1.562	1.528	1.510	1.529	1.541	1.546	1.537	1.532	1.535	1.537	1.524	1.519	-1,9
in Mio. EUR															
Umsatz	91.195	90.249	90.490	94.294	111.848	118.329	140.627	162.005	191.714	225.769	284.654	315.666	364.223	416.075	356,2
Bestandsveränderungen/ akt. Eigenleistungen	592	618	608	433	370	414	359	470	524	438	429	371	588	672	13,5
Gesamtleistung (Bruttoproduktionswert)	91.787	90867	91.098	94.727	112.218	118.743	140.986	162.475	192.238	226.207	285.083	316.037	364.811	416.747	354,0
Materialeinsatz	45.316	40.468	46.497	49.527	61.755	66.114	82.272	98.851	121.163	145.124	198.310	228.129	267.853	324.131	615,3
Rohertrag	46.471	50.399	44.601	45.200	50.463	52.629	58.714	63.624	71.075	81.083	86.273	87.908	96.958	92.616	99,3
Rohertragsquote in v.H.	50,6	55,5	49,0	47,7	45,0	44,3	41,6	39,2	37,0	35,8	30,3	27,8	26,6	22,2	-28,4
sonstige Vorleistungen**	12.800	14.136	14.419	15.699	19.654	22.199	22.851	25.864	30.966	36.800	35.850	38.001	43.995	46.914	266,5
Bruttowertschöpfung* (Kostensteuern, Abgaben, Gebühren) - Subv.	33.671	36.263	30.182	29.501	30.809	30.430	35.863	37.760	40.109	44.283	50.423	49.907	52.963	45.702	35,7
davon Konzenssionsabgaben	4.266	4.698	4.086	4.002	4.448	4.522	4.957	5.073	4.964	5.246	4.947	5.197	5.647	5.405	32,4
Bruttowertschöpfung zu Faktorkosten*	3.047	3.010	2.998	3.086	3.255	3.119	3.332	3.388	3.391	3.416	3.463	3.737	3.976	4.200	30,5
Abschreibungen	29.405	31.565	26.096	25.499	26.361	25.908	30.906	32.687	35.145	39.037	45.476	44.710	47.316	40.297	37,0
Vorleistungsquote in v.H.	8.364	8.728	7.553	7.007	6.737	6.701	6.513	6.349	6.466	6.550	6.187	6.166	6.532	6.398	-23,5
Nettowertschöpfung zu Faktorkosten*	77,1	74,9	79,6	80,5	82,5	83,8	82,7	83,8	85,1	85,6	86,2	87,8	88,8	91,9	14,8
	21.041	22.837	18.543	18.492	19.624	19.207	24.393	26.338	28.679	32.487	39.289	38.544	40.784	33.899	61,1
Wertschöpfungsquote in v.H.	22,9	25,1	20,4	19,5	17,5	16,2	17,3	16,2	14,9	14,4	13,8	12,2	11,2	8,1	-14,8
Personalaufwand	14.136	14.179	14.050	12.329	12.450	12.833	13.264	13.777	15.392	13.699	13.921	13.945	13.527	14.567	3,0
Einkommen/Beschäftigten inkl. AGA/Sozialv.	56.160	59.116	63.969	59.889	60.010	64.551	63.247	66.331	74.170	67.132	71.314	70.940	69.688	74.207	32,1

ANHANG: TABELLEN

Tab. 13: Entwicklung der deutschen Elektrizitätswirtschaft von 1998 – 2011 (2. Teil)

Fortsetzung

Alle EVUs	1998	1999	2000	2001	2002	2003	2004	2005	2006	2007	2008	2009	2010	2011	1998 - 2011 in v.H. bzw. PPK
Arbeitskosten/Arbeitsstd. inkl. AGA/Sozialv.	36,27	38,19	40,96	39,19	39,73	42,22	41,05	42,89	48,26	43,82	46,45	46,16	45,72	48,85	34,7
Zinsen	1.469	1.636	1.275	1.326	1.234	1.187	1.128	1.137	1.153	1.357	1.425	1.264	1.824	2.500	70,2
Miete/Pacht	920	967	817	1.472	1.136	1.294	2.120	2.288	2.429	3.989	3.589	3.737	3.836	3.993	334,0
Gewinn	4.516	6.055	2.401	3.365	4.804	3.893	7.881	9.136	9.705	13.442	20.354	19.598	21.597	12.839	184,3
Staat vor Ertragsteuern	4.266	4.698	4.086	4.002	4.448	4.522	4.957	5.073	4.964	5.246	4.947	5.197	5.647	5.405	32,4
Lohnquote in v.H.	67,2	62,1	75,8	66,7	63,4	66,8	54,4	52,3	53,7	42,2	35,4	36,2	33,2	43,0	-24,2
Mehrwertquote in v.H.	32,8	37,9	24,2	33,3	36,6	33,2	45,6	47,7	46,3	57,8	64,6	63,8	66,8	57,0	24,2
Zinsquote in v.H.	7,0	7,2	6,9	7,2	6,3	6,2	4,6	4,3	4,0	4,2	3,6	3,3	4,5	7,4	0,4
Pachtquote in v.H.	4,4	4,2	4,4	8,0	5,8	6,7	8,7	8,7	8,5	12,3	9,1	9,7	9,4	11,8	7,4
Gewinnquote in v.H.	21,5	26,5	12,9	18,2	24,5	20,3	32,3	34,7	33,8	41,4	51,8	50,8	53,0	37,9	16,4
Staatsquote vor Ertragsteuern in v.H.	20,3	20,6	22,0	21,6	22,7	23,5	20,3	19,3	17,3	16,1	12,6	13,5	13,8	15,9	-4,3
davon Konzessionsquote in v.H.	14,5	13,2	16,2	16,7	16,6	16,2	13,7	12,9	11,8	10,5	8,8	9,7	9,7	12,4	-2,1
Umsatzrendite in v.H.	5,0	6,7	2,7	3,6	4,3	3,3	5,6	5,6	5,1	6,0	7,2	6,2	5,9	3,1	-1,9
Arbeitsproduktivität/ Beschäftigten	36.466	37.885	41.477	46.015	54.090	59.729	67.227	78.226	92.635	110.853	146.041	160.773	187.942	212.298	482,2
Arbeitsproduktivität/ Arbeitsstunde	236	245	266	301	358	391	436	506	603	724	951	1.046	1.233	1.398	493,4
Arbeitsproduktivität/ Wertschöpfung	54	62	54	59	63	63	75	82	90	104	131	128	138	114	110,6

* inkl. Mieten und Pachten
** exkl. Mieten und Pachten

Quelle: Statistisches Bundesamt, eigene Berechnungen

Tab. 14: *Entwicklung aller Elektrizitätsunternehmen von 2006 bis 2011 (Teil 1)*

in Mio. EUR	2006	2007	2008	2009	2010	2011	2006-11 in v.H. bzw. PPK
Umsatz	**191.714**	**225.769**	**284.654**	**315.666**	**364.223**	**416.075**	**117,0**
Bestandsveränd./akt. Eigenleistg.	524	438	429	371	588	672	28,2
Gesamtleistg. (Bruttoprod.wert)	**192.238**	**226.207**	**285.083**	**316.037**	**364.811**	**416.747**	**116,8**
Materialeinsatz	**121.163**	**145.124**	**198.810**	**228.129**	**267.853**	**324.131**	**167,5**
Materialintensität in v.H.	63,0	64,2	69,7	72,2	73,4	77,8	14,7
Rohertrag	71.075	81.083	86.273	87.908	96.958	92.616	30,3
Rohertragsquote in v.H.	**37,0**	**35,8**	**30,3**	**27,8**	**26,6**	**22,2**	**-14,7**
sonstige Aufwendungen	30.966	36.800	35.850	38.001	43.995	46.914	51,5
Vorleistungsquote in v.H.	82,5	83,3	84,5	86,2	87,3	90,6	8,1
Bruttowertschöpfung	40.109	44.283	50.423	49.907	52.963	45.702	13,9
Bruttowertschöpfg. zu Faktork.	**35.145**	**39.037**	**45.476**	**44.710**	**47.316**	**40.297**	**14,7**
Abschreibungen	6.466	6.550	6.187	6.166	6.532	6.398	-1,1
Abschreibungsquote in v.H.	3,4	2,9	2,2	2,0	1,8	1,5	-1,8
Nettowertschöpfung	**28.679**	**32.487**	**39.289**	**38.544**	**40.784**	**33.899**	**18,2**
Wertschöpfungsquote in v.H.	**14,9**	**14,4**	**13,8**	**12,2**	**11,2**	**8,1**	**-6,8**
Personalaufwand	15.392	13.699	13.921	13.945	13.527	14.567	-5,4
Personalintensität in v.H.	8,0	6,1	4,9	4,4	3,7	3,5	-4,5
Zinsen	1.153	1.357	1.425	1.264	1.824	2.500	116,8
Miete/Pacht	2.429	3.989	3.589	3.737	3.836	3.993	64,4
Gewinn	9.705	13.442	20.354	19.598	21.597	12.839	32,3

Tab. 14: *Entwicklung aller Elektrizitätsunternehmen von 2006 bis 2011 (Teil 2)*

Fortsetzung

in Mio. EUR	2006	2007	2008	2009	2010	2011	2006-11 in v.H. bzw. PPK
Staatsabgaben vor ErtragsSt.	4.964	5.246	4.947	5.197	5.647	5.405	8,9
davon Konzessionsabgaben	3.391	3.416	3.463	3.737	3.976	4.200	23,9
Lohnquote in v.H.	53,7	42,2	35,4	36,2	33,2	43,0	-10,7
Mehrwertquote in v.H.	46,3	57,8	64,6	63,8	66,8	57,0	10,7
Zinsquote in v.H.	4,0	4,2	3,6	3,3	4,5	7,4	3,4
Pachtquote in v.H.	8,5	12,3	9,1	9,7	9,4	11,8	3,3
Gewinnquote in v.H.	33,8	41,4	51,8	50,8	53,0	37,9	4,0
Staatsquote vor ErtragsSt.in v.H.	17,3	16,1	12,6	13,5	13,8	15,9	-1,4
davon Konzessionsquote in v.H.	11,8	10,5	8,8	9,7	9,7	12,4	0,6
Umsatzrendite	5,1	6,0	7,2	6,2	5,9	3,1	-2,0

Quelle: Statistisches Bundesamt, eigene Berechnungen

Tab. 15: Big-4 im Vergleich (Teil 1)

	2002	2003	2004	2005	2006	2007	2008	2009	2010	2011	2012	2013
Umsatzerlöse in Mio. EUR												
E.ON	36.126	42.541	44.747	51.854	64.197	68.731	86.753	81.817	92.863	112.954	132.093	122.450
RWE	43.487	42.771	40.996	40.518	42.871	41.053	47.500	46.191	50.722	49.153	50.771	51.393
EnBW	8.658	9.952	9.844	10.769	13.219	14.712	16.305	15.564	17.509	18.790	19.324	20.540
Vattenfall Europe	8.860	8.456	10.706	10.543	11.125	12.267	13.462	14.462	13.040	11.956		
Gesamt Big-4	97.131	103.720	106.293	113.684	131.412	136.763	164.020	158.034	174.134	192.853		
Elektrizitätswirtschaft (gesamt)	111.848	118.329	140.627	162.005	191.714	225.769	284.654	315.666	364.223	416.075		
Marktanteil Big-4 in v.H.	86,8	87,7	75,6	70,2	68,5	60,6	57,6	50,1	47,8	46,4		
Gesamtwirtschaft in Mrd. EUR					4.584,2	4.817,4	5.063,0	4.594,6	5.031,8	5.501,9		
Marktanteil Big-4 an Gesamtwi. in v.H.					2,9	2,8	3,2	3,4	3,5	3,5		
Marktanteil Elektrizitätswirtschaft in v.H.					4,2	4,7	5,6	6,9	7,2	7,6		
Rohertragsquote in v.H.												
E.ON	54,9	39,4	43,2	40,5	34,8	34,8	35,3	42,1	32,7	23,1	19,5	19,1
RWE	49,3	51,7	48,4	43,4	38,5	37,3	32,5	37,8	36,5	33,9	34,5	32,6
EnBW	45,7	42,2	42,4	38,3	34,6	30,5	29,5	33,2	31,3	23,5	25,1	20,9
Vattenfall Europe	42,7	41,7	35,3	36,9	38,6	37,3	29,8	28,4	31,3	31,5		
Elektrizitätswirtschaft					37,0	35,8	30,3	27,8	26,6	22,2		
Gesamtwirtschaft					39,1	38,9	38,1	39,3	38,5	36,7		
Wertschöpfungsquote in v.H.												
E.ON	37,2	27,0	28,8	26,1	18,6	16,2	8,8	17,3	14,4	3,7	6,7	7,6
RWE	25,6	25,8	26,3	23,4	21,6	22,8	20,8	24,7	21,9	18,4	17,8	10,1
EnBW	22,3	13,7	22,3	21,8	20,1	19,3	17,0	21,1	19,9	11,3	14,3	11,8
Vattenfall Europe	17,0	14,7	14,6	23,3	24,7	24,1	20,8	19,5	16,2	13,0		
Elektrizitätswirtschaft					16,2	14,9	14,2	12,7	11,7	8,5		
Gesamtwirtschaft					22,2	22,5	21,1	21,5	21,6	20,8		
Lohnquote in v.H.												
E.ON	42,8	38,1	31,8	29,5	34,0	36,9	56,6	28,8	33,6	126,3	53,6	46,3
RWE	61,1	61,6	52,3	53,1	50,9	41,1	43,8	38,9	42,7	54,8	56,9	97,6
EnBW	71,2	111,3	49,5	48,1	49,8	48,7	50,8	46,1	44,4	72,6	54,1	60,1
Vattenfall Europe	66,3	87,7	64,6	54,5	48,7	42,9	46,5	49,6	67,4	88,9		
Elektrizitätswirtschaft					49,3	40,6	34,3	34,9	31,8	41,3		
Gesamtwirtschaft					69,9	66,9	69,8	73,8	69,4	69,1		

Tab. 15: Big-4 im Vergleich (Teil 2)

Fortsetzung

	2002	2003	2004	2005	2006	2007	2008	2009	2010	2011	2012	2013
Gewinnquote in v.H.												
E.ON	47,0	46,5	55,3	58,4	50,8	46,2	8,4	55,2	46,6	-89,1	17,7	27,0
RWE	19,9	16,4	25,1	21,7	18,6	44,1	45,8	50,8	45,2	32,5	27,8	-20,7
EnBW	-3,6	-46,4	29,9	34,9	37,5	35,6	37,9	41,7	53,5	23,0	41,5	24,3
Vattenfall Europe	16,5	-9,3	20,0	39,3	44,1	49,8	43,1	44,1	25,9	3,9		
Elektrizitätswirtschaft					23,2	28,0	41,1	39,6	41,7	25,1		
Gesamtwirtschaft					19,2	22,5	19,1	15,1	19,5	20,0		
Umsatzrendite in v.H.												
E.ON	-1,9	13,0	15,2	13,9	8,8	13,9	2,9	14,3	9,6	-2,7	2,4	2,5
RWE	6,4	5,0	9,6	9,4	8,3	12,7	10,2	12,1	9,8	6,2	4,4	-2,9
EnBW	-1,3	-10,7	7,3	10,0	9,0	9,3	7,6	8,1	8,6	-4,2	3,7	0,8
Vattenfall Europe	4,4	-0,6	3,7	9,3	11,1	12,2	9,2	8,7	4,3	8,1		
Elektrizitätswirtschaft					3,8	4,2	5,9	5,0	4,9	2,1		
Gesamtwirtschaft					4,5	5,4	4,3	3,4	4,5	4,4		
Eigenkapitalquote in v.H.												
E.ON	22,7	26,6	29,4	35,1	37,6	40,2	24,5	28,8	29,8	25,9	27,6	27,8
RWE	8,9	9,1	12,0	12,1	15,1	17,8	14,1	14,7	18,7	18,4	18,6	15,0
EnBW	9,4	6,1	9,7	13,2	15,7	21,1	17,1	18,5	21,2	17,1	17,3	16,8
Vattenfall Europe	21,2	21,5	24,1	30,3	37,9	44,3	40,1	41,4	40,0	41,3		
Gesamtwirtschaft					24,3	24,5	24,4	25,2	27,0	27,4		
Eigenkapitalrentabilität vor Steuern in v.H.												
E.ON	-2,7	18,6	20,3	16,2	11,9	17,4	6,4	26,5	19,6	-7,7	8,2	8,4
RWE	31,1	23,4	35,2	29,2	25,1	35,1	37,0	40,8	28,6	17,7	13,6	-12,3
EnBW	-5,5	-69,2	30,8	32,6	26,9	22,9	22,1	19,6	19,9	-12,7	11,3	2,8
Vattenfall Europe	10,6	-1,4	11,0	16,5	17,4	17,7	14,3	12,8	6,7	10,7		
Gesamtwirtschaft					38,4	45,2	36,8	26,9	24,2	24,7		

Quelle: Statistisches Bundesamt (2008)

VERLAGSANZEIGE

Heinz-J. Bontrup

ARBEIT, KAPITAL UND STAAT

Plädoyer für eine demokratische Wirtschaft

5., durchgesehene Auflage

Paperback | 649 Seiten
ISBN 978-3-89438-326-8
€ 28,00 [D]

Der weltweit betriebene Neoliberalismus hat die schwerste Finanz- und Weltwirtschaftskrise seit achtzig Jahren ausgelöst. Überall wurden die Gewinne zu Lasten der Arbeitsentgelte erhöht und gleichzeitig Lieder auf die »Selbstheilungskräfte des Marktes« gesungen. Der Staat gilt in diesem Kontext nur noch als »Kostgänger« und »bürokratischer Behinderer«. Als sei nichts passiert, gelten Liberalisierung und Privatisierung nach wie vor als die Heilsbringer. Die Ergebnisse sind erschreckend: Massenarbeitslosigkeit, Sozialabbau und Prekarisierung. Von der *Frankfurter Rundschau* als »Top-Ökonom« tituliert, bietet Heinz-J. Bontrup eine fundierte einzel- und gesamtwirtschaftliche Analyse und entwickelt ein Konzept, das weit über die Krise hinausweist: Eine Wirtschaftsdemokratie, die den allgemeinen Wohlstand erhöht und nicht nur den Reichtum einer kleinen Schicht mehrt. Wer sich auf Bontrups Standardwerk einlasse, schrieb die *Frankfurter Rundschau* zur 1. Auflage, werde »reichlich mit Erkenntnisgewinn und Argumentationskompetenz belohnt.«

PapyRossa Verlag

Luxemburger Str. 202 – 50937 Köln – Tel. (0221) 44 85 45 – Fax (0221) 44 43 05
mail@papyrossa.de – www.papyrossa.de